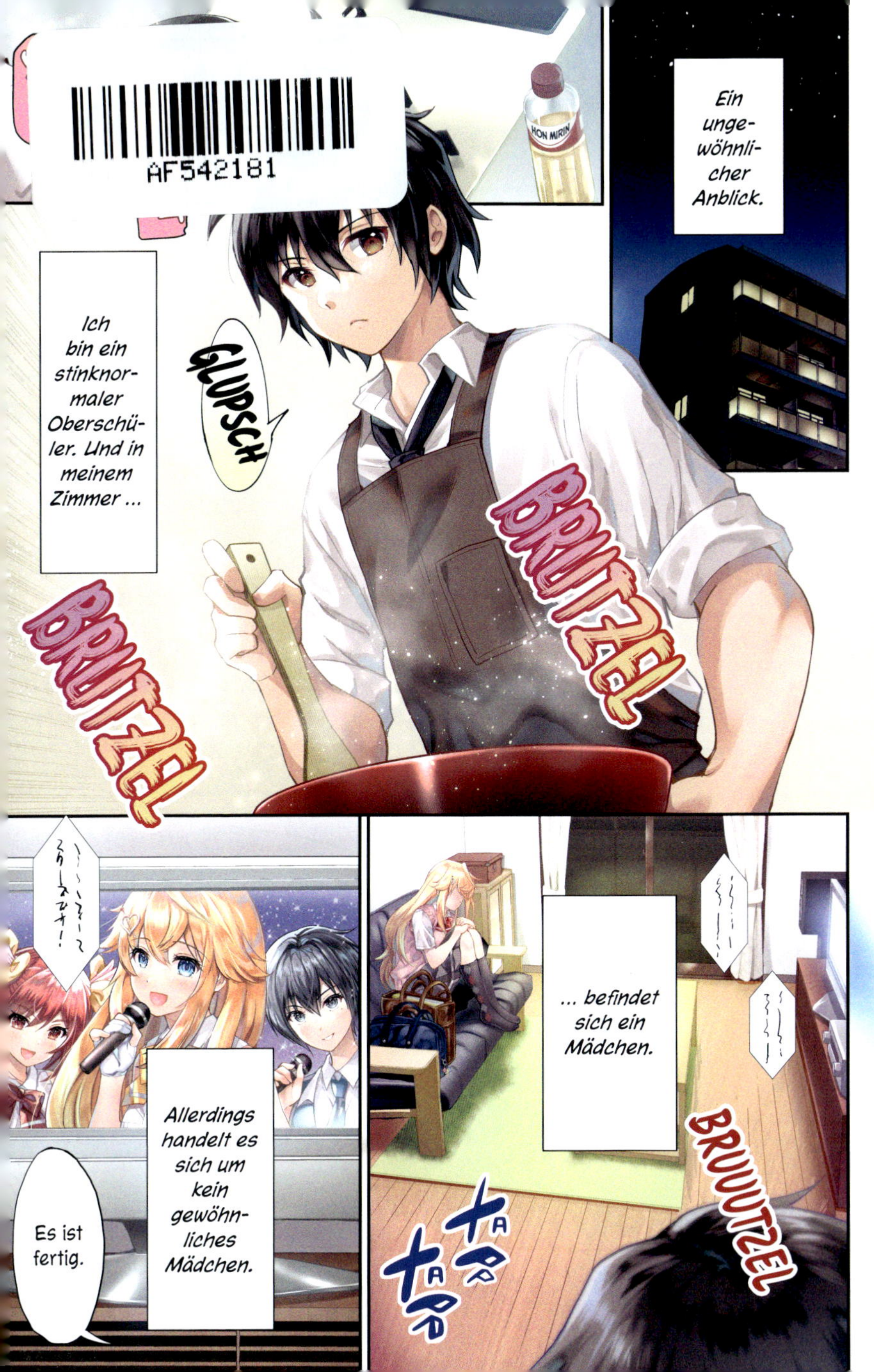

Ein ungewöhnlicher Anblick.
Ich bin ein stinknormaler Oberschüler. Und in meinem Zimmer ...
GLUPSCH
BRUTZEL
BRUTZEL
... befindet sich ein Mädchen.
BRUUTZEL
TAPP
TAPP
Allerdings handelt es sich um kein gewöhnliches Mädchen.
Es ist fertig.

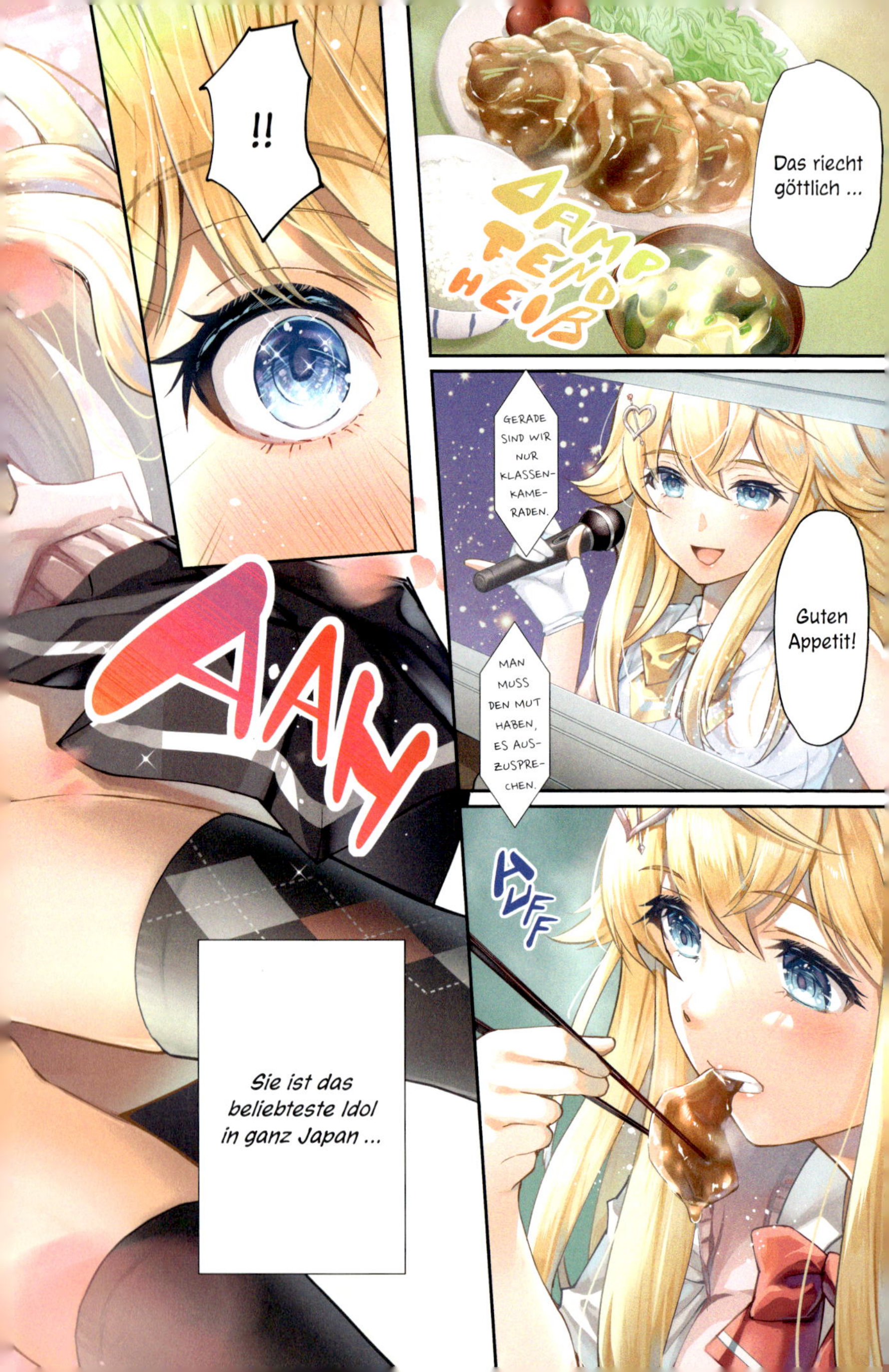
Das riecht göttlich ...
DAMPFEND HEIẞ
!!
Guten Appetit!
GERADE SIND WIR NUR KLASSEN-KAME-RADEN.
MAN MUSS DEN MUT HABEN, ES AUS-ZUSPRE-CHEN.
AAH
HUFF
Sie ist das beliebteste Idol in ganz Japan ...

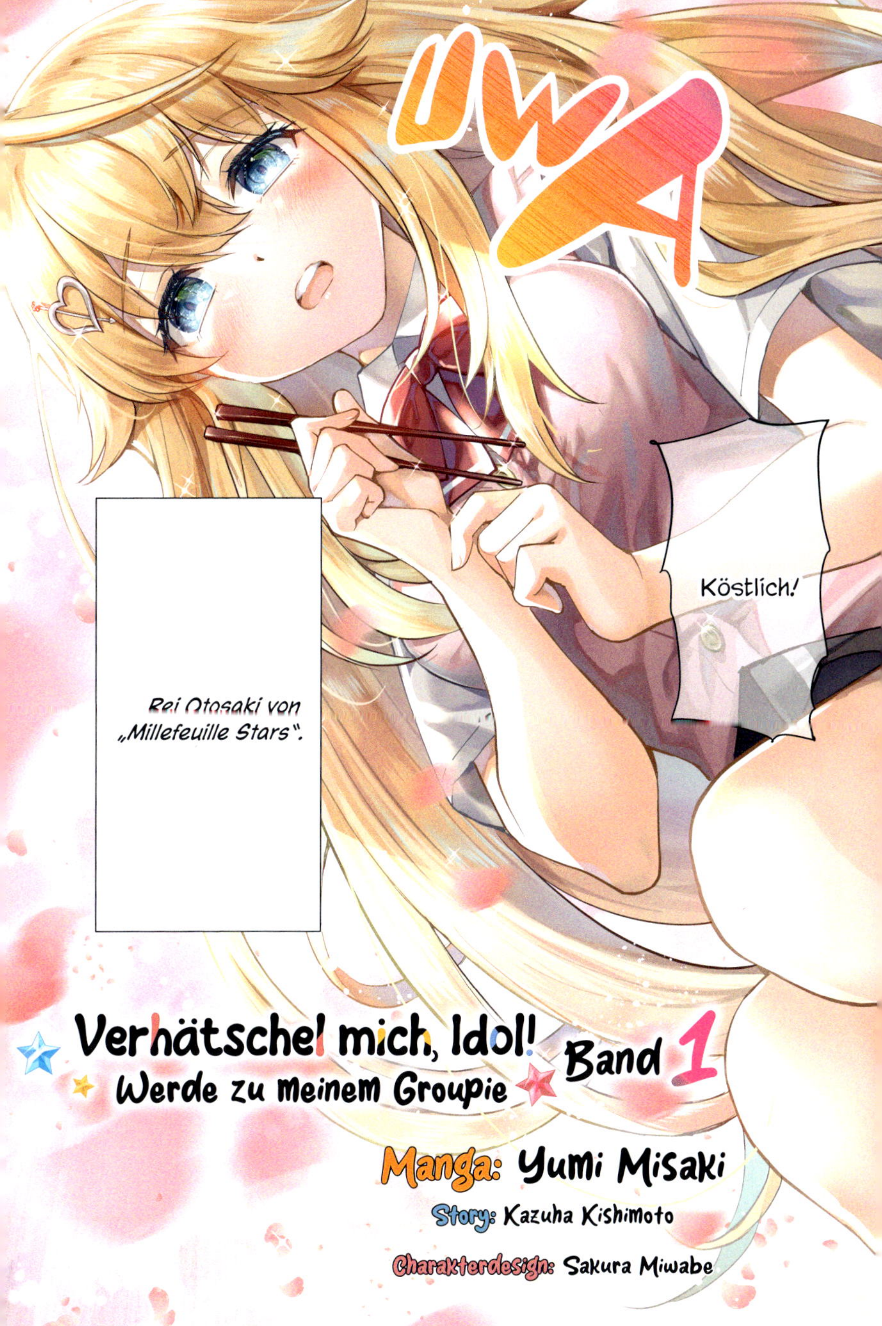
Köstlich!
Rei Otosaki von „Millefeuille Stars“.
Verhätschel mich, Idol!
Werde zu meinem Groupie
Band 1
Manga: Yumi Misaki
Story: Kazuha Kishimoto
Charakterdesign: Sakura Miwabe

Inhaltsverzeichnis

Ich will mich nicht für den Rest meines Lebens abrackern.
Und auf einmal macht sich das beliebte Idol in meiner Klasse mit mir vertraut ...

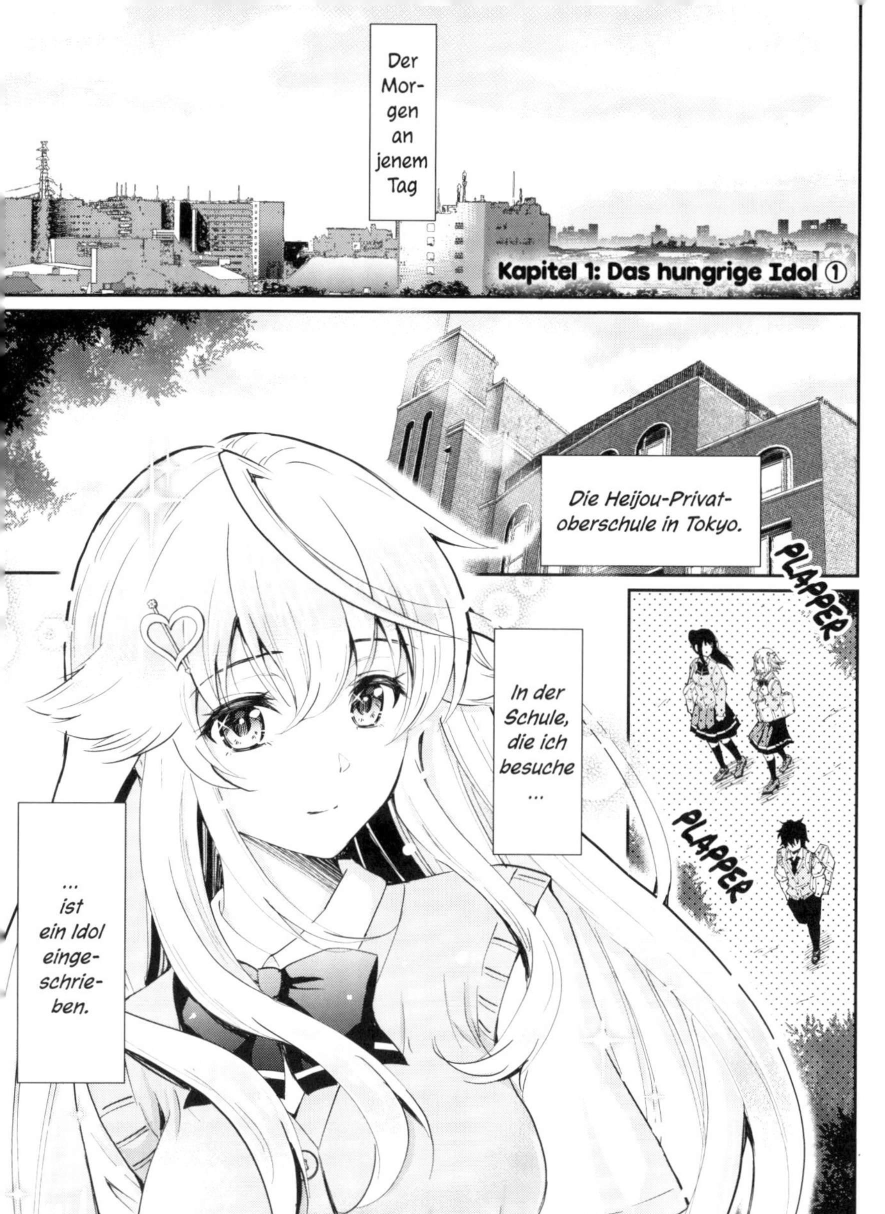
Der Morgen an jenem Tag
Kapitel 1: Das hungrige Idol ①
Die Heijou-Privatoberschule in Tokyo.
PLAPPER
In der Schule, die ich besuche ...
PLAPPER
... ist ein Idol eingeschrieben.

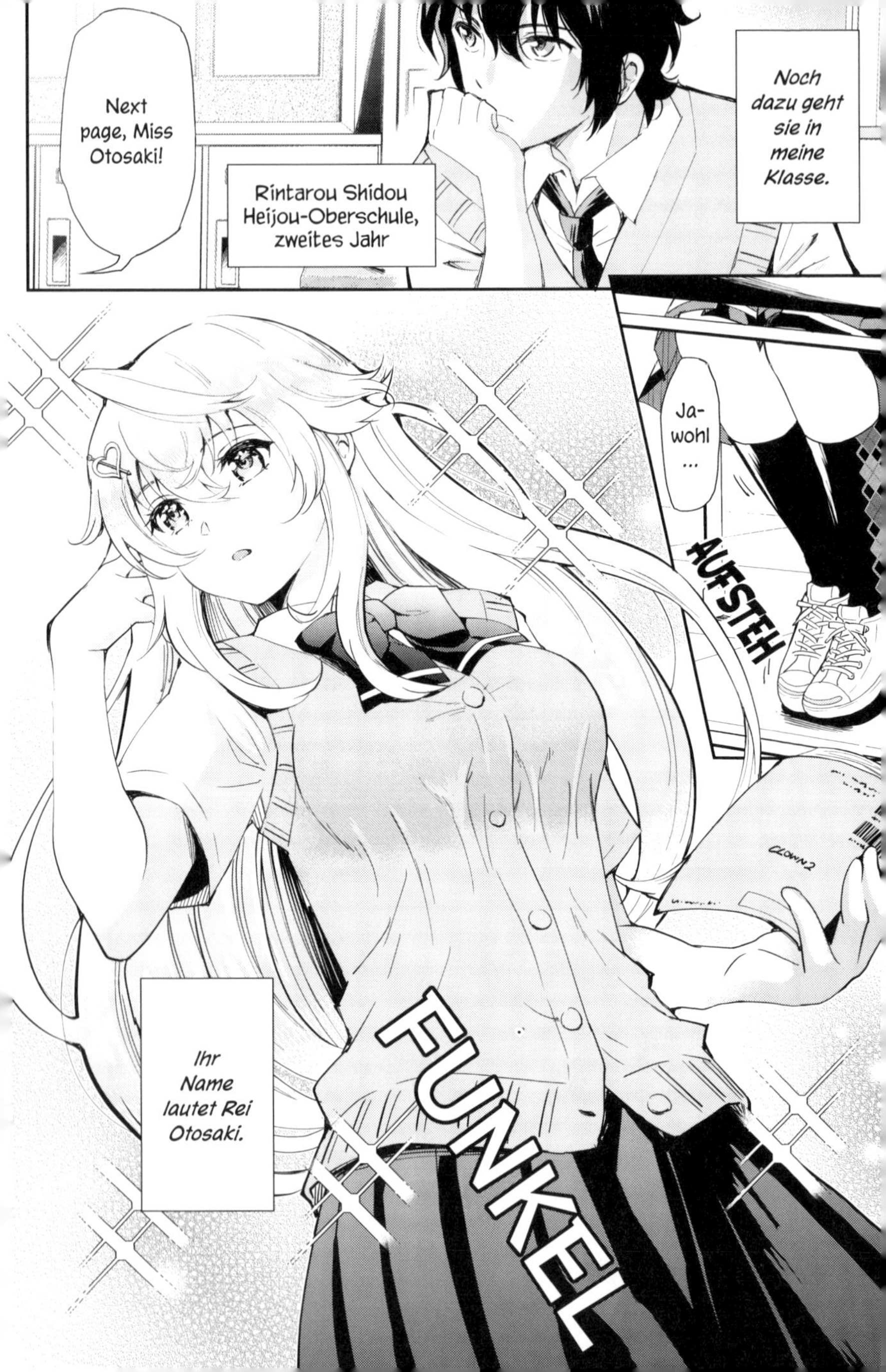
Noch dazu geht sie in meine Klasse.
Rintarou Shidou Heijou-Oberschule, zweites Jahr
Next page, Miss Otosaki!
Ja-wohl ...
AUFSTEH
FUNKEL
Ihr Name lautet Rei Otosaki.

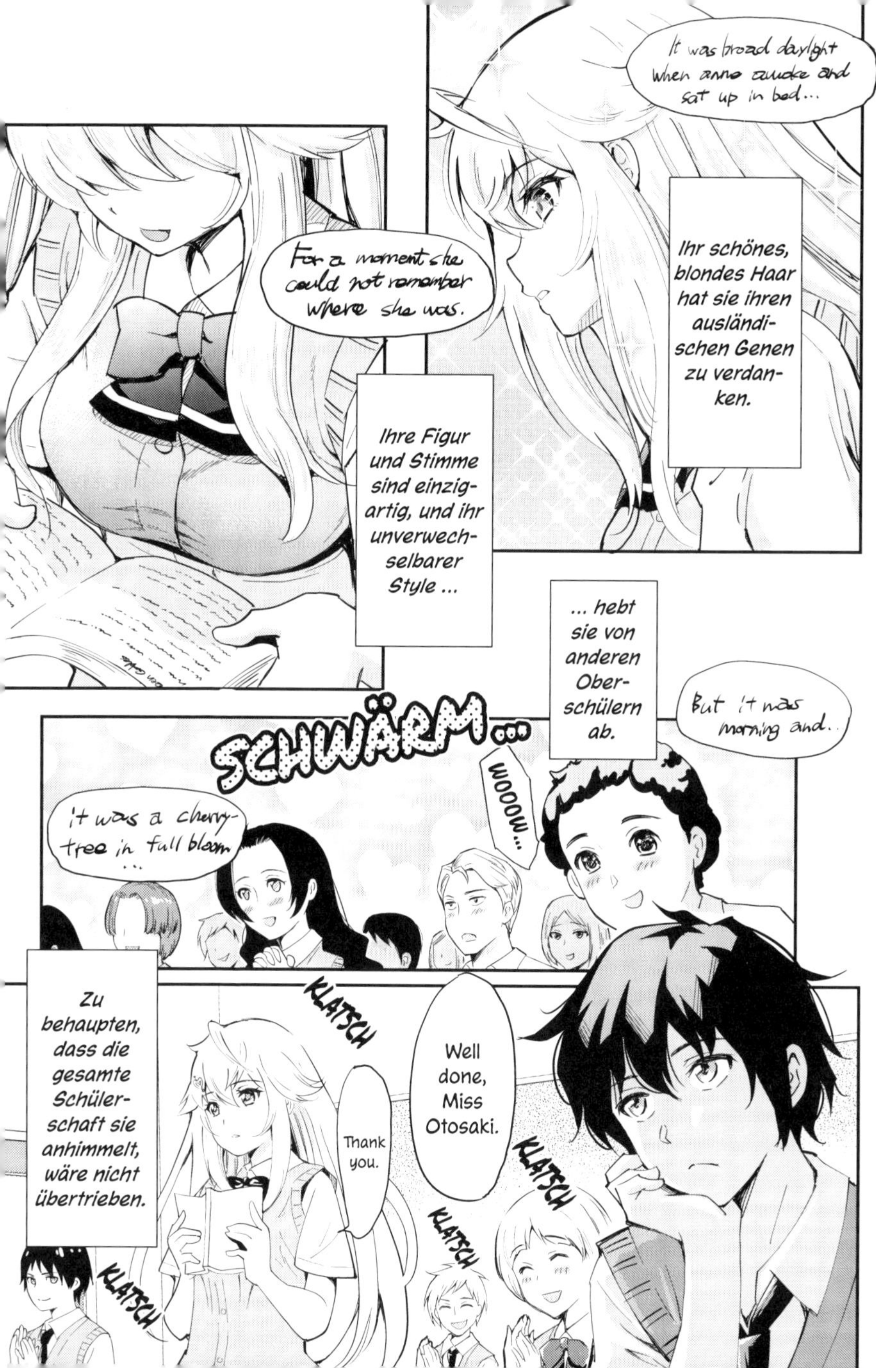
It was broad daylight when anne awoke and sat up in bed...
Ihr schönes, blondes Haar hat sie ihren ausländischen Genen zu verdanken.
For a moment she could not remember where she was.
Ihre Figur und Stimme sind einzigartig, und ihr unverwechselbarer Style ...
... hebt sie von anderen Oberschülern ab.
But it was morning and...
SCHWÄRM ...
WOOOW ...
it was a cherry-tree in full bloom ...
KLATSCH
Well done, Miss Otosaki.
Thank you.
Zu behaupten, dass die gesamte Schülerschaft sie anhimmelt, wäre nicht übertrieben.
KLATSCH
KLATSCH
KLATSCH

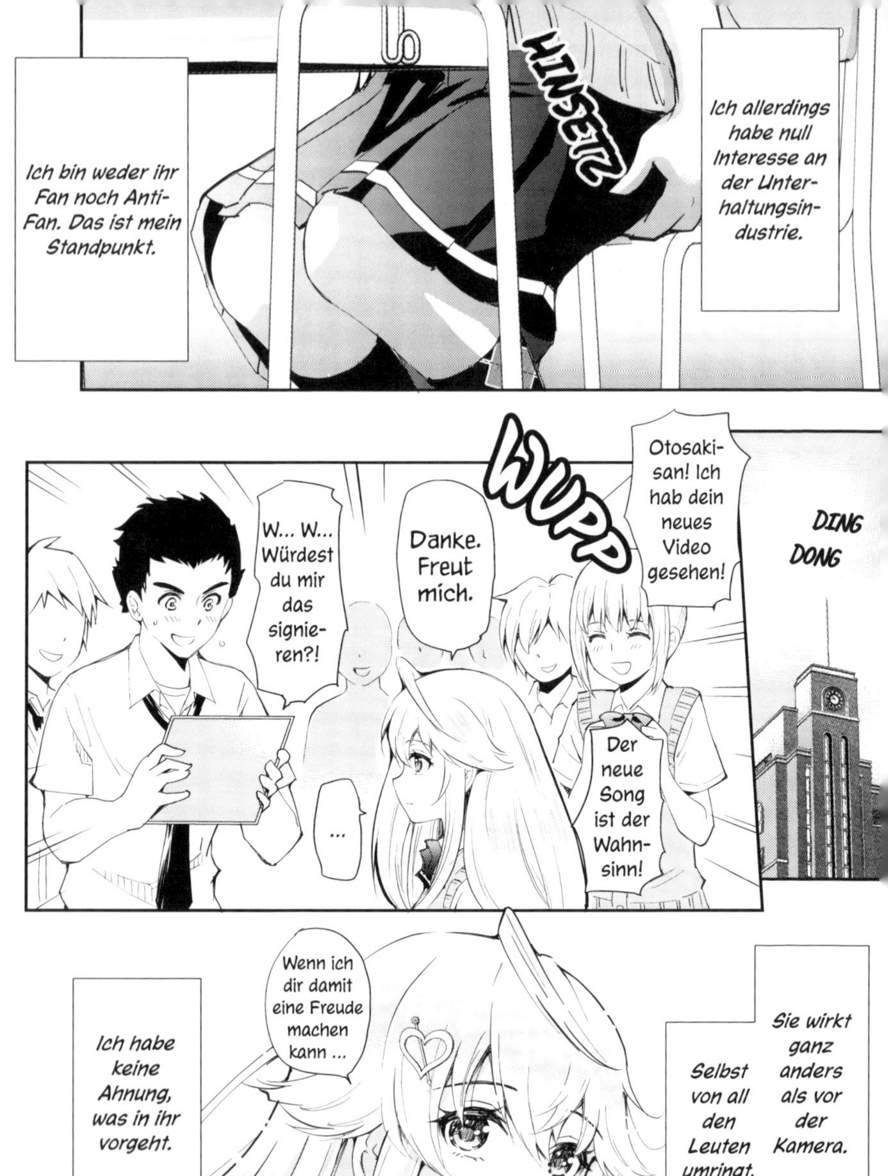
Ich allerdings habe null Interesse an der Unterhaltungsindustrie.
HINSETZ
Ich bin weder ihr Fan noch Anti-Fan. Das ist mein Standpunkt.
DING DONG
Otosaki-san! Ich hab dein neues Video gesehen!
WUPP
Der neue Song ist der Wahnsinn!
Danke. Freut mich.
W... W... Würdest du mir das signieren?!
...
Sie wirkt ganz anders als vor der Kamera.
Selbst von all den Leuten umringt, bleibt sie völlig gelassen.
Wenn ich dir damit eine Freude machen kann ...
Ich habe keine Ahnung, was in ihr vorgeht.

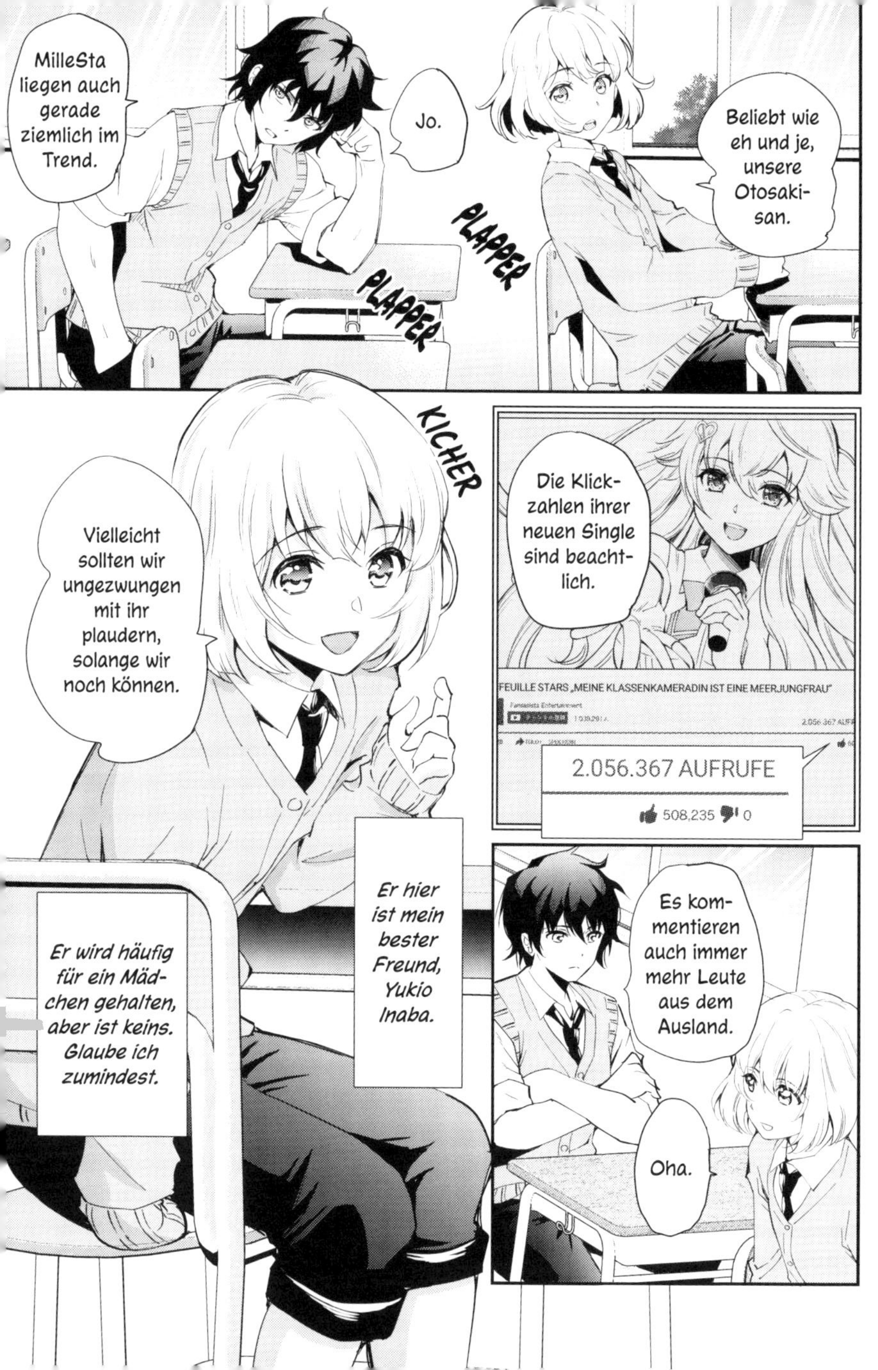
Beliebt wie eh und je, unsere Otosaki-san.
Jo.
MilleSta liegen auch gerade ziemlich im Trend.
PLAPPER
PLAPPER
Die Klick-zahlen ihrer neuen Single sind beacht-lich.
FEUILLE STARS „MEINE KLASSENKAMERADIN IST EINE MEERJUNGFRAU"
2.056.367 AUFRUFE
508,235 0
KICHER
Vielleicht sollten wir ungezwungen mit ihr plaudern, solange wir noch können.
Es kom-mentieren auch immer mehr Leute aus dem Ausland.
Oha.
Er hier ist mein bester Freund, Yukio Inaba.
Er wird häufig für ein Mäd-chen gehalten, aber ist keins. Glaube ich zumindest.

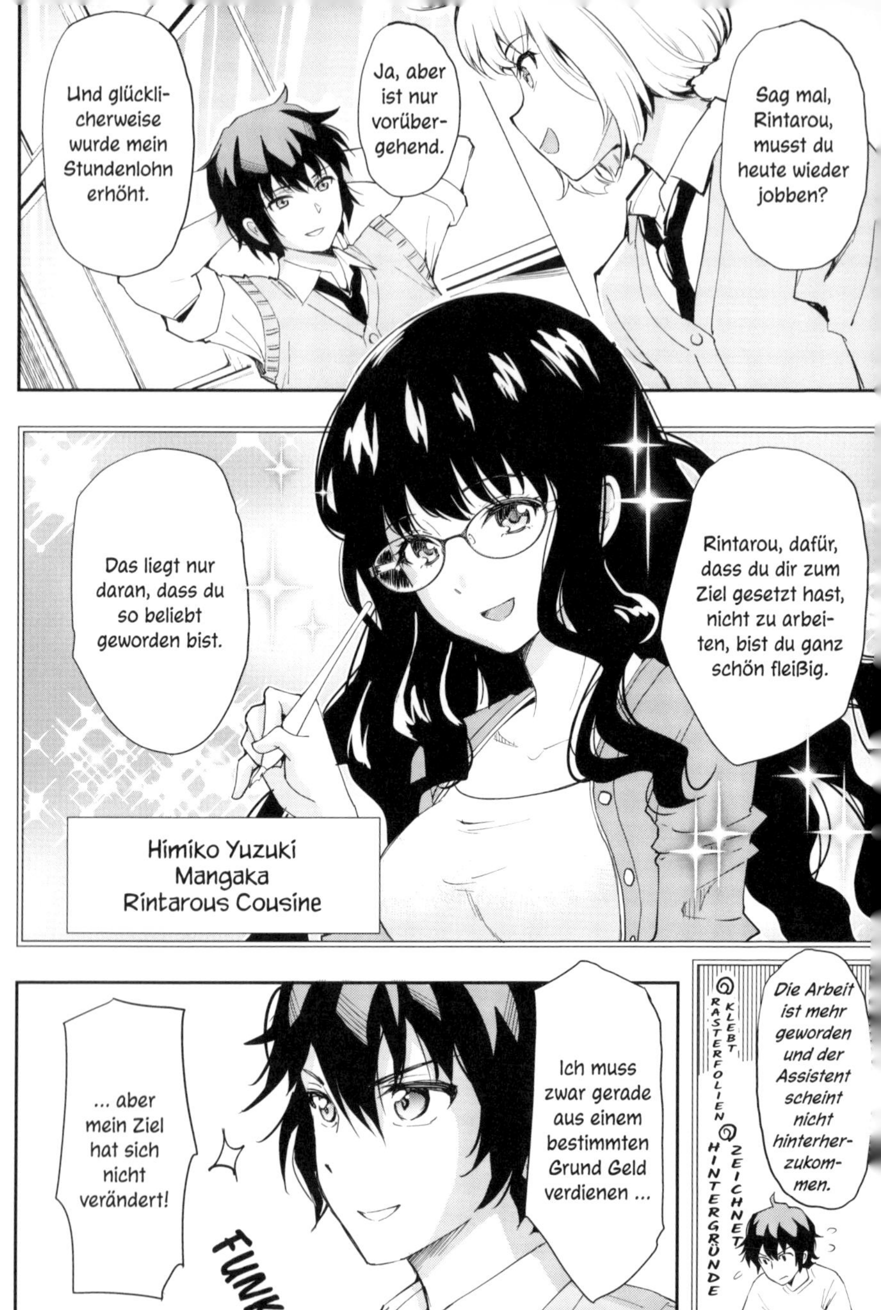
Sag mal, Rintarou, musst du heute wieder jobben?
Ja, aber ist nur vorübergehend.
Und glücklicherweise wurde mein Stundenlohn erhöht.
Rintarou, dafür, dass du dir zum Ziel gesetzt hast, nicht zu arbeiten, bist du ganz schön fleißig.
Das liegt nur daran, dass du so beliebt geworden bist.
Himiko Yuzuki
Mangaka
Rintarous Cousine
Die Arbeit ist mehr geworden und der Assistent scheint nicht hinterherzukommen.
KLEBT RASTERFOLIEN
ZEICHNET HINTERGRÜNDE
WAHRHEIT
Ich muss zwar gerade aus einem bestimmten Grund Geld verdienen ...
... aber mein Ziel hat sich nicht verändert!
FUNKEL

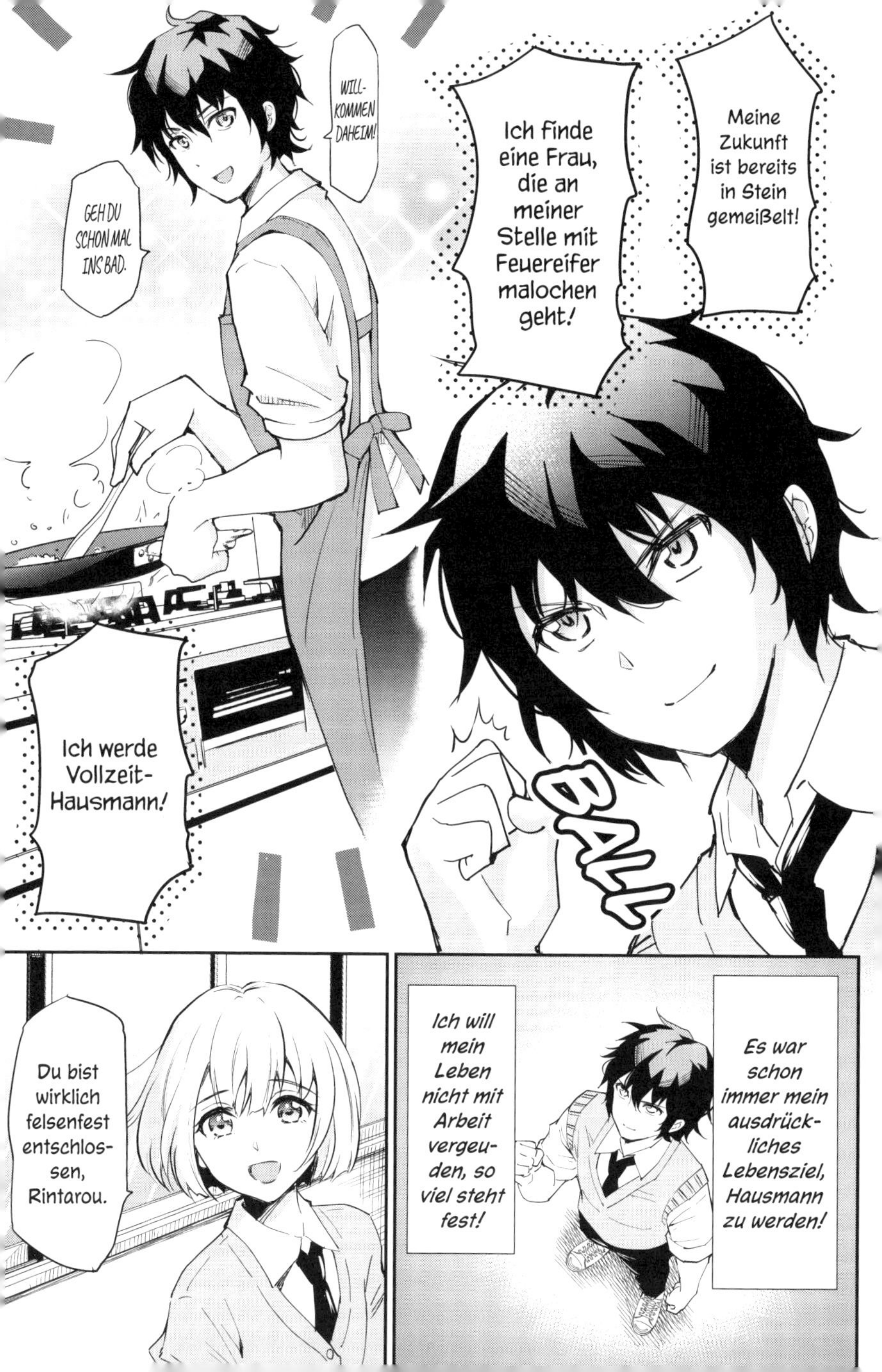
Meine Zukunft ist bereits in Stein gemeißelt!
Ich finde eine Frau, die an meiner Stelle mit Feuereifer malochen geht!
WILLKOMMEN DAHEIM!
GEH DU SCHON MAL INS BAD.
Ich werde Vollzeit-Hausmann!
BALL
Es war schon immer mein ausdrückliches Lebensziel, Hausmann zu werden!
Ich will mein Leben nicht mit Arbeit vergeuden, so viel steht fest!
Du bist wirklich felsenfest entschlossen, Rintarou.

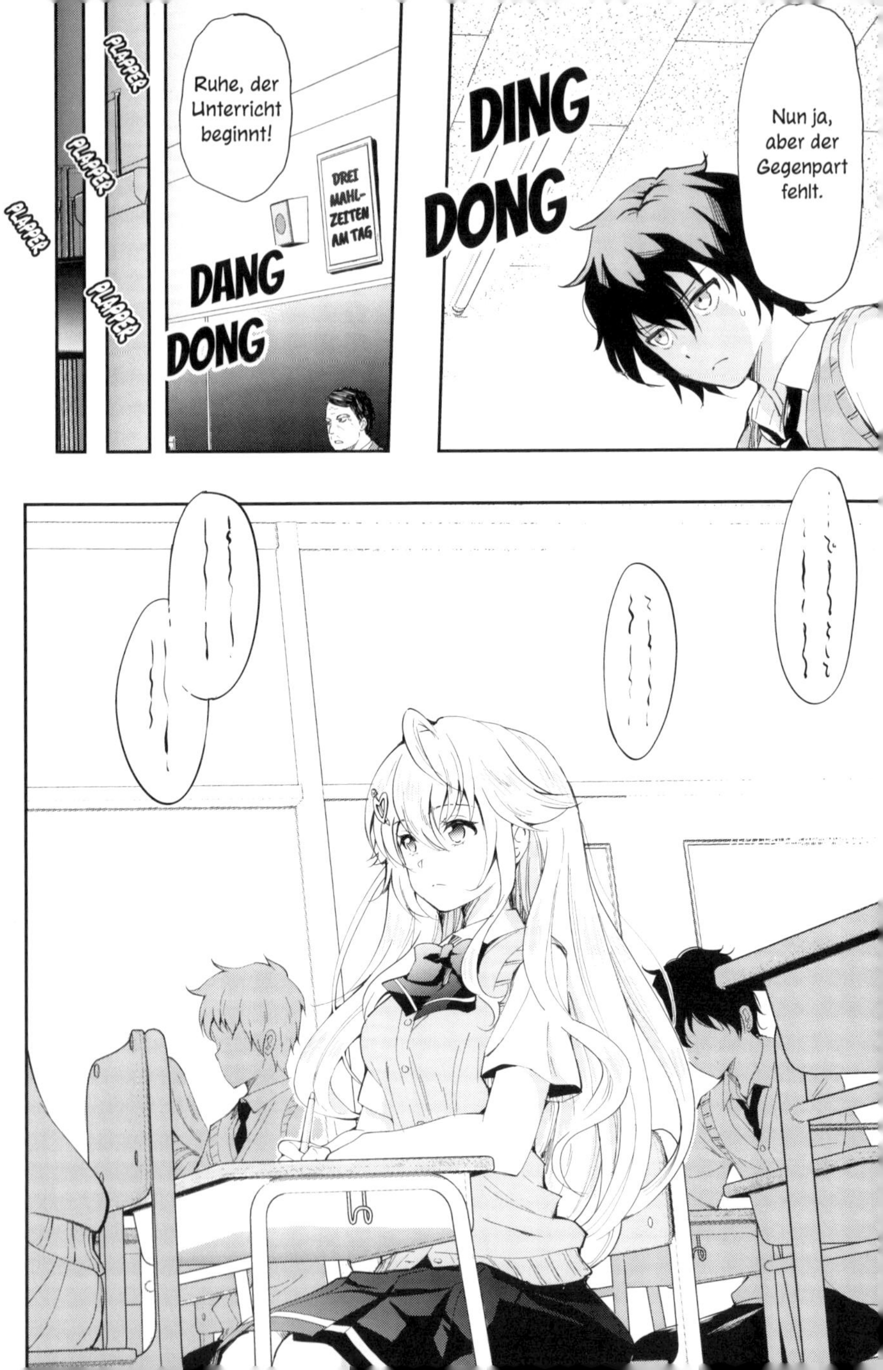
Nun ja, aber der Gegenpart fehlt.
DING DONG
DRAI MAHL-ZEITEN AM TAG
DANG DONG
Ruhe, der Unterricht beginnt!
PLAPPER
PLAPPER
PLAPPER
PLAPPER

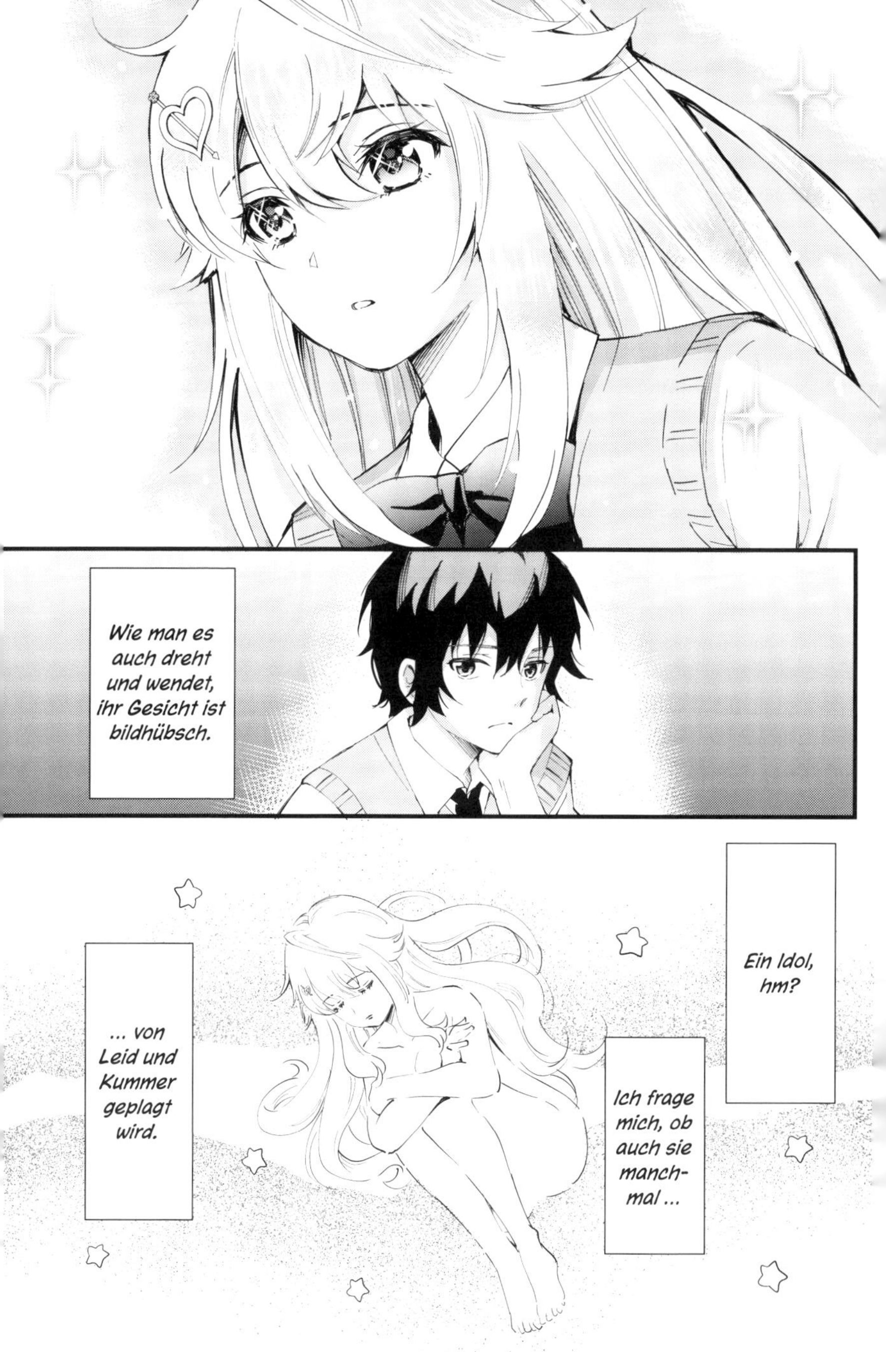
Wie man es auch dreht und wendet, ihr Gesicht ist bildhübsch.
Ein Idol, hm?
Ich frage mich, ob auch sie manch-mal …
… von Leid und Kummer geplagt wird.

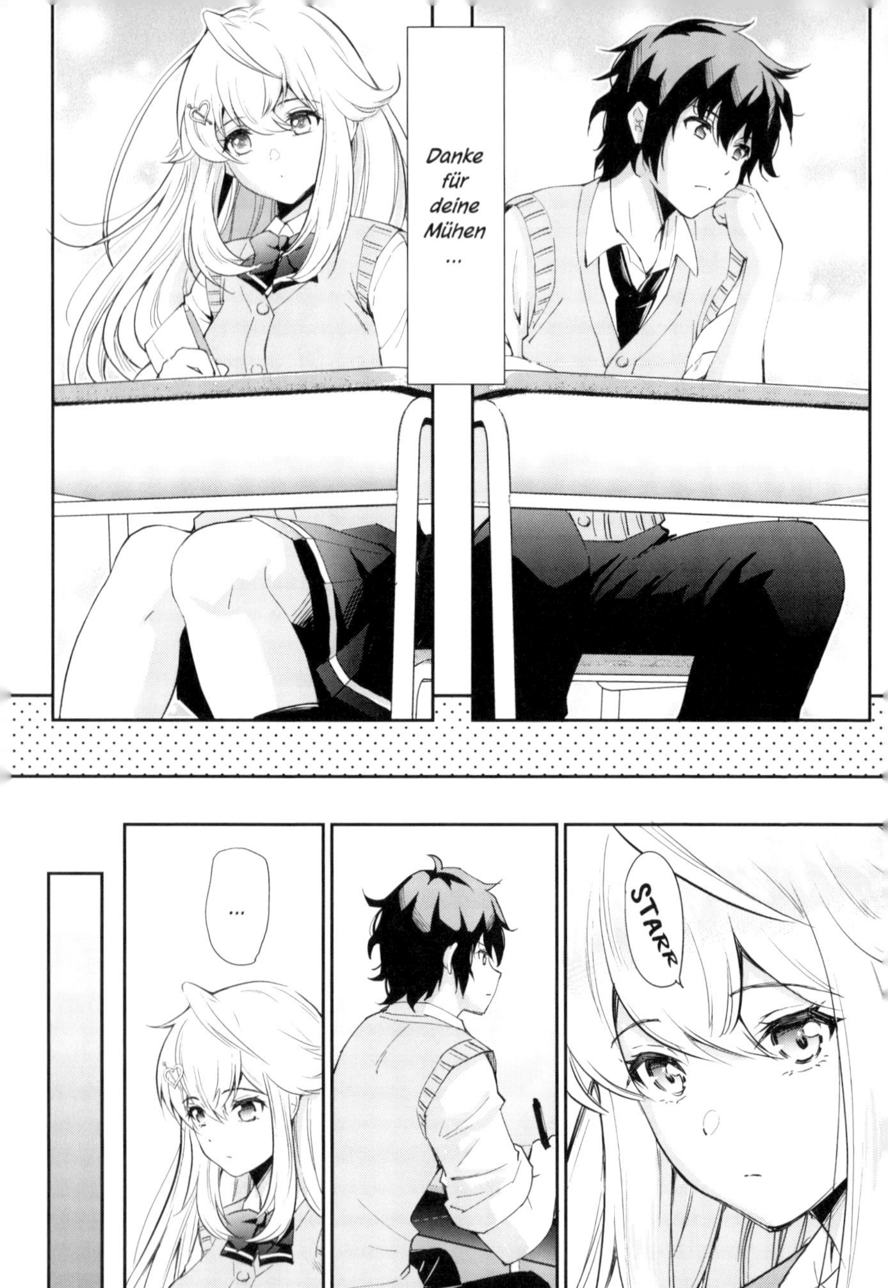
Danke für deine Mühen ...
STARR
...

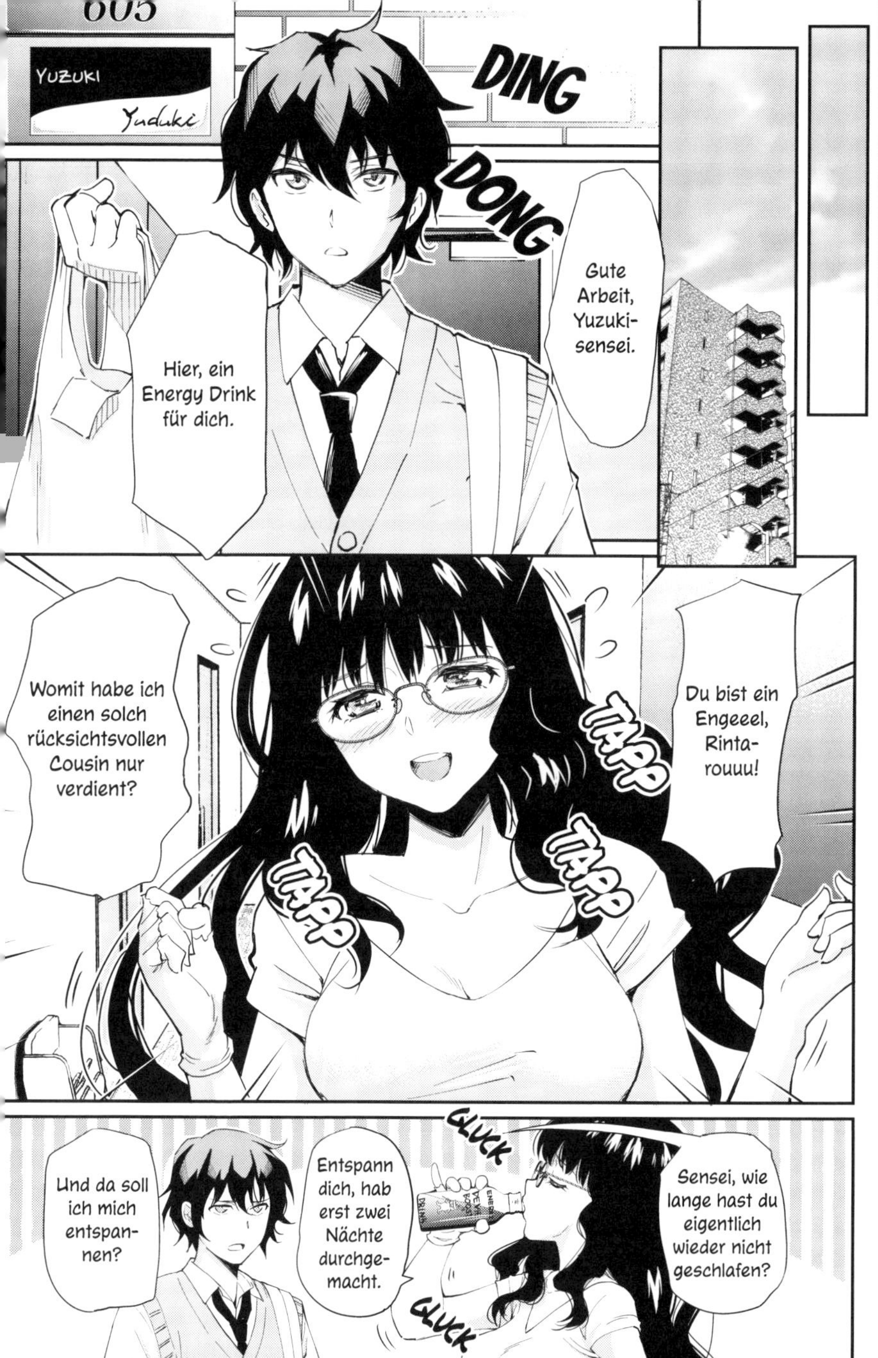
605
YUZUKI
Yuduki
DING
DONG
Gute Arbeit, Yuzuki-sensei.
Hier, ein Energy Drink für dich.
Du bist ein Engeeel, Rinta-rouuu!
TAPP
TAPP
TAPP
Womit habe ich einen solch rücksichtsvollen Cousin nur verdient?
GLUCK
Sensei, wie lange hast du eigentlich wieder nicht geschlafen?
Entspann dich, hab erst zwei Nächte durchgemacht.
Und da soll ich mich entspannen?
GLUCK

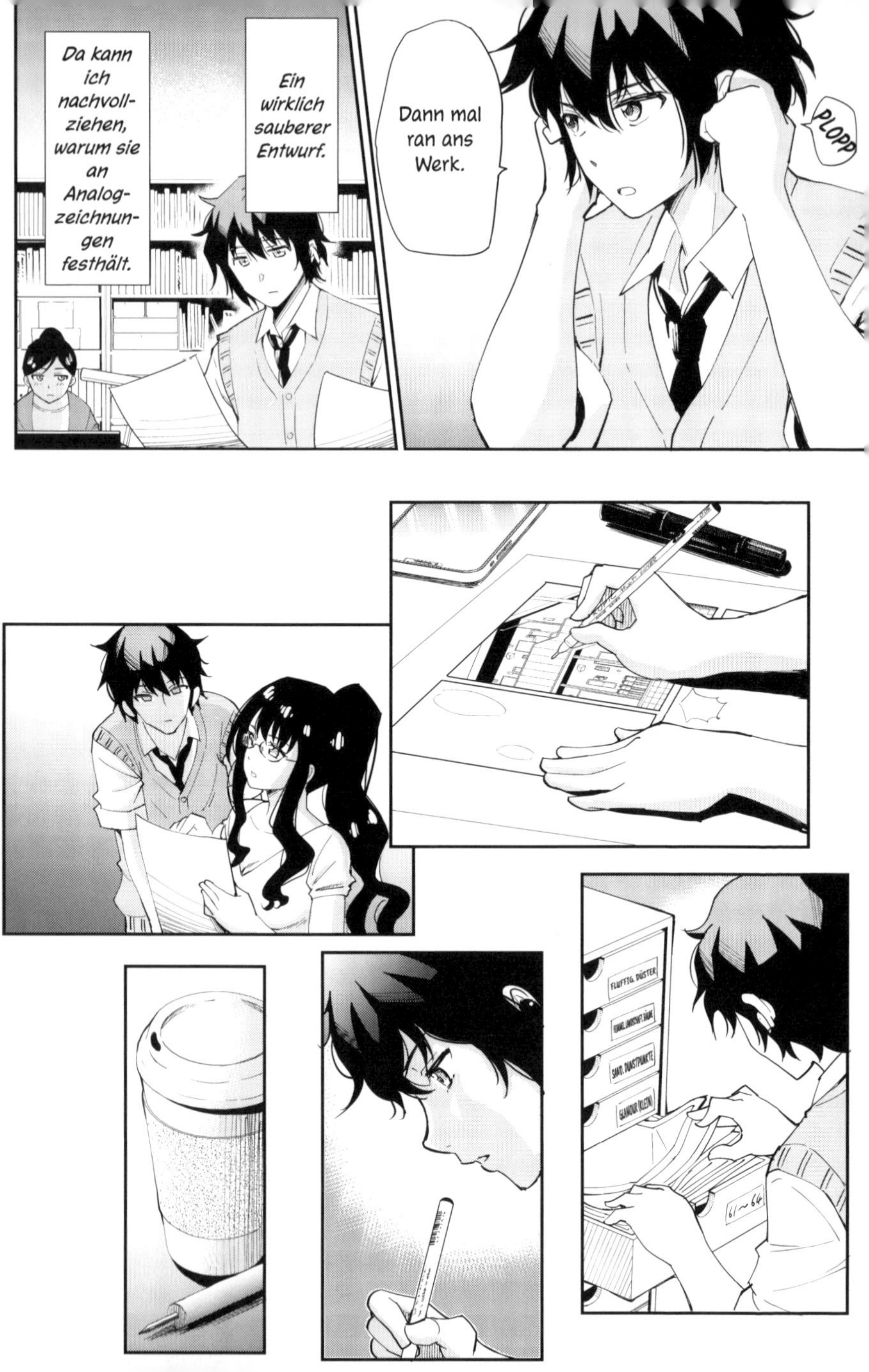

Dann mal ran ans Werk.

PLOPP

Ein wirklich sauberer Entwurf.

Da kann ich nachvollziehen, warum sie an Analogzeichnungen festhält.

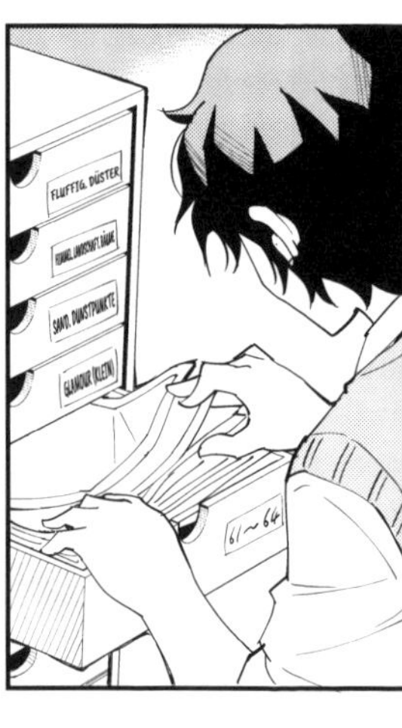

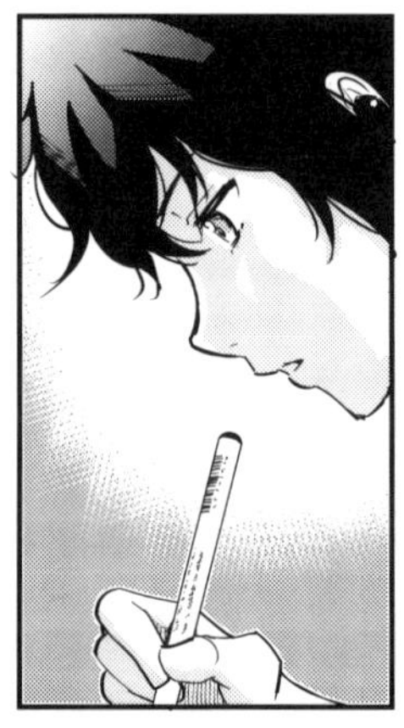

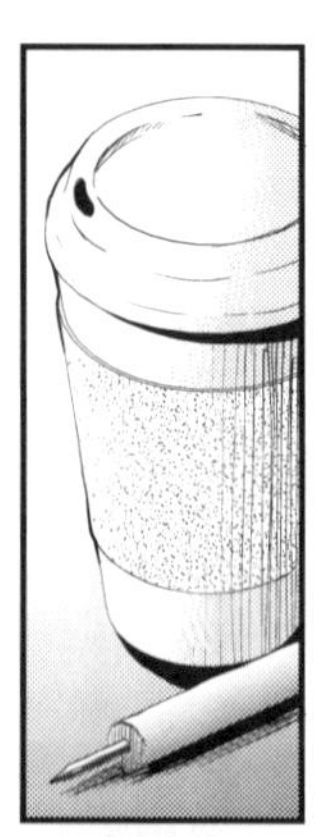

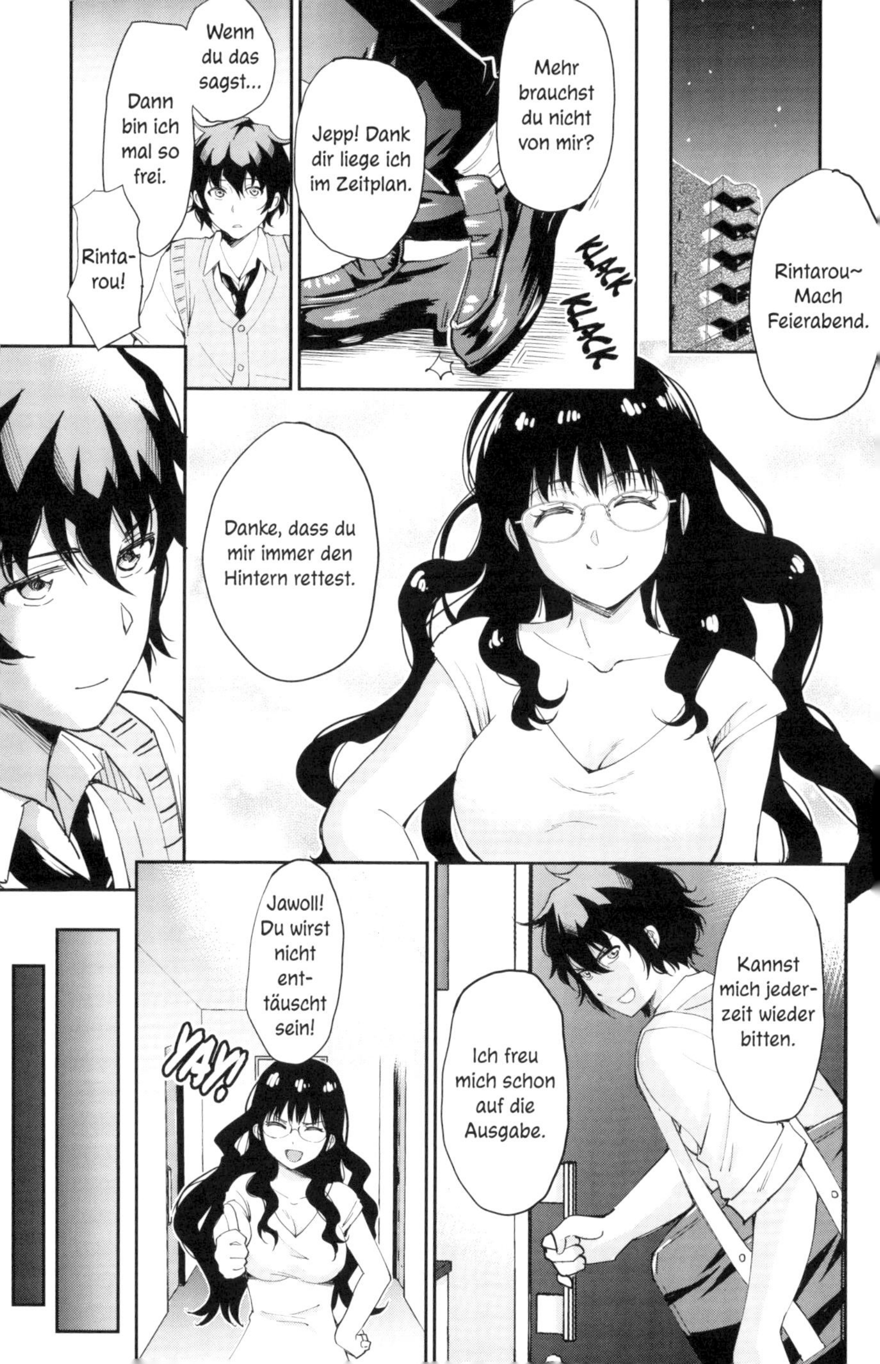

Rintarou~ Mach Feierabend.
Mehr brauchst du nicht von mir?
Jepp! Dank dir liege ich im Zeitplan.
KLACK KLACK
Wenn du das sagst...
Dann bin ich mal so frei.
Rintarou!
Danke, dass du mir immer den Hintern rettest.
Kannst mich jederzeit wieder bitten.
Ich freu mich schon auf die Ausgabe.
Jawoll! Du wirst nicht enttäuscht sein!
YAY!

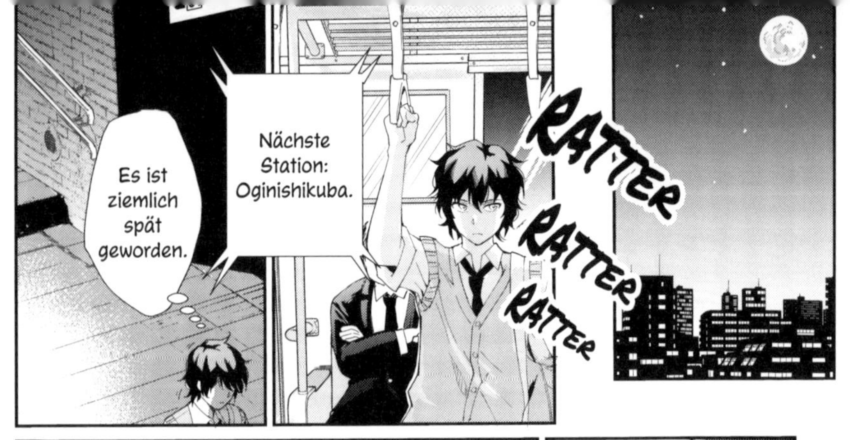
RATTER
RATTER
RATTER
Nächste Station: Oginishikuba.
Es ist ziemlich spät geworden.

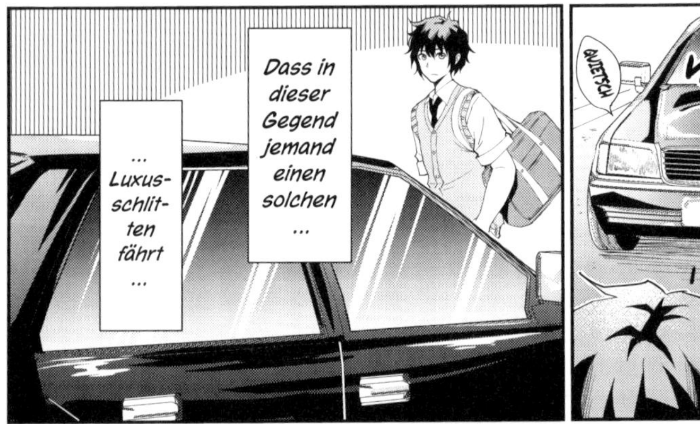
Dass in dieser Gegend jemand einen solchen ...
... Luxus-schlit-ten fährt ...

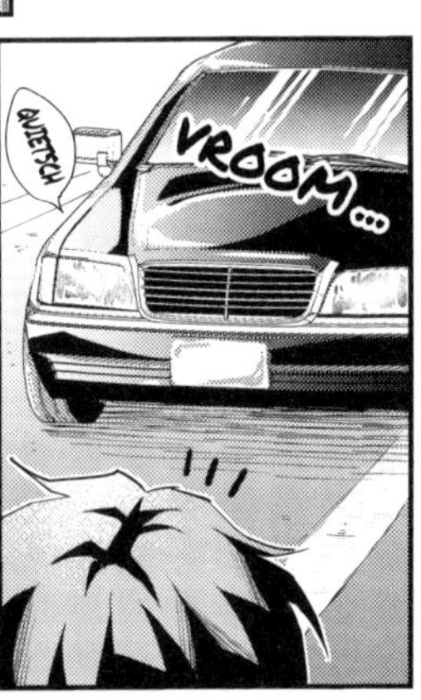
QUIETSCH
VROOM ...

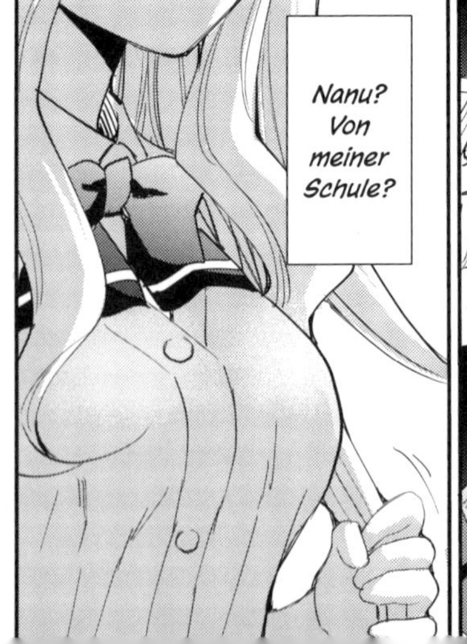
Nanu? Von meiner Schule?

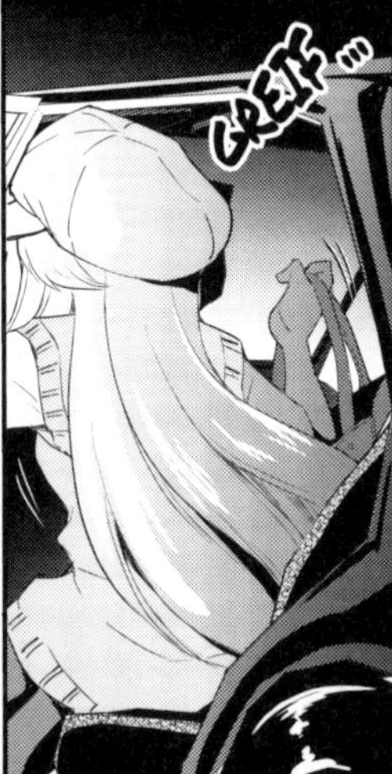
GREIF ...

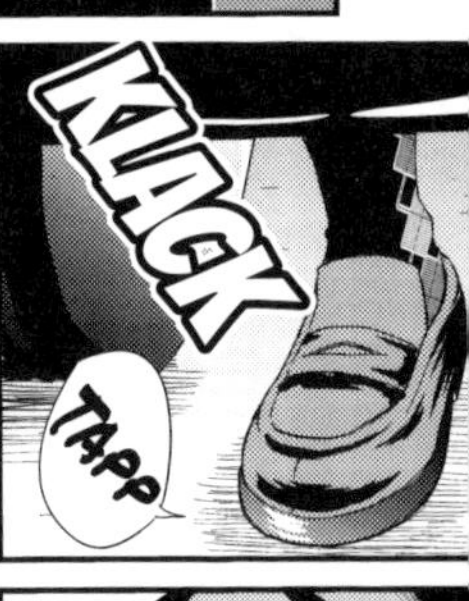
KLACK
TAPP

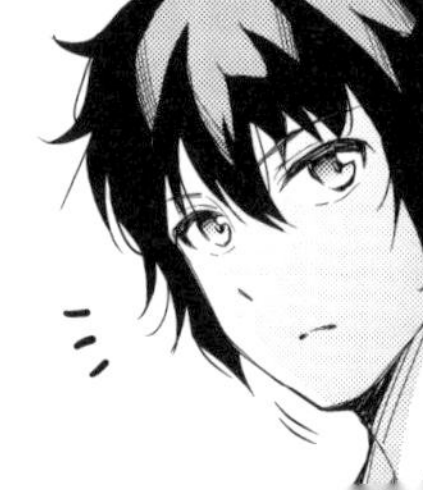

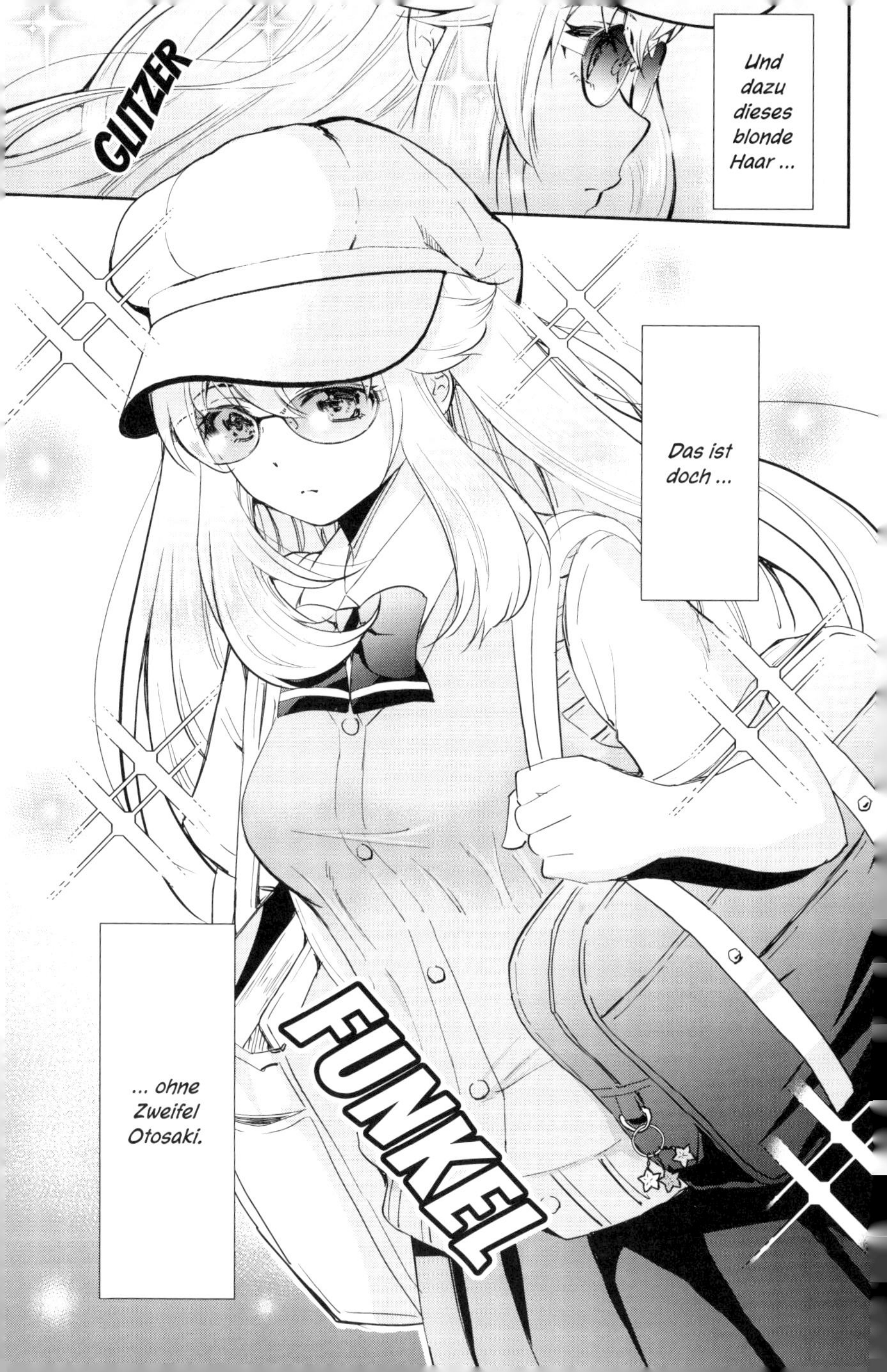
Und dazu dieses blonde Haar ...
GLITZER
Das ist doch ...
FUNKEL
... ohne Zweifel Otosaki.

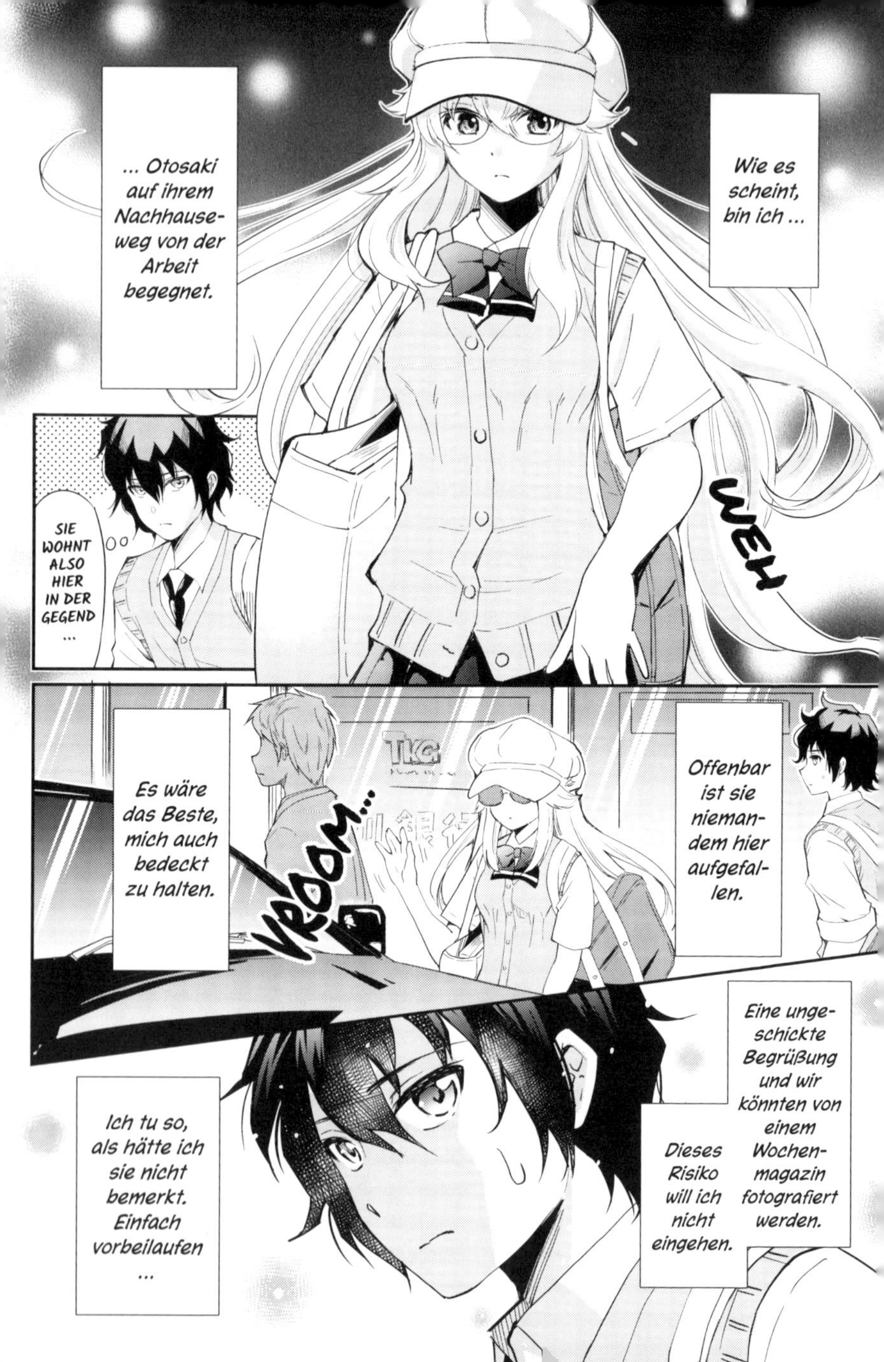
Wie es scheint, bin ich ...
... Otosaki auf ihrem Nachhauseweg von der Arbeit begegnet.
WEH
SIE WOHNT ALSO HIER IN DER GEGEND ...
Offenbar ist sie niemandem hier aufgefallen.
Es wäre das Beste, mich auch bedeckt zu halten.
VROOM...
Eine ungeschickte Begrüßung und wir könnten von einem Wochenmagazin fotografiert werden.
Dieses Risiko will ich nicht eingehen.
Ich tu so, als hätte ich sie nicht bemerkt. Einfach vorbeilaufen ...

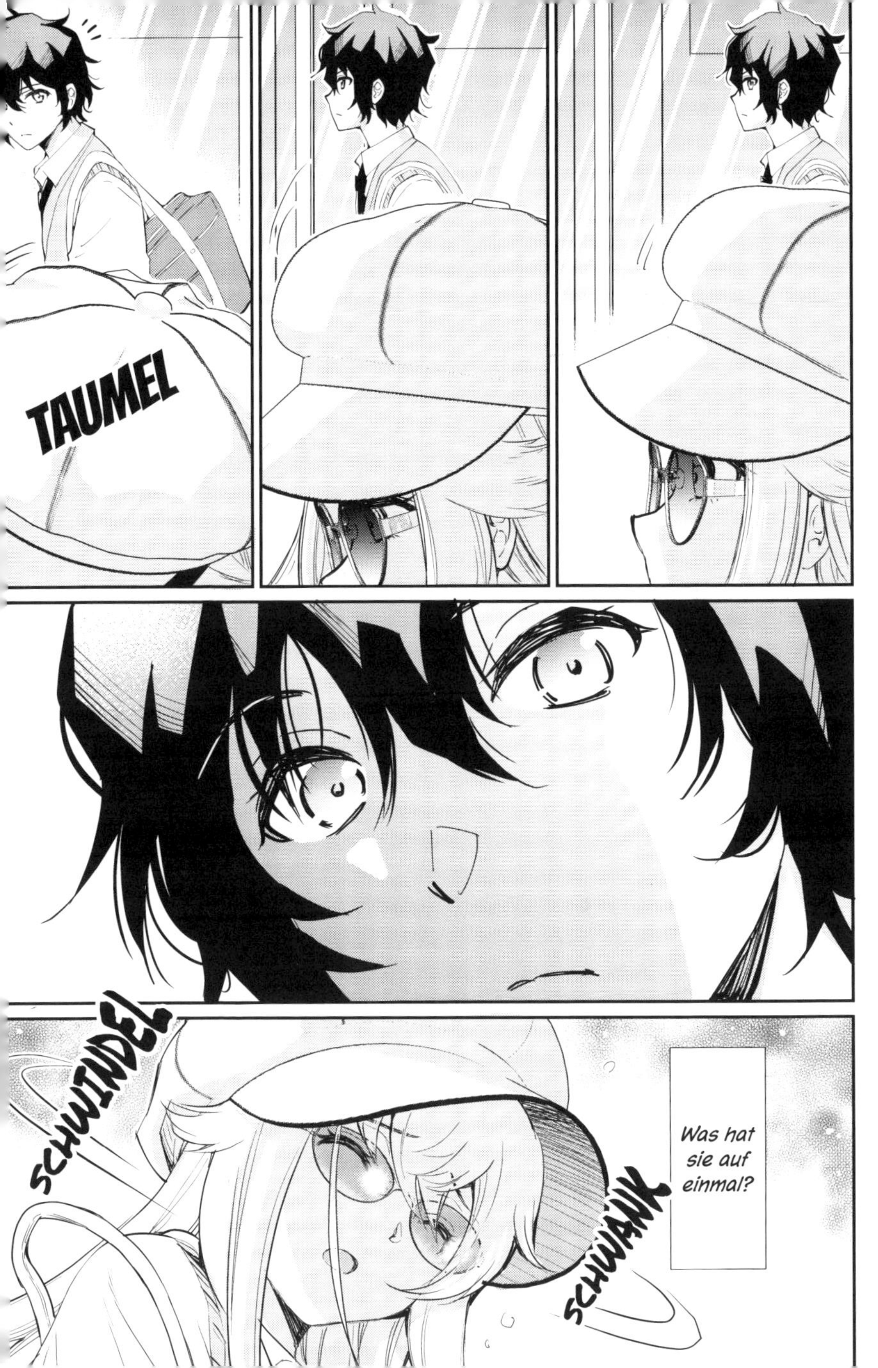
TAUMEL
SCHWANK
Was hat sie auf einmal?
SCHWINDEL

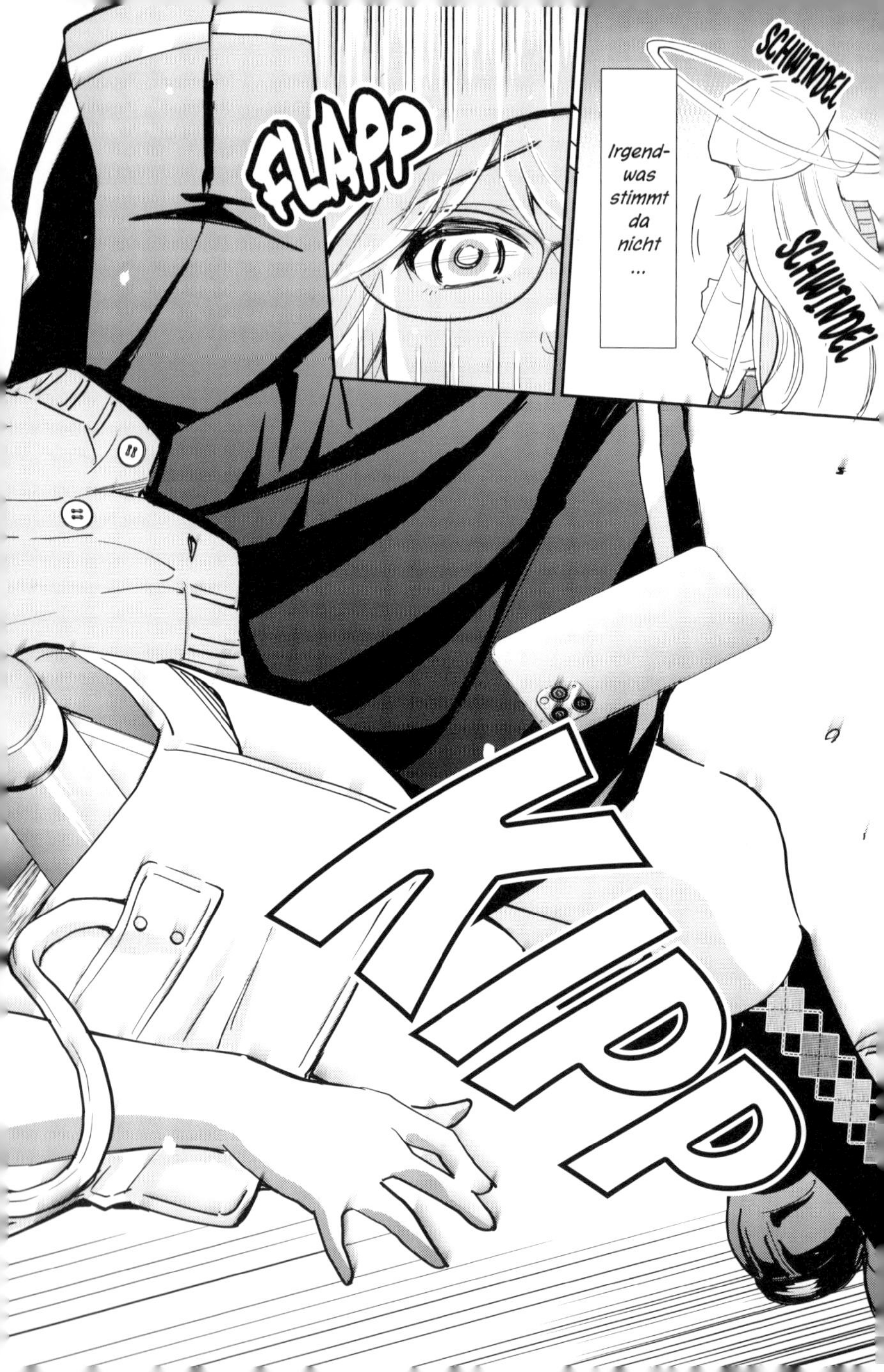
Irgend-
was
stimmt
da
nicht
...
SCHWINDEL
SCHWINDEL
FLAPP
KIPP

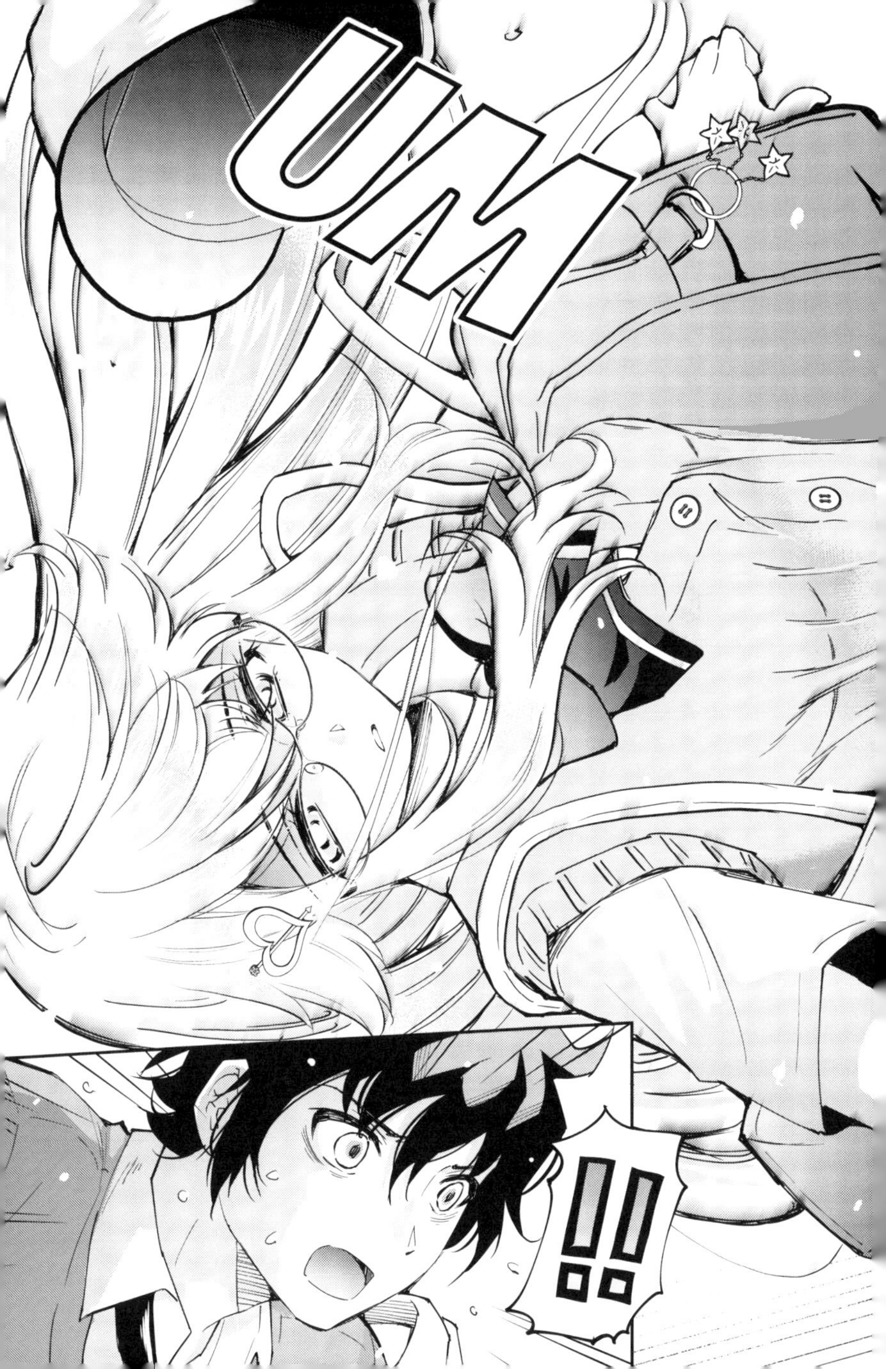
UM
!!

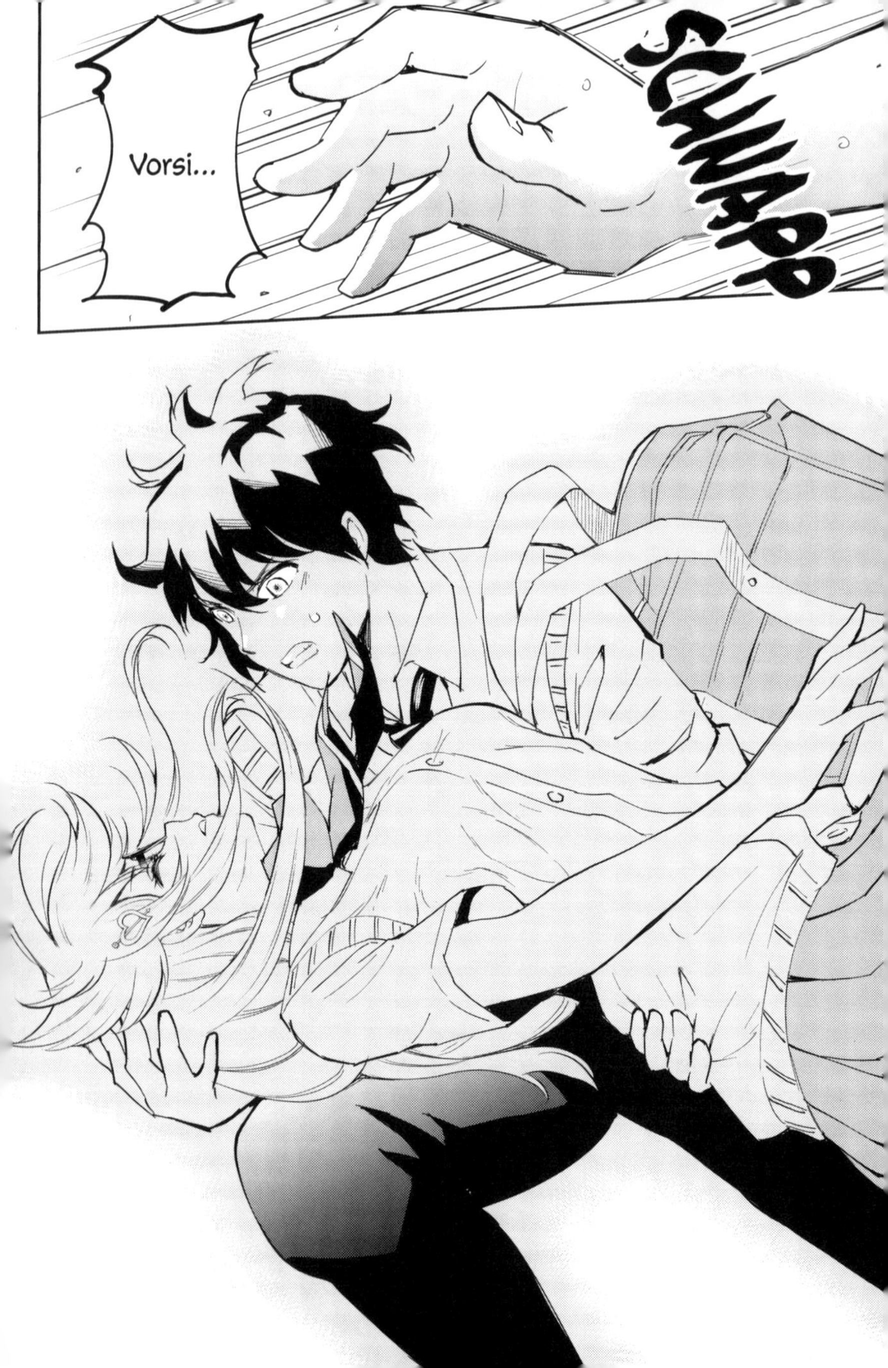
Vorsi...
SCHNAPP

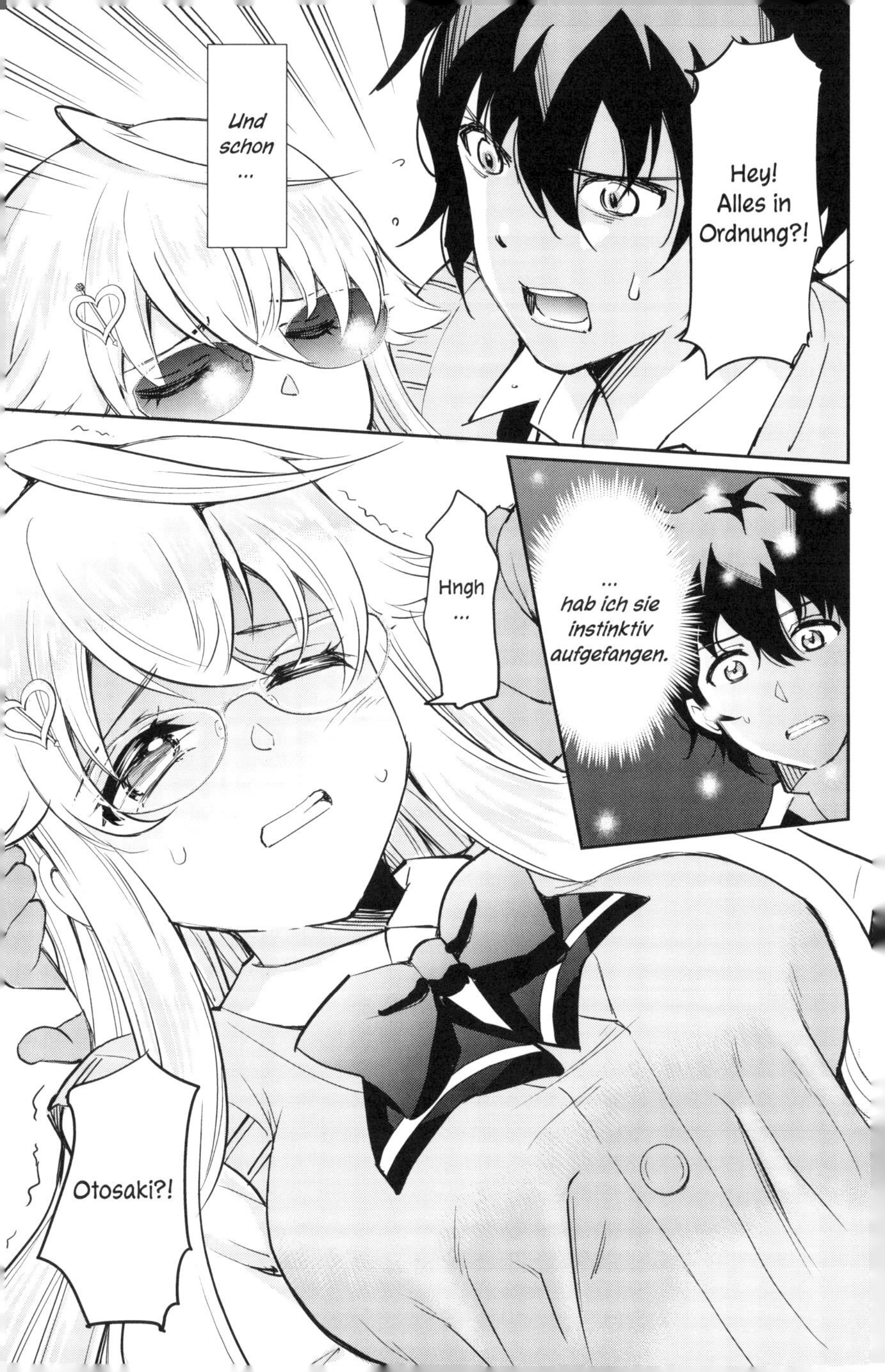
Hey! Alles in Ordnung?!
Und schon …
… hab ich sie instinktiv aufgefangen.
Hngh …
Otosaki?!

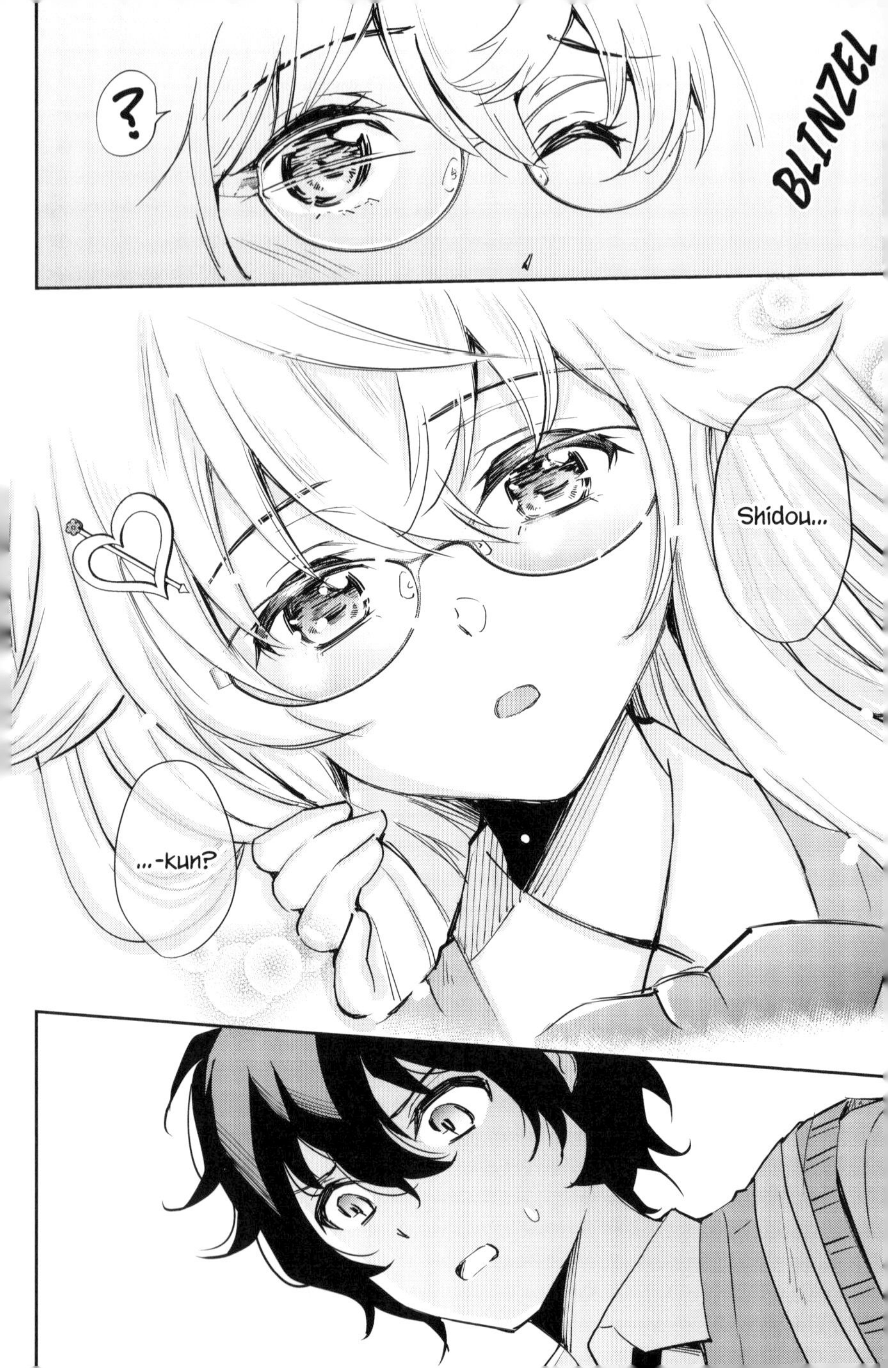
?
BLINZEL
Shidou...
...-kun?

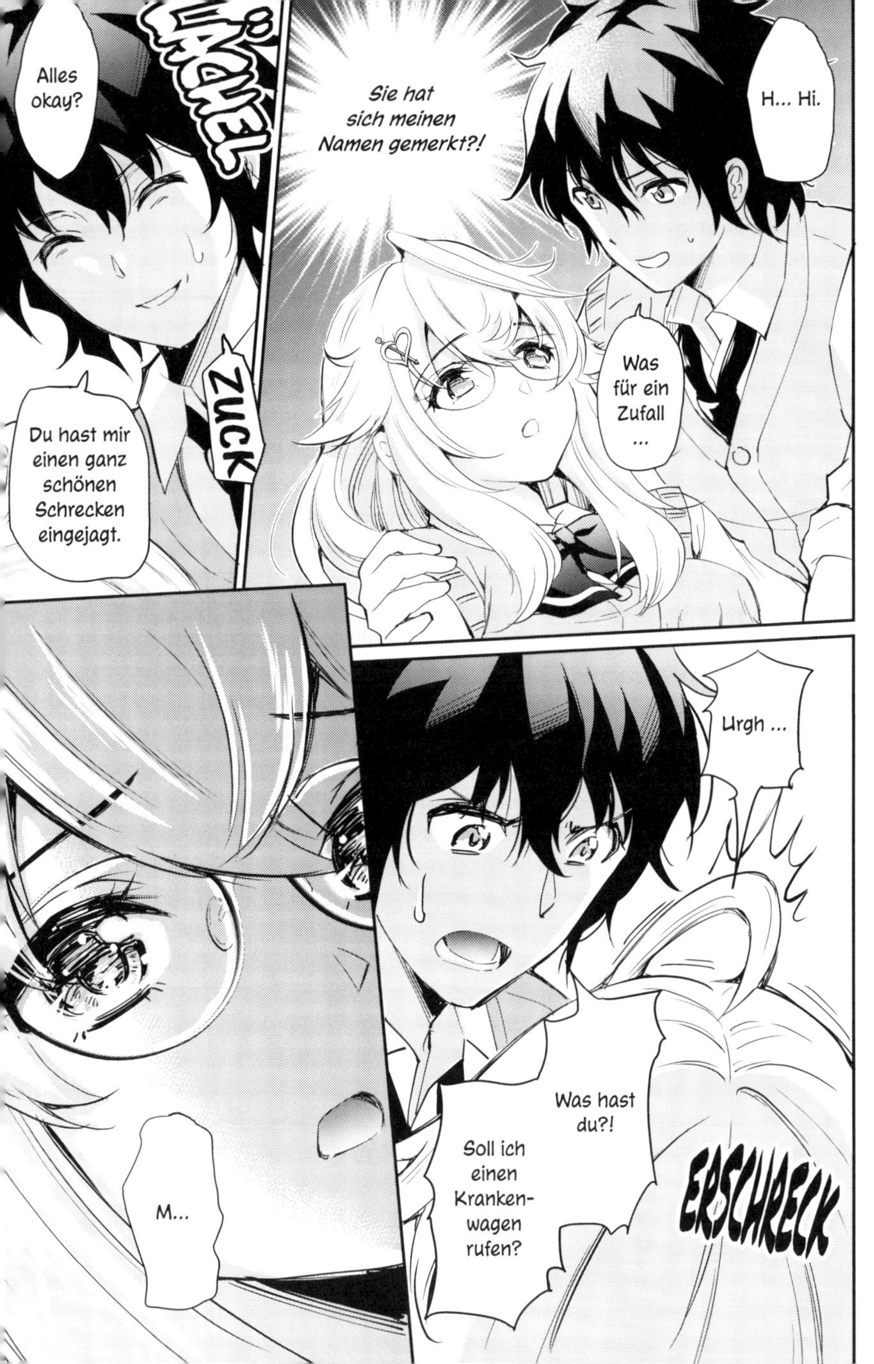
H... Hi.
Sie hat sich meinen Namen gemerkt?!
Alles okay?
LÄCHEL
Was für ein Zufall ...
ZUCK
Du hast mir einen ganz schönen Schrecken eingejagt.
Urgh ...
Was hast du?!
Soll ich einen Kranken-wagen rufen?
ERSCHRECK
M...

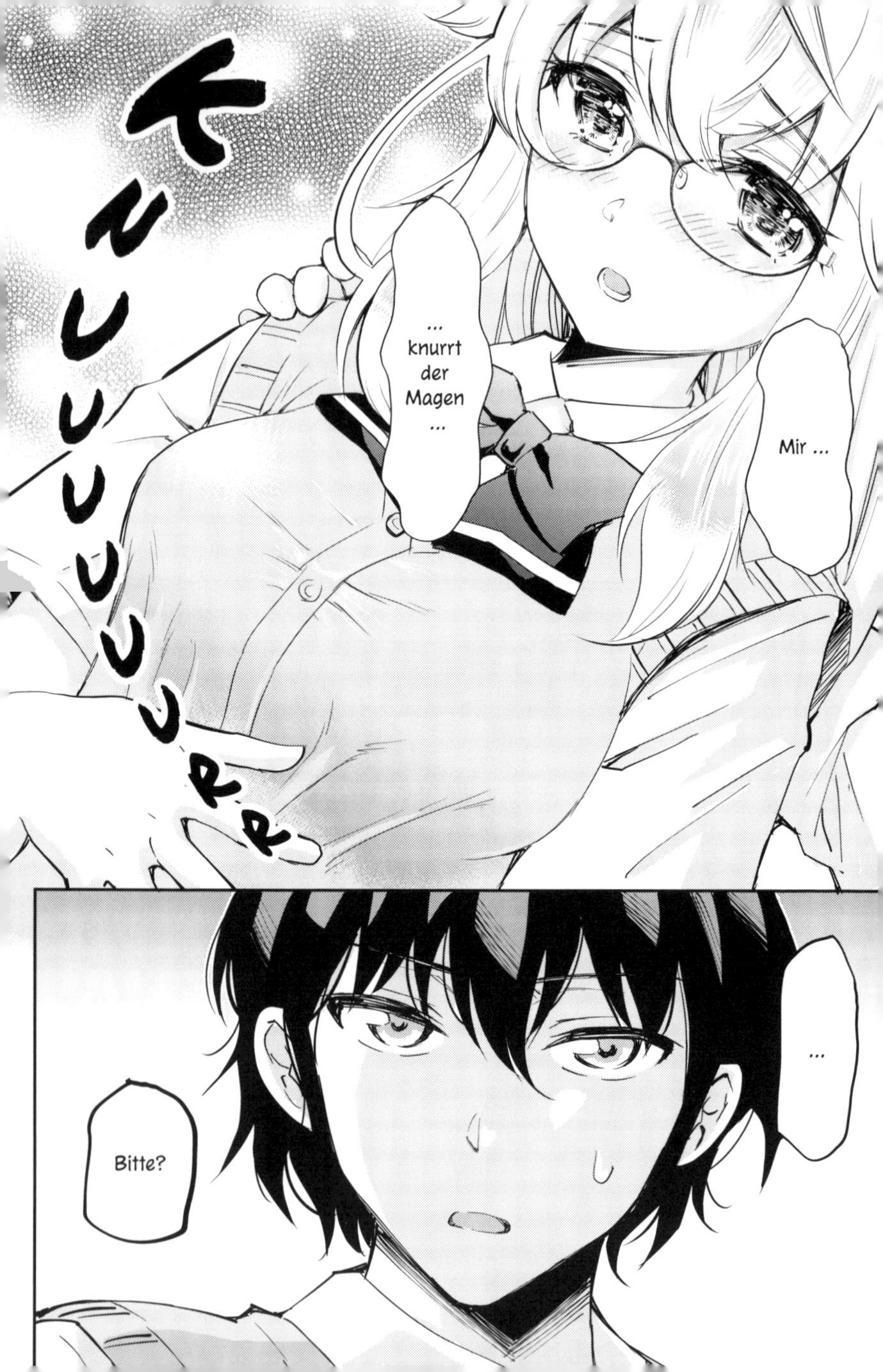
Mir ...
... knurrt der Magen ...
KNUUUUUURR
...
Bitte?

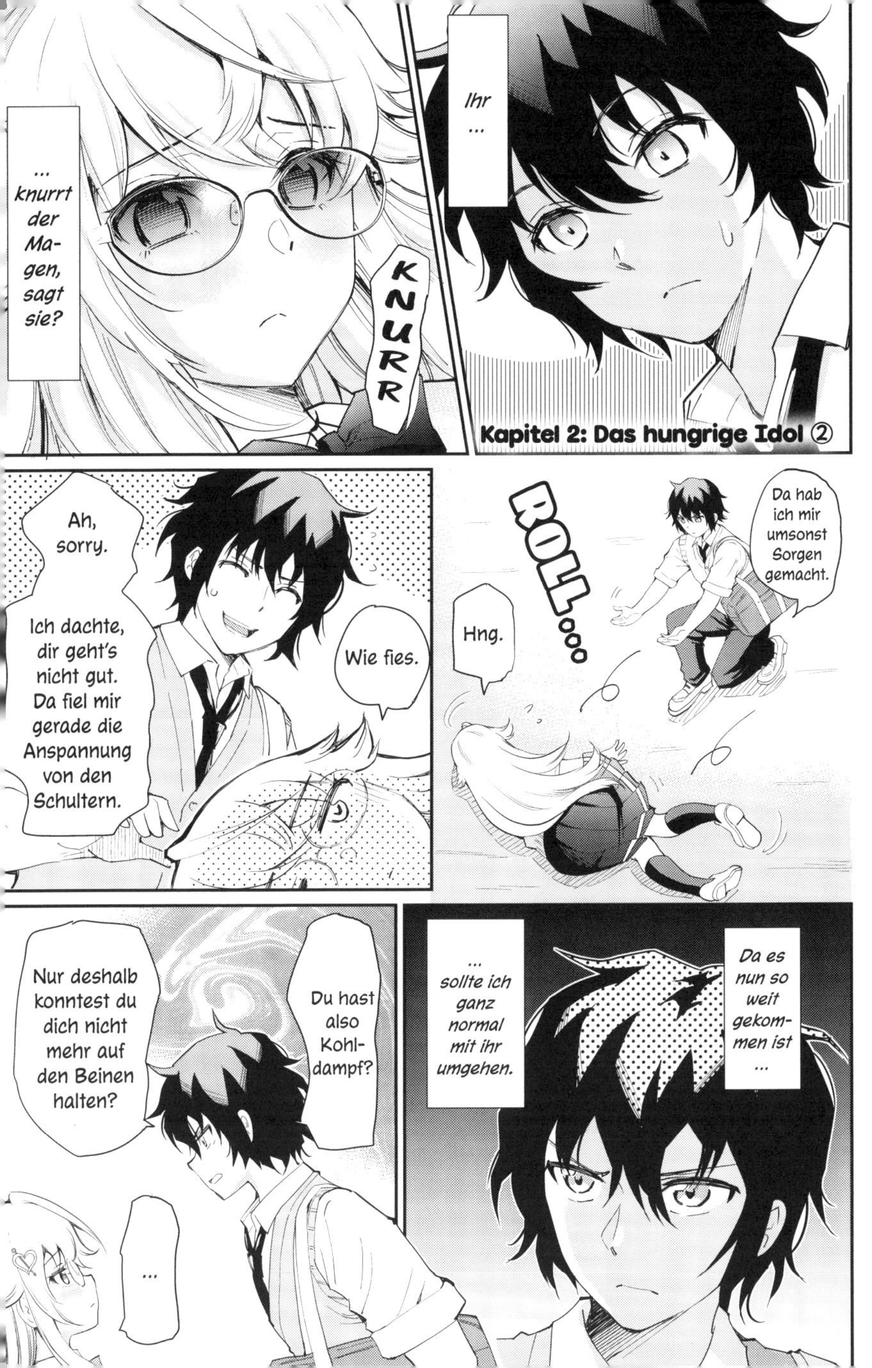

Ihr ...
KNURR
... knurrt der Magen, sagt sie?
Kapitel 2: Das hungrige Idol ②
Da hab ich mir umsonst Sorgen gemacht.
ROLL...
Hng.
Wie fies.
Ah, sorry.
Ich dachte, dir geht's nicht gut. Da fiel mir gerade die Anspannung von den Schultern.
Da es nun so weit gekommen ist ...
... sollte ich ganz normal mit ihr umgehen.
Du hast also Kohldampf?
Nur deshalb konntest du dich nicht mehr auf den Beinen halten?
...

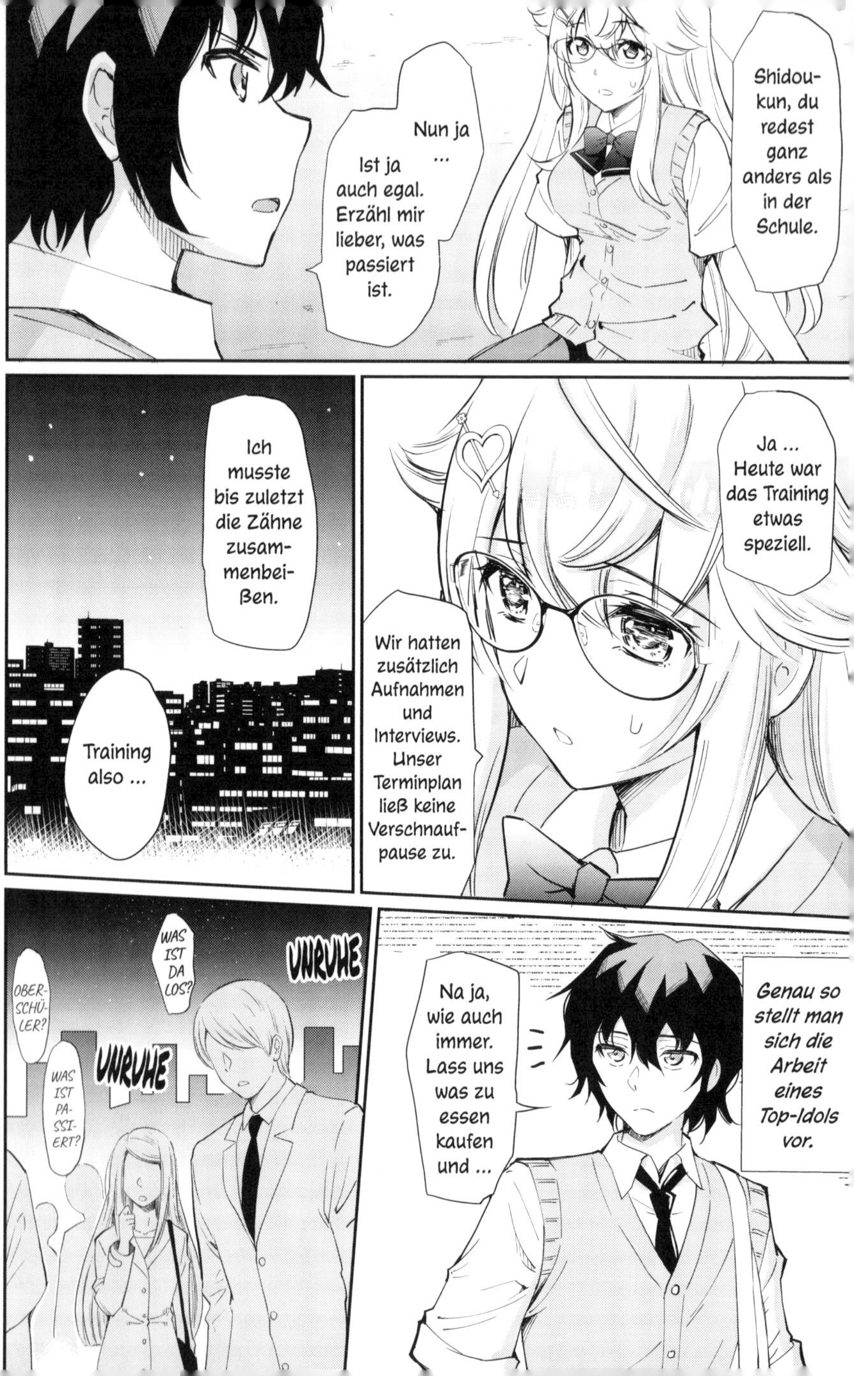

Shidou-kun, du redest ganz anders als in der Schule.
Nun ja ...
Ist ja auch egal. Erzähl mir lieber, was passiert ist.

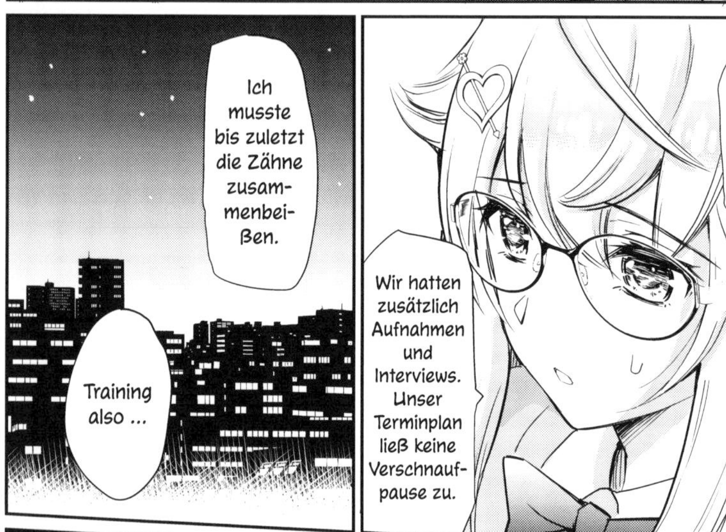

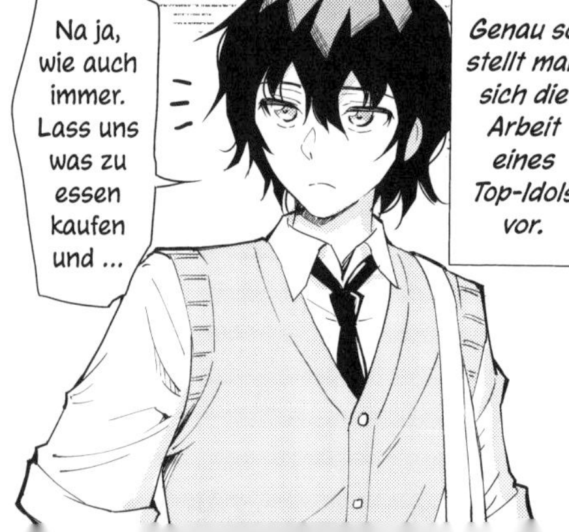

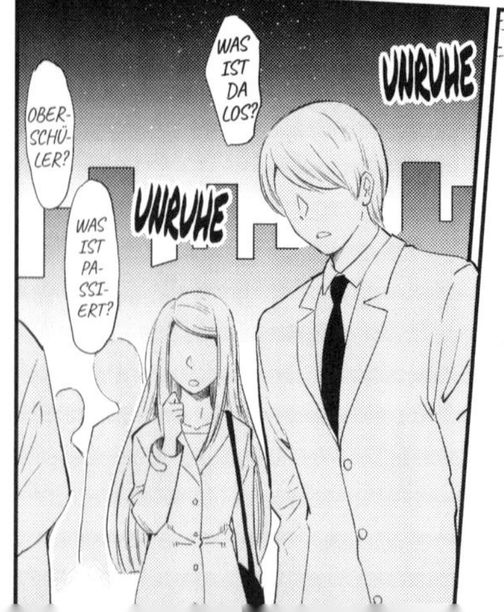

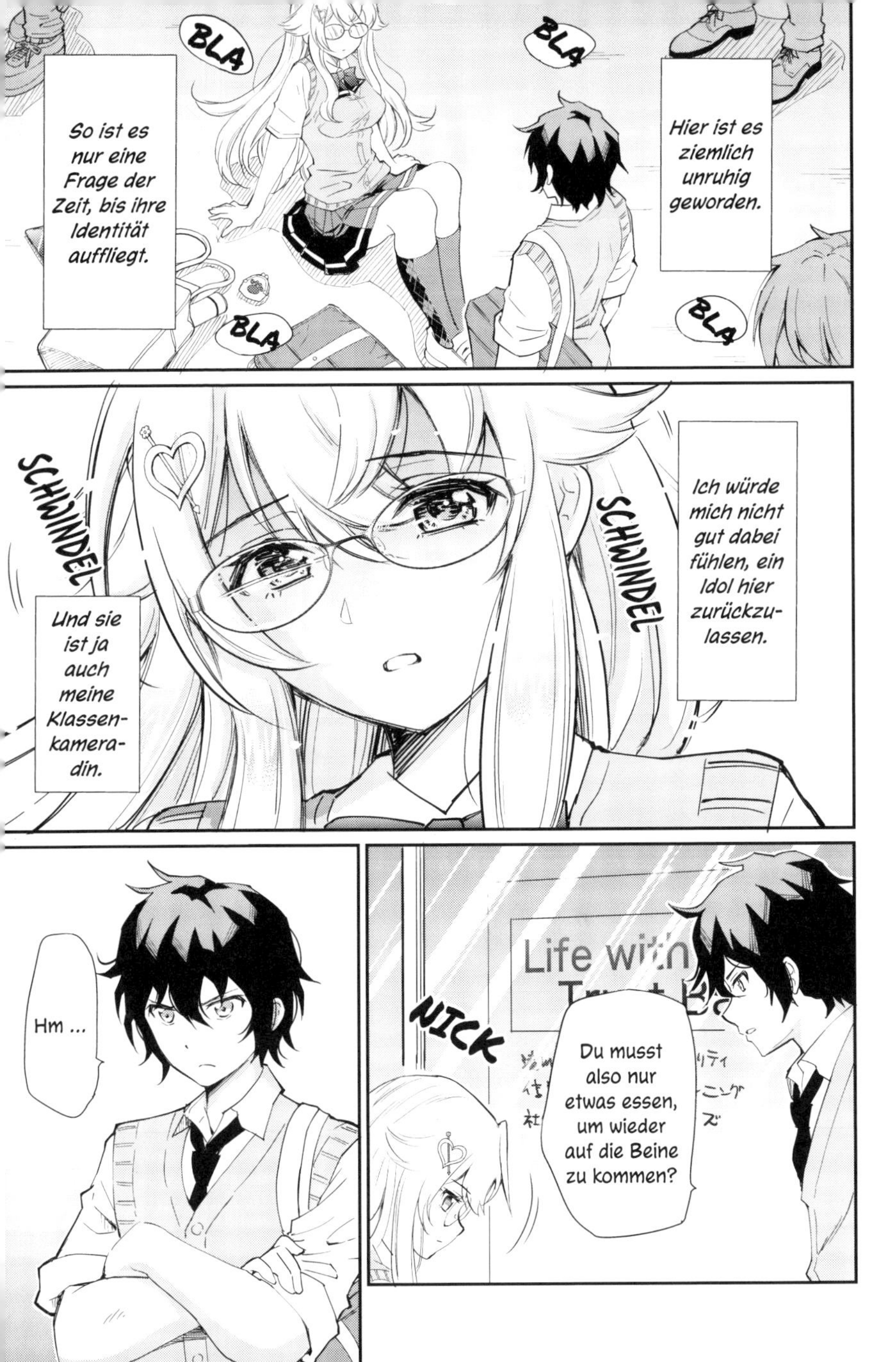
BLA
BLA
Hier ist es ziemlich unruhig geworden.
So ist es nur eine Frage der Zeit, bis ihre Identität auffliegt.
BLA
BLA
SCHWINDEL
Ich würde mich nicht gut dabei fühlen, ein Idol hier zurückzulassen.
SCHWINDEL
Und sie ist ja auch meine Klassenkameradin.
NICK
Du musst also nur etwas essen, um wieder auf die Beine zu kommen?
Hm ...

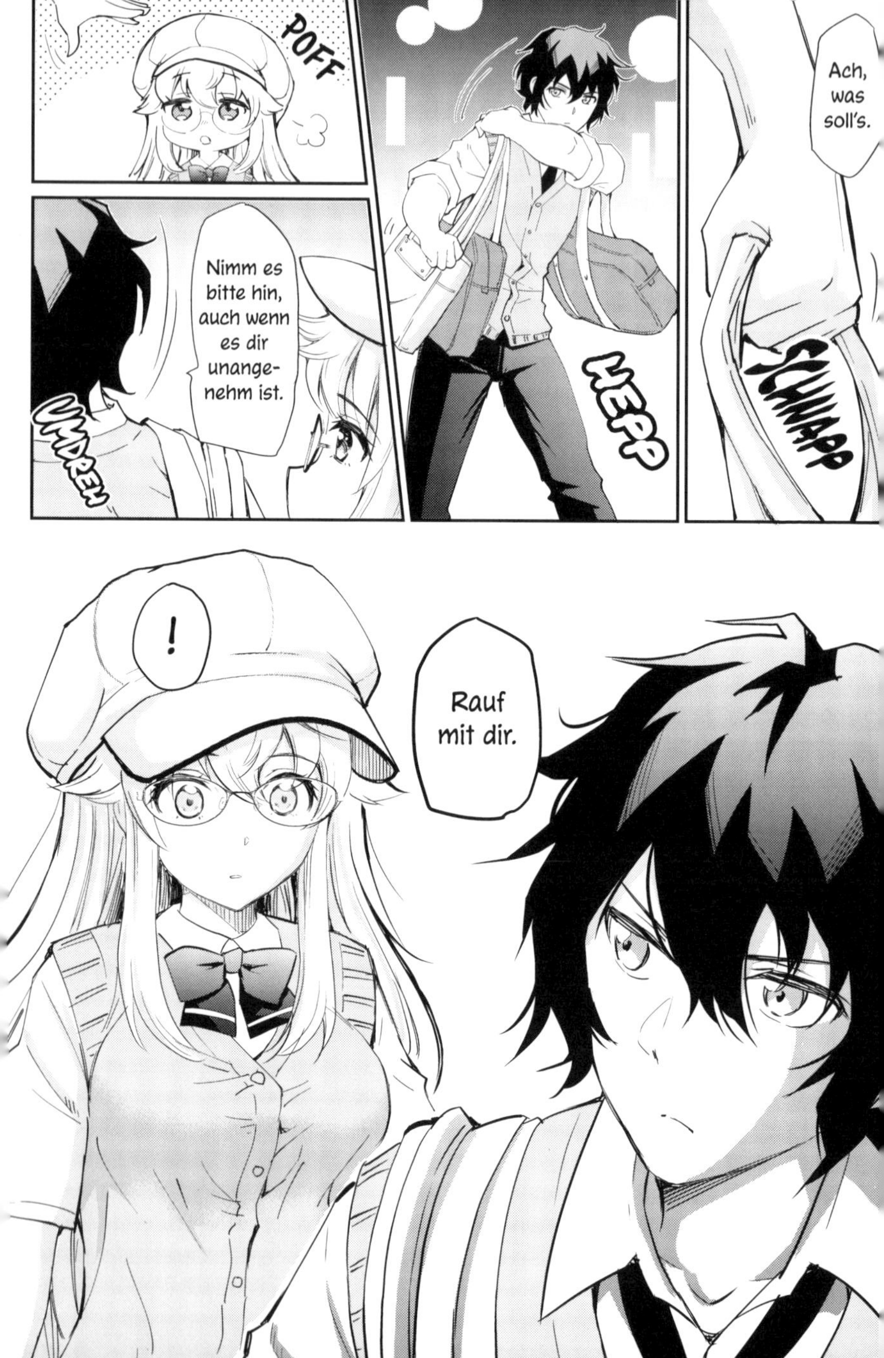
Ach, was soll's.
SCHNAPP
HEPP
POFF
Nimm es bitte hin, auch wenn es dir unange-nehm ist.
UMDREH
Rauf mit dir.
!

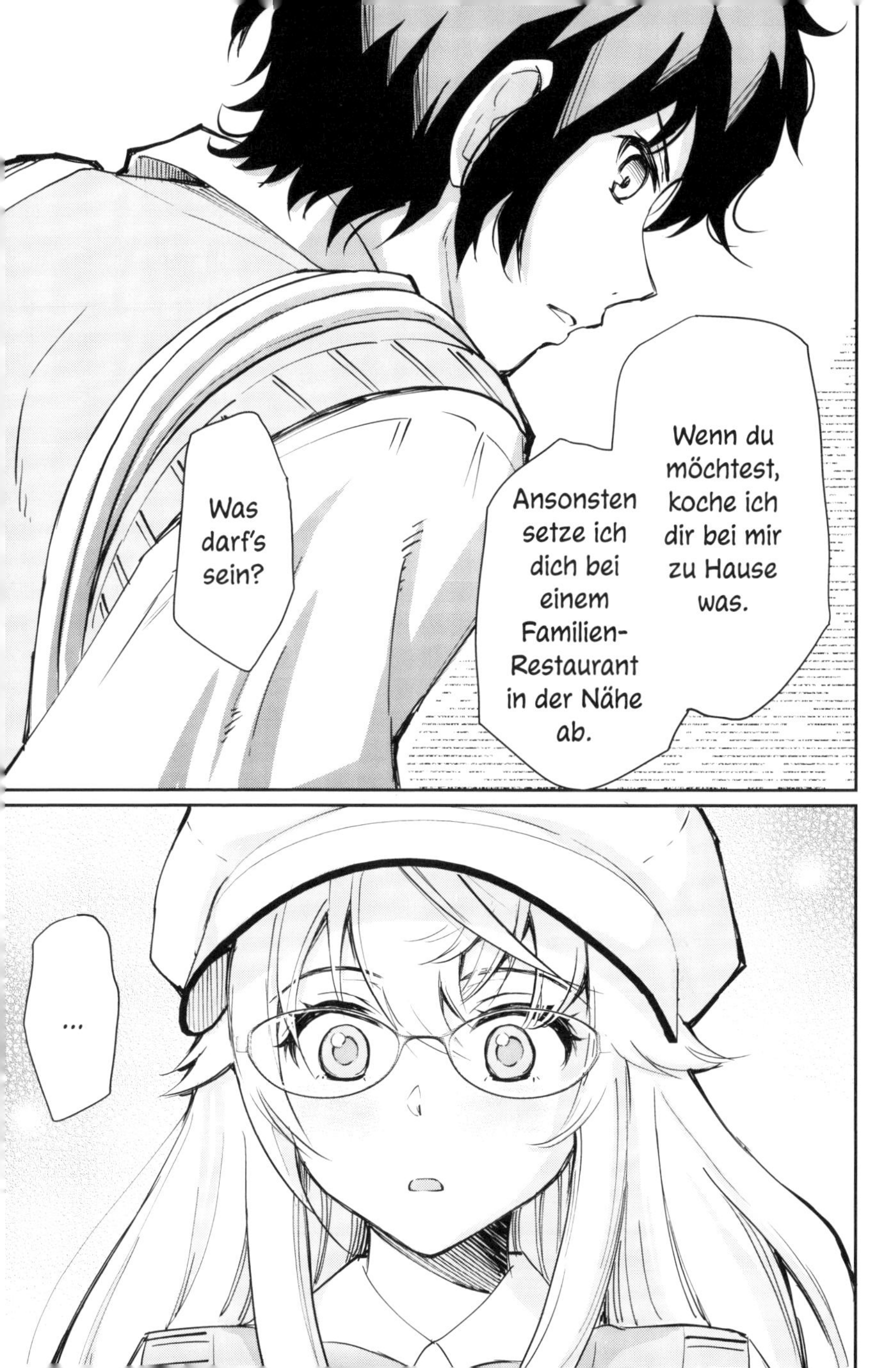
Wenn du möchtest, koche ich dir bei mir zu Hause was.
Ansonsten setze ich dich bei einem Familien-Restaurant in der Nähe ab.
Was darf's sein?
...

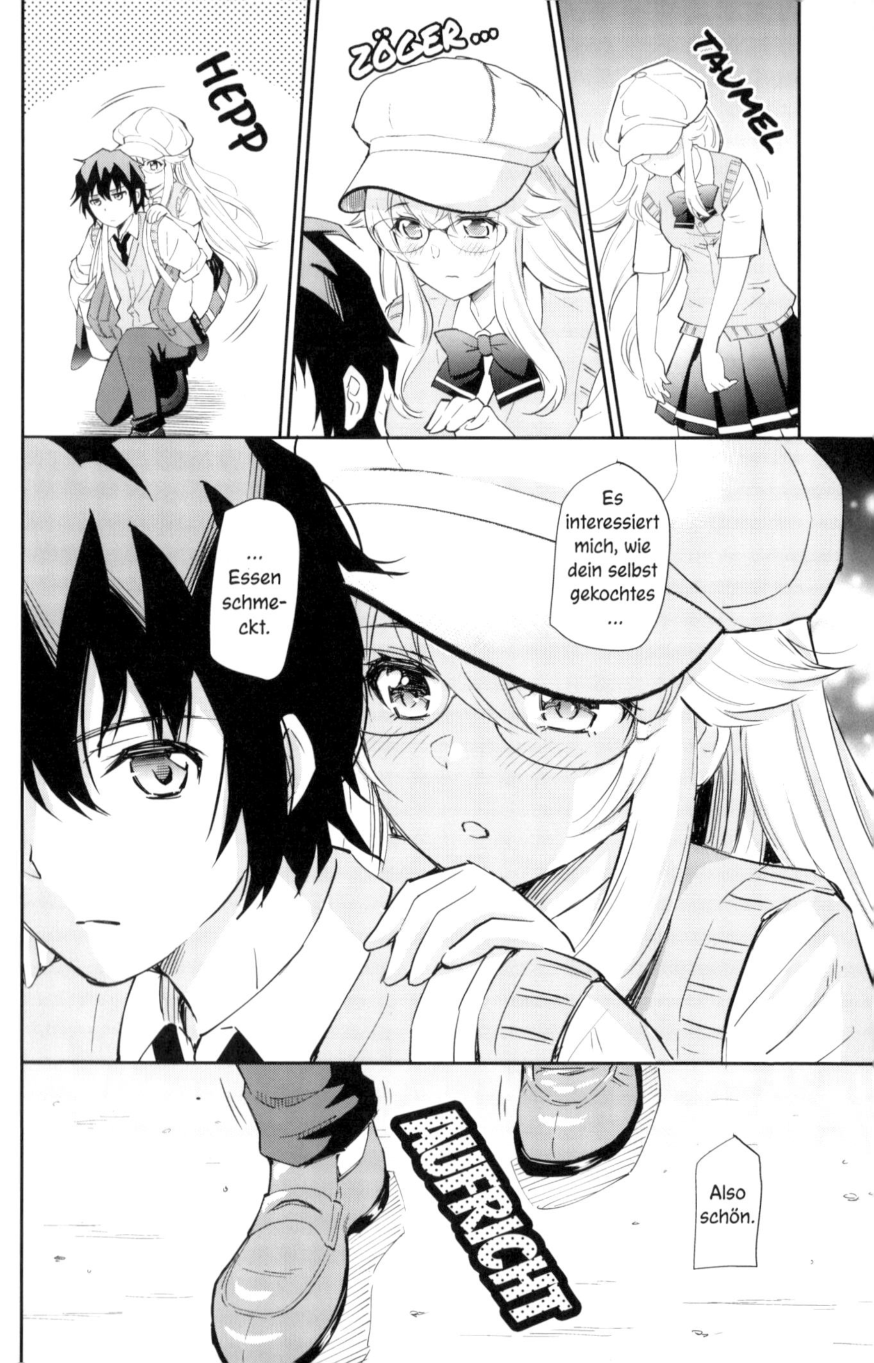
TAUMEL
ZÖGER …
HEPP
Es interessiert mich, wie dein selbst gekochtes …
… Essen schmeckt.
Also schön.
AUFRICHT

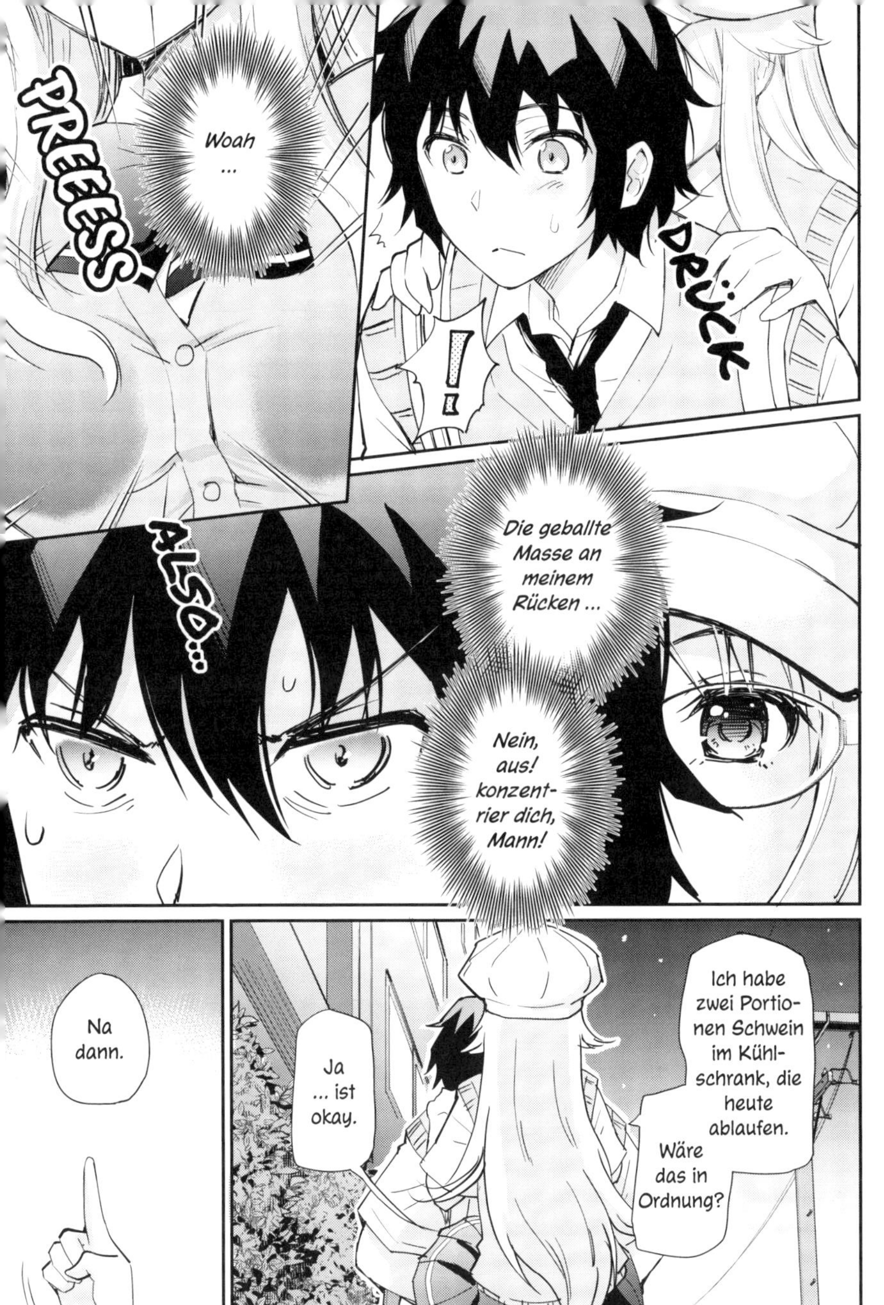
PREEESS
Woah ...
DRÜCK
!
ALSO...
Die geballte Masse an meinem Rücken ...
Nein, aus! konzent-rier dich, Mann!
Ich habe zwei Portio-nen Schwein im Kühl-schrank, die heute ablaufen.
Wäre das in Ordnung?
Ja ... ist okay.
Na dann.

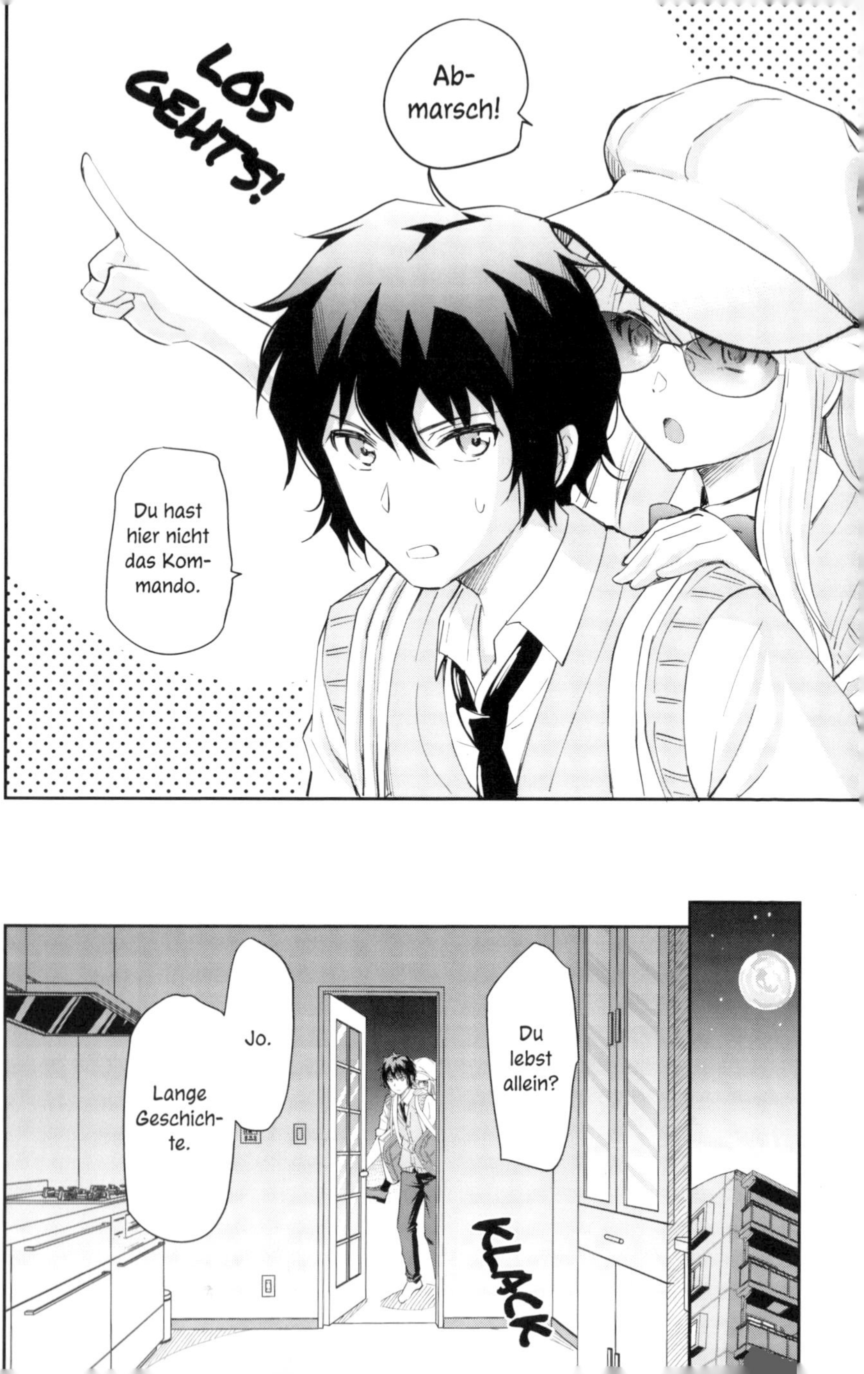

Abmarsch!
LOS GEHTS!
Du hast hier nicht das Kommando.

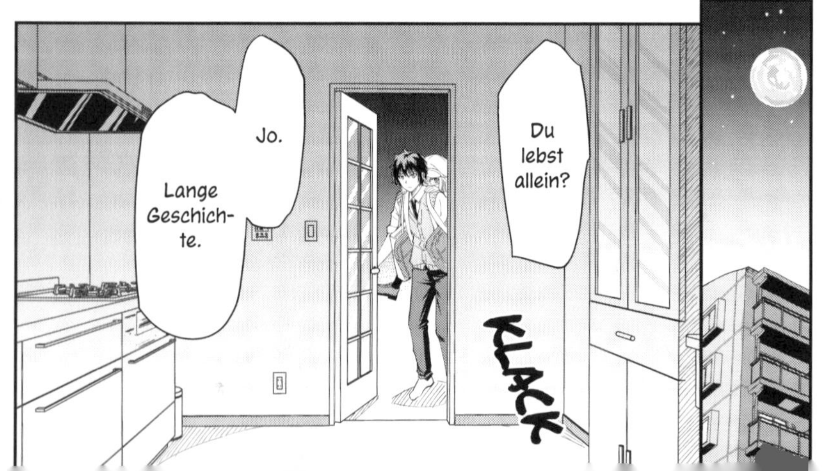

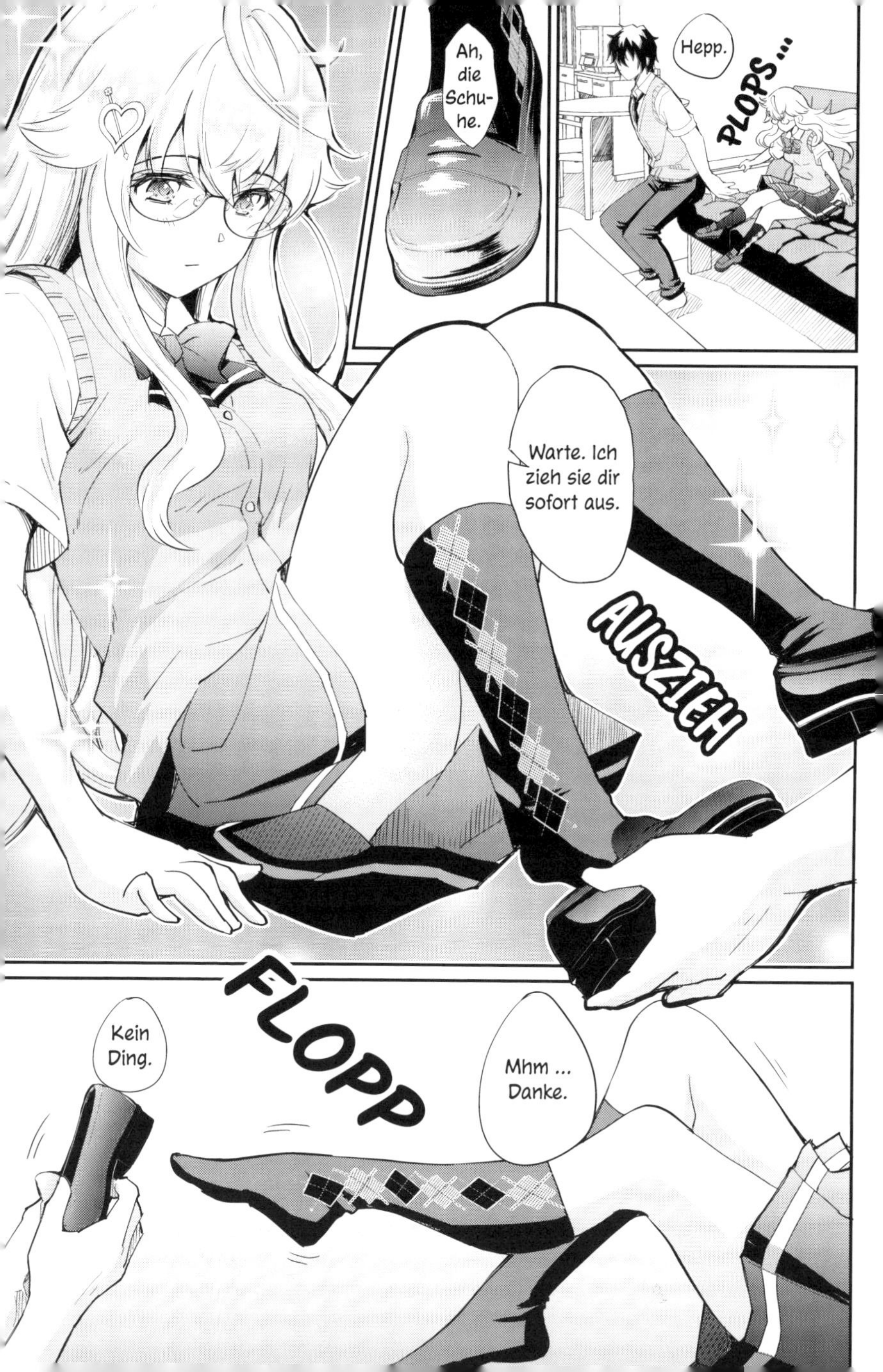
Hepp.
PLOPS ...
Ah, die Schuhe.
Warte. Ich zieh sie dir sofort aus.
AUSZIEH
Mhm ... Danke.
FLOPP
Kein Ding.

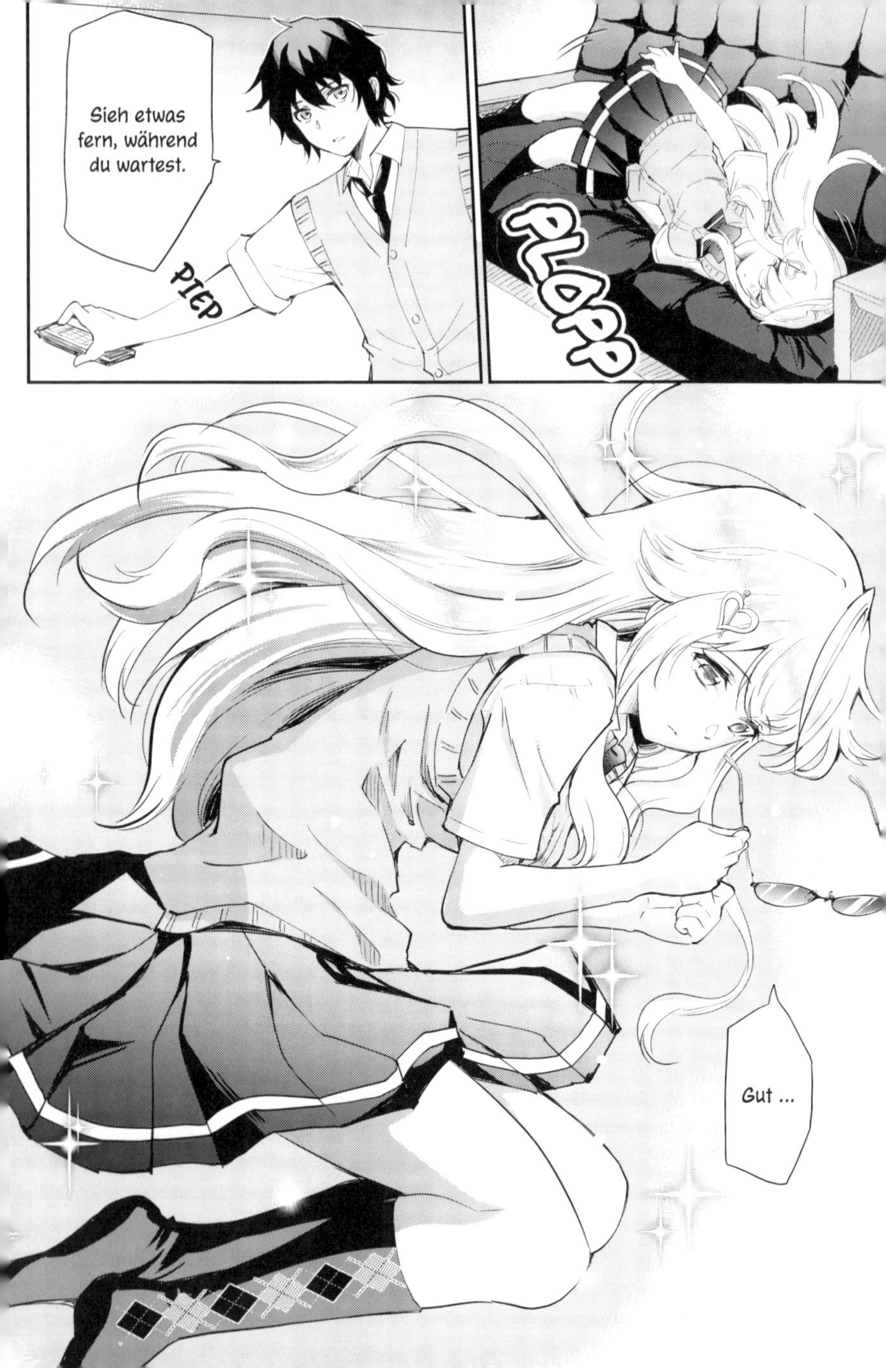
Sieh etwas fern, während du wartest.
PIEP
PLOPP
Gut ...

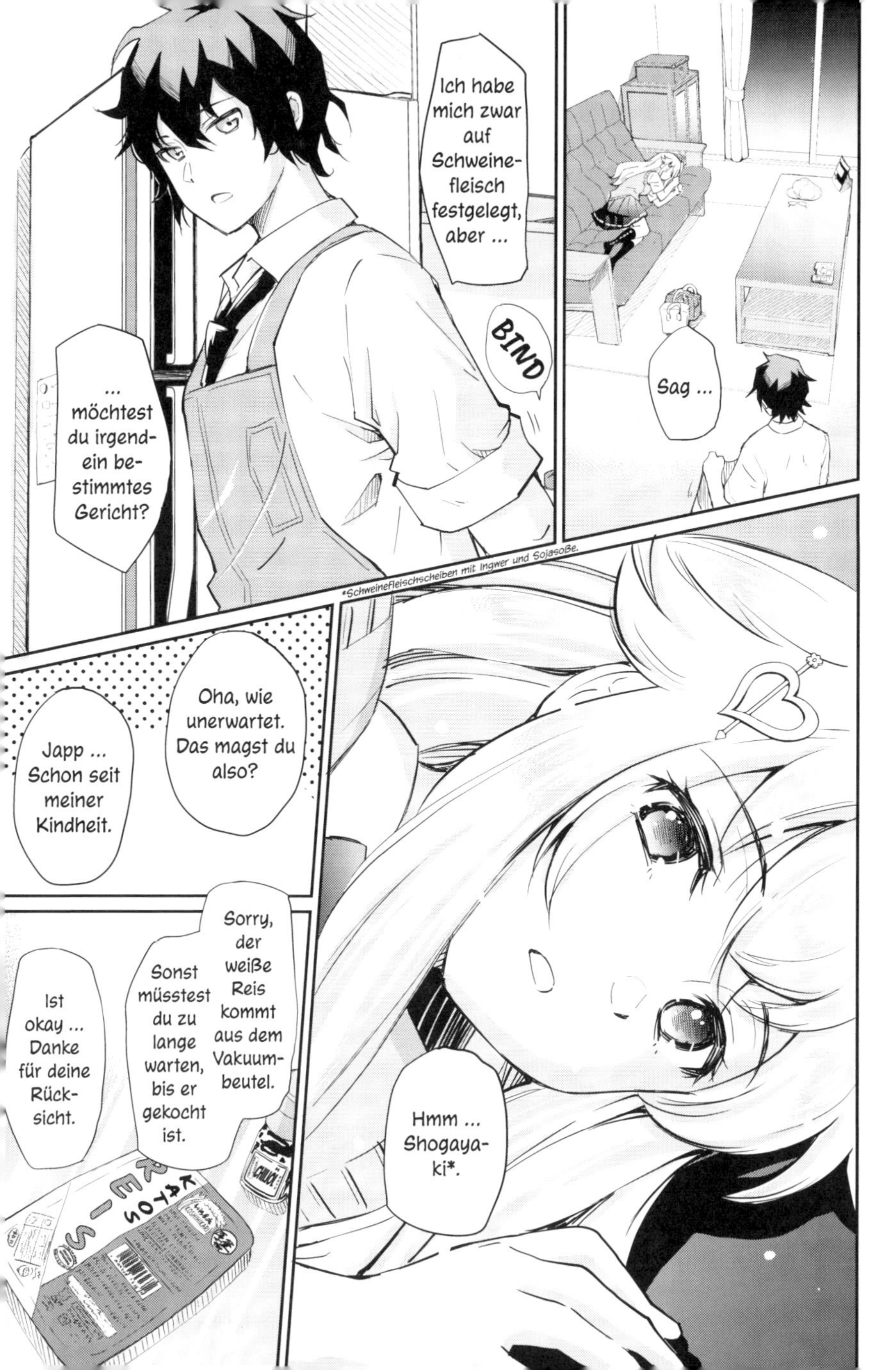
Sag ...
Ich habe mich zwar auf Schweinefleisch festgelegt, aber ...
BIND
... möchtest du irgendein bestimmtes Gericht?
Hmm ... Shogayaki*.
Oha, wie unerwartet. Das magst du also?
Japp ... Schon seit meiner Kindheit.
Sorry, der weiße Reis kommt aus dem Vakuumbeutel.
Sonst müsstest du zu lange warten, bis er gekocht ist.
Ist okay ... Danke für deine Rücksicht.
*Schweinefleischscheiben mit Ingwer und Sojasoße.

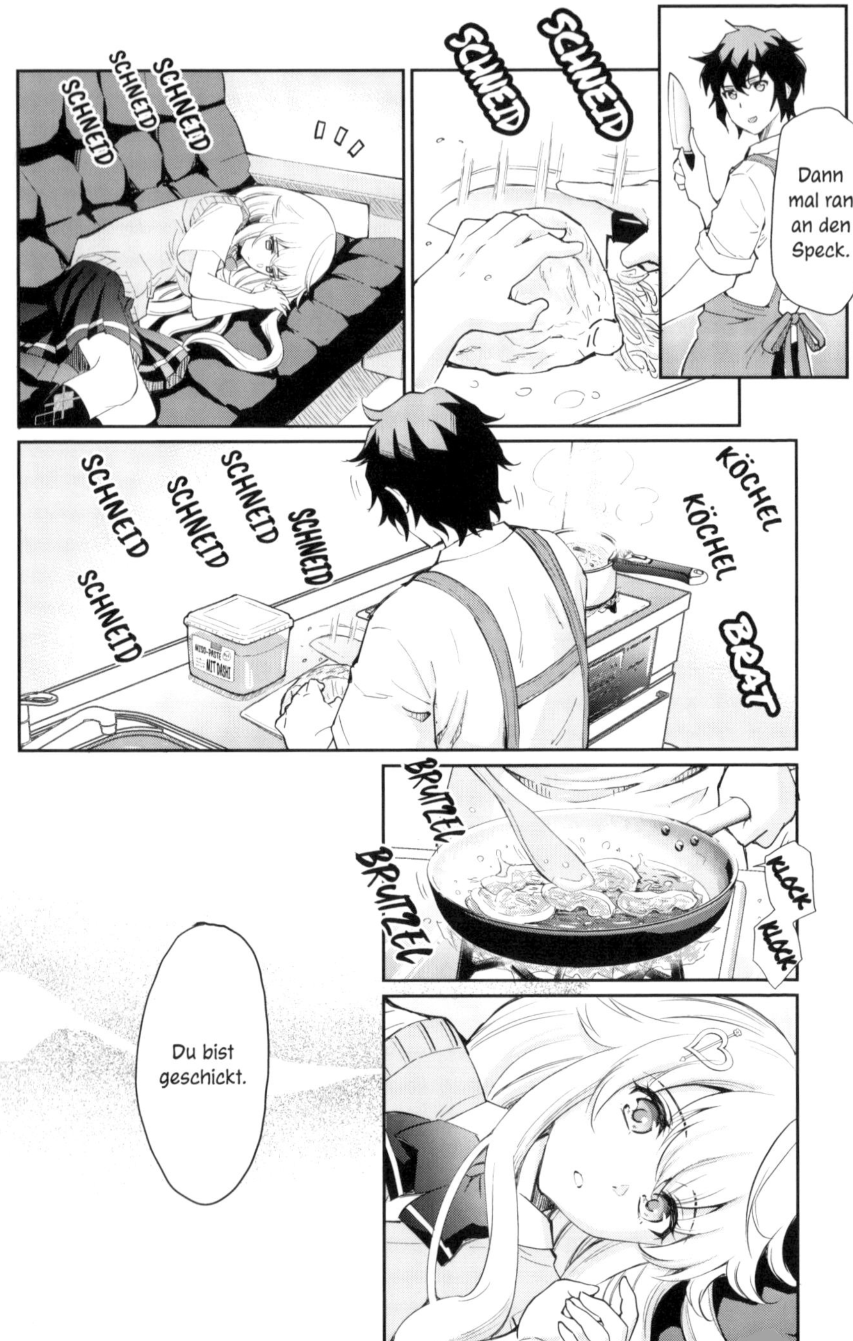
Dann mal ran an den Speck.
SCHNEID
SCHNEID
SCHNEID
SCHNEID
SCHNEID
KÖCHEL
KÖCHEL
BRAT
SCHNEID
SCHNEID
SCHNEID
SCHNEID
SCHNEID
MISO-PASTE
MIT DASHI
KLOCK
KLOCK
BRUTZEL
BRUTZEL
Du bist geschickt.

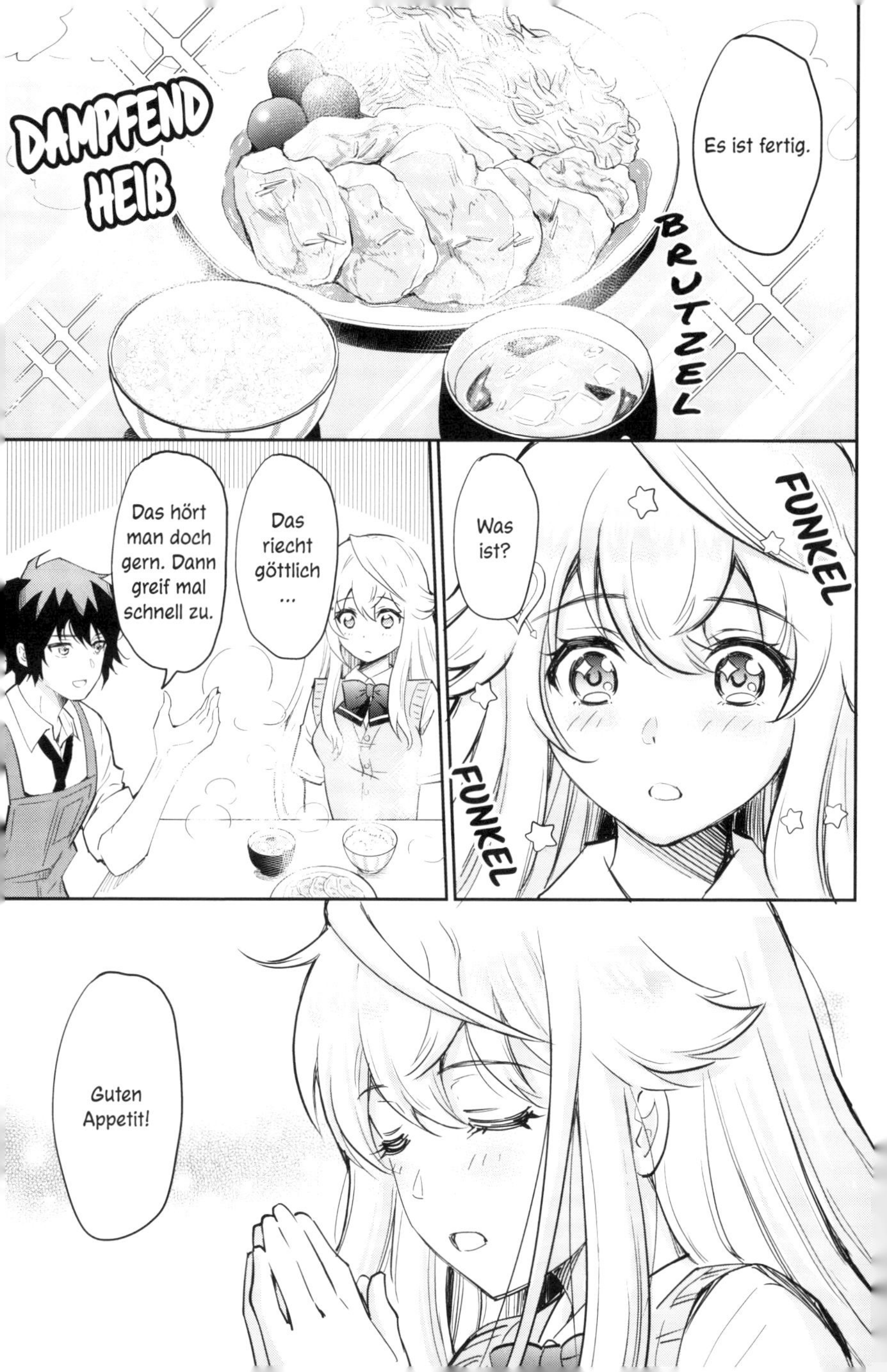
Es ist fertig.
BRUTZEL
DAMPFEND HEIß
Was ist?
FUNKEL
FUNKEL
Das riecht göttlich ...
Das hört man doch gern. Dann greif mal schnell zu.
Guten Appetit!

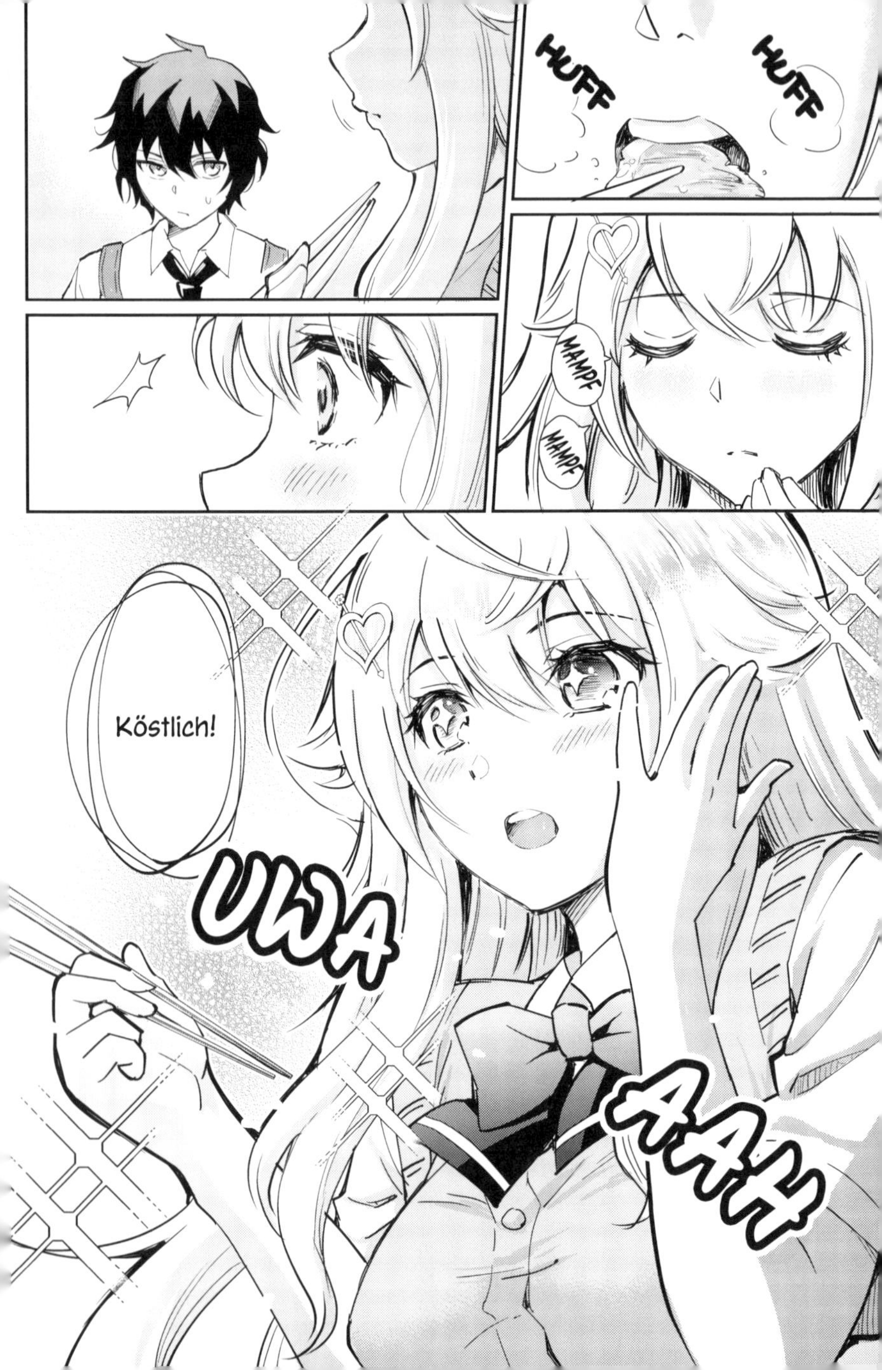
HUFF
HUFF
MAMPF
MAMPF
Köstlich!
UWA
AAH

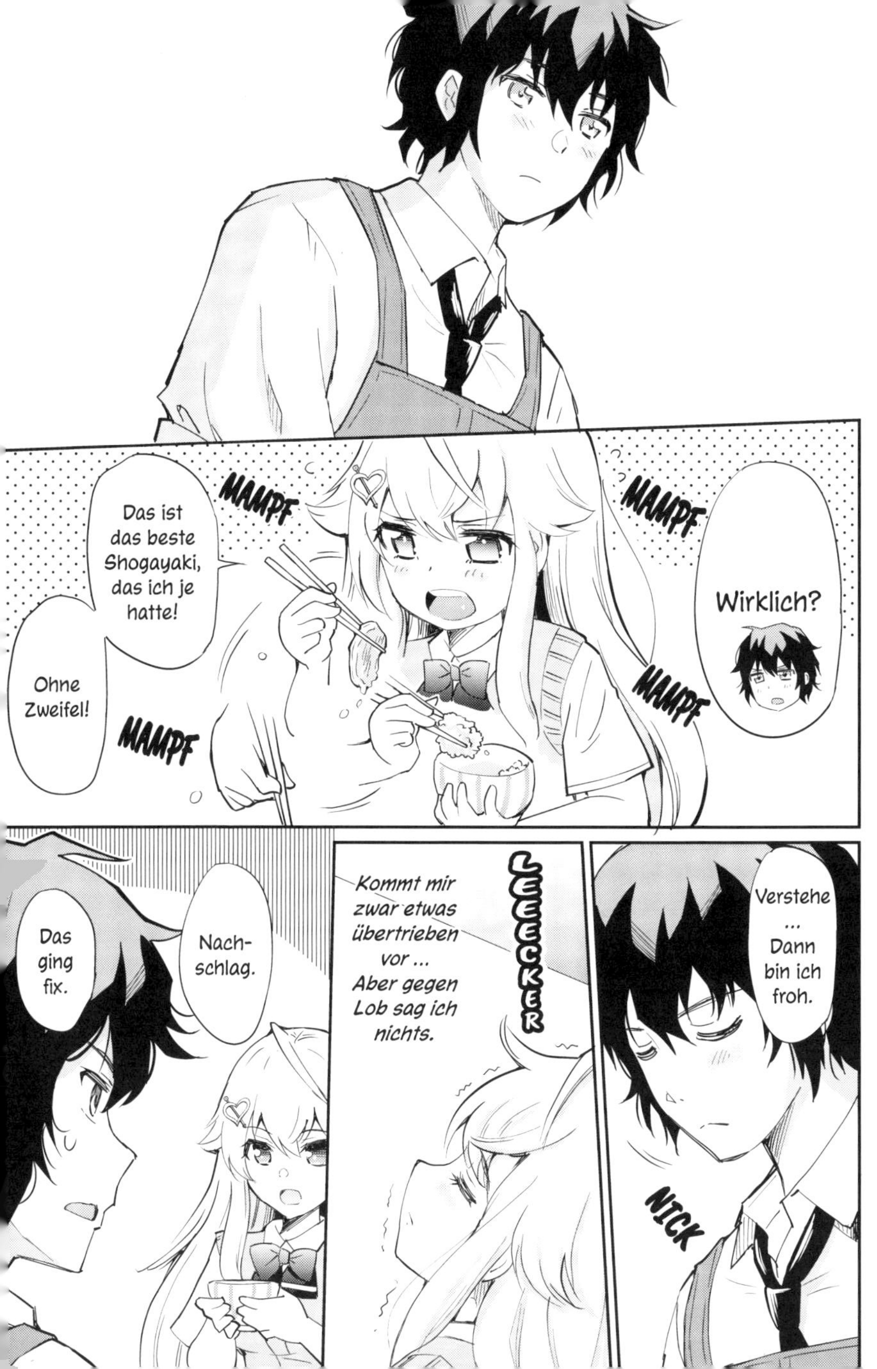
MAMPF
Wirklich?
MAMPF
MAMPF
Das ist das beste Shogayaki, das ich je hatte!
Ohne Zweifel!
MAMPF
Verstehe ... Dann bin ich froh.
NICK
LEEECKER
Kommt mir zwar etwas übertrieben vor ... Aber gegen Lob sag ich nichts.
Nach-schlag.
Das ging fix.

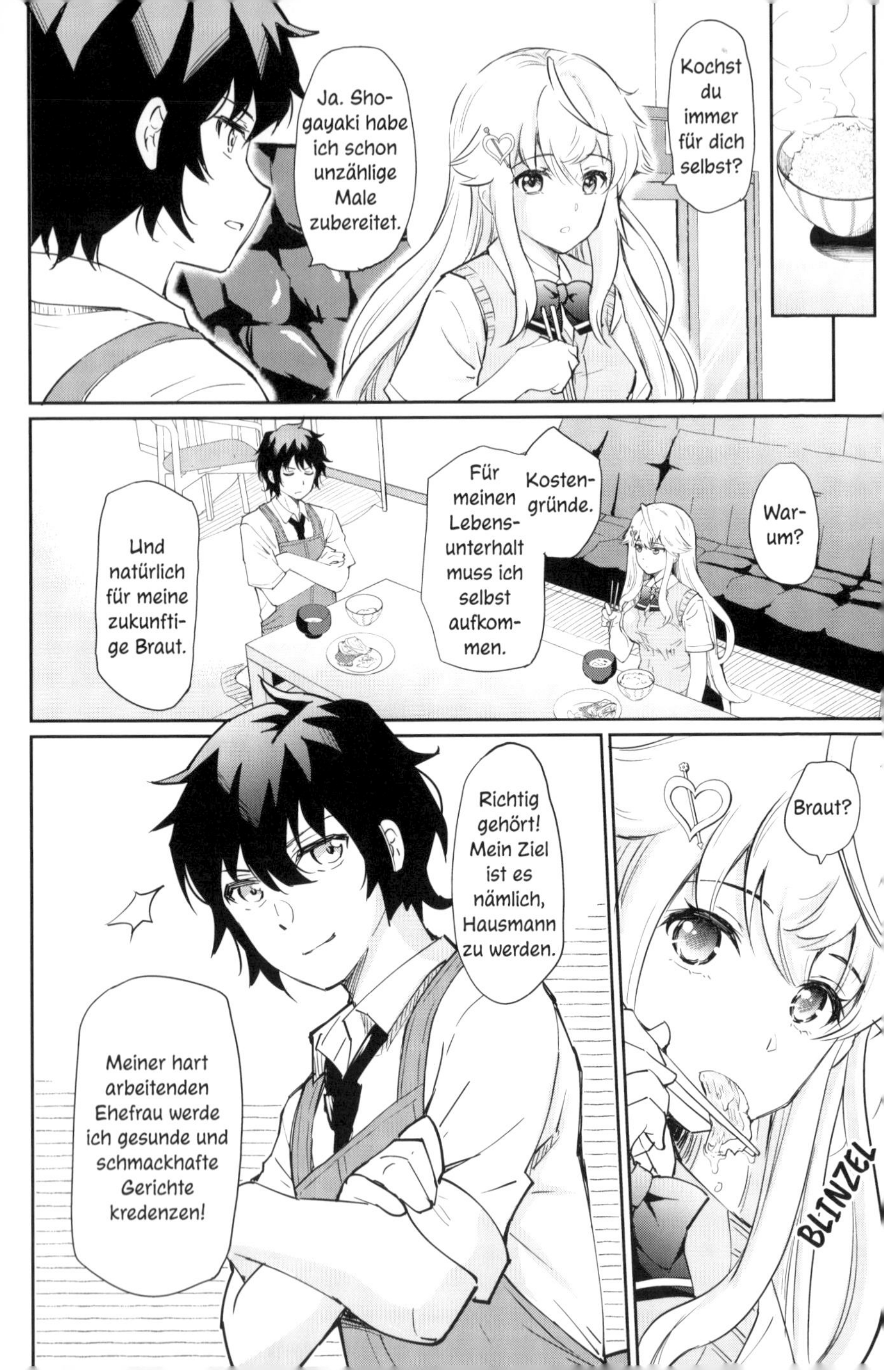
Kochst du immer für dich selbst?
Ja. Shogayaki habe ich schon unzählige Male zubereitet.
Warum?
Kostengründe.
Für meinen Lebensunterhalt muss ich selbst aufkommen.
Und natürlich für meine zukunftige Braut.
Braut?
BLINZEL
Richtig gehört! Mein Ziel ist es nämlich, Hausmann zu werden.
Meiner hart arbeitenden Ehefrau werde ich gesunde und schmackhafte Gerichte kredenzen!

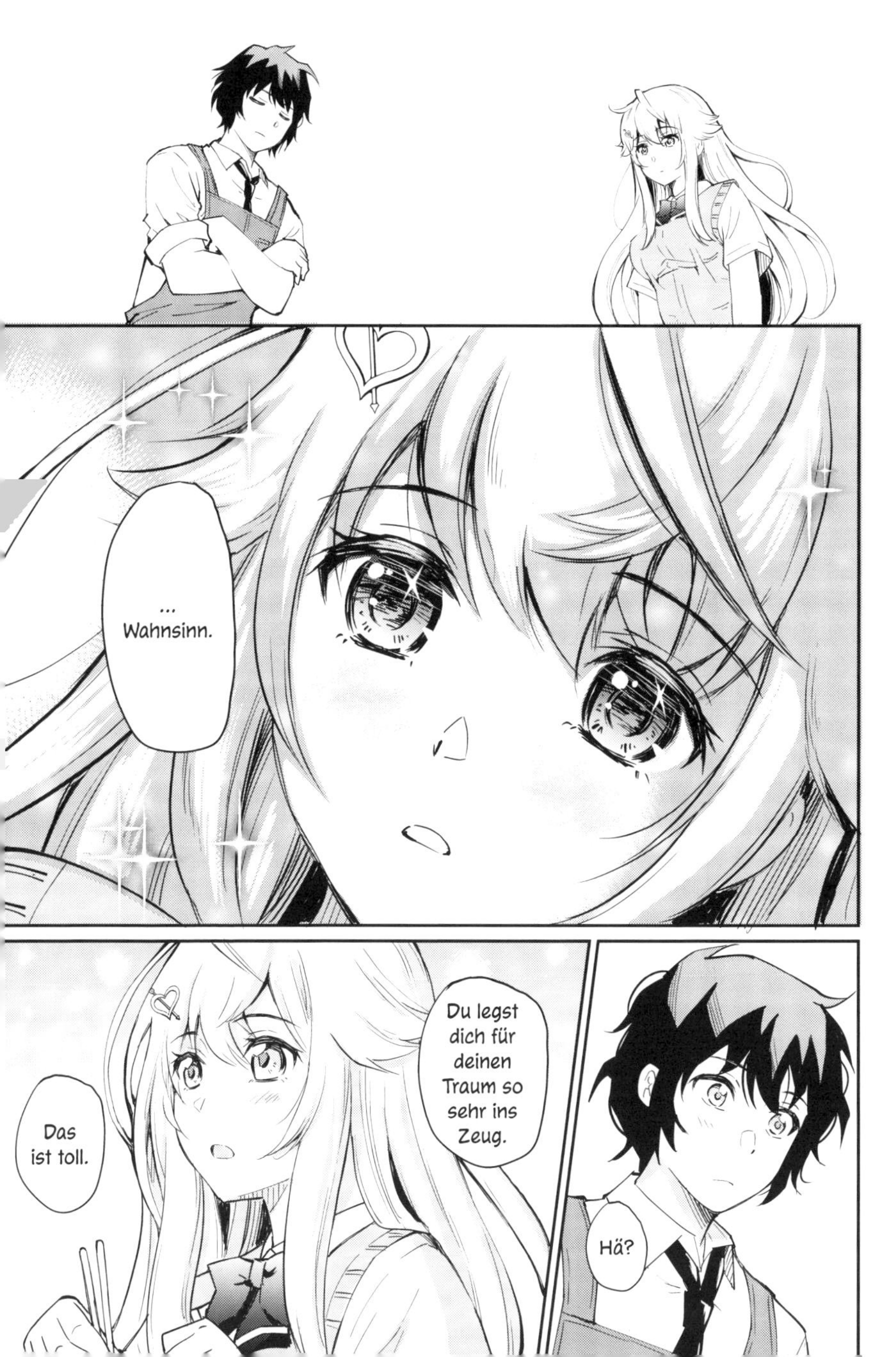
... Wahnsinn.
Hä?
Du legst dich für deinen Traum so sehr ins Zeug.
Das ist toll.

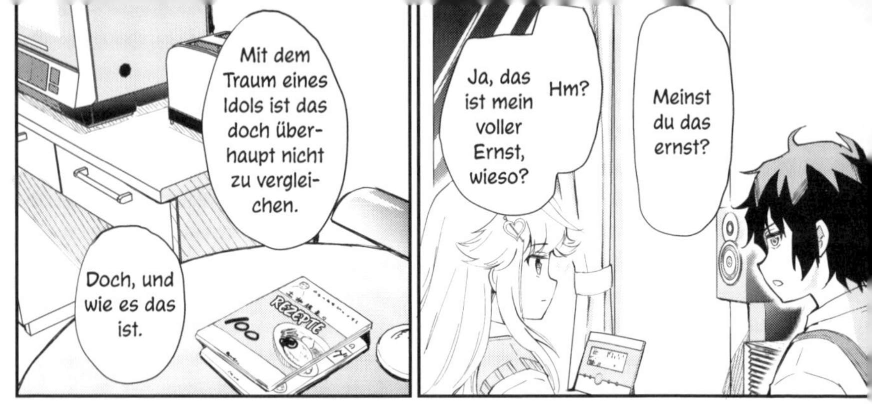

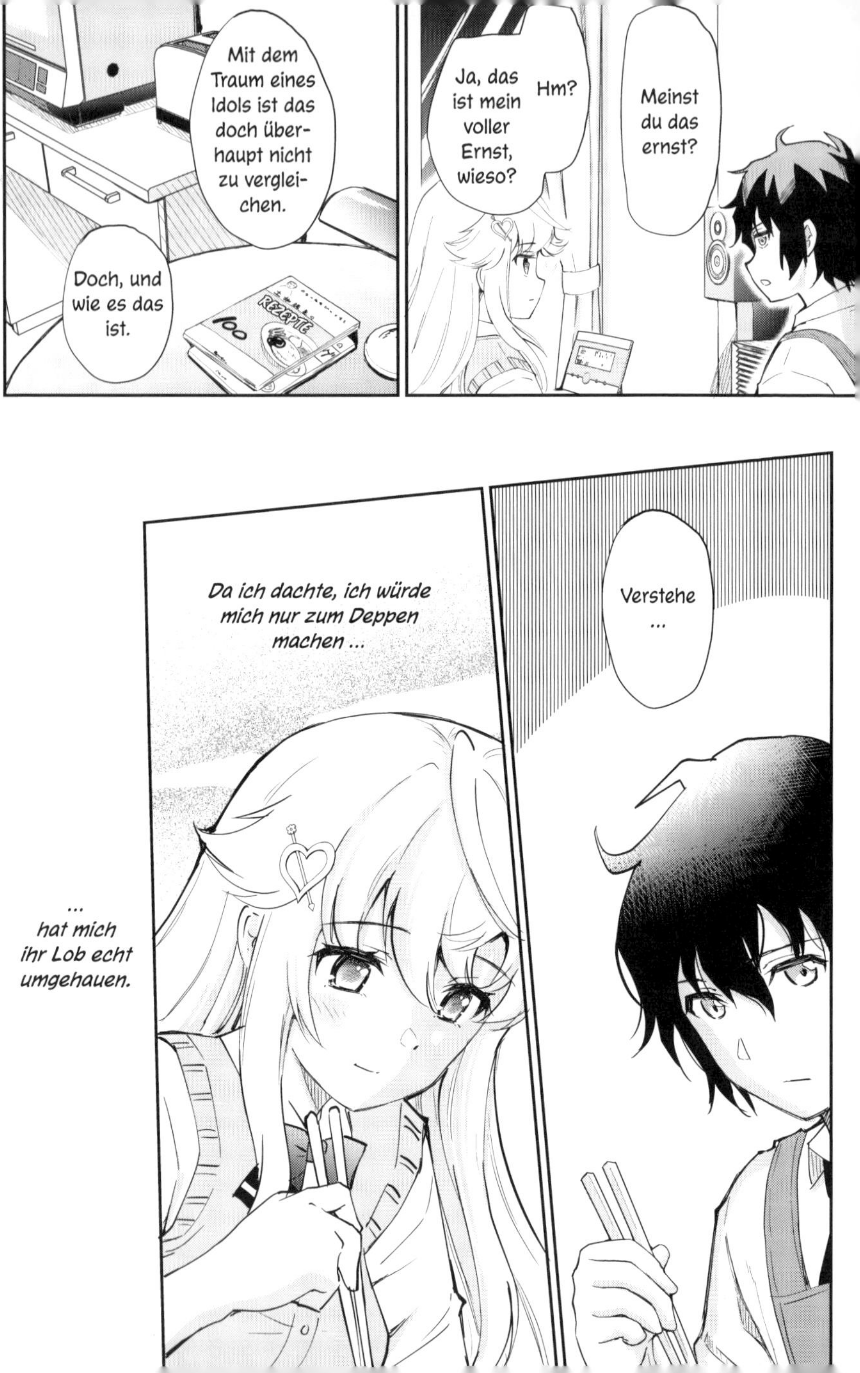

Verstehe ...

Da ich dachte, ich würde mich nur zum Deppen machen ...

... hat mich ihr Lob echt umgehauen.

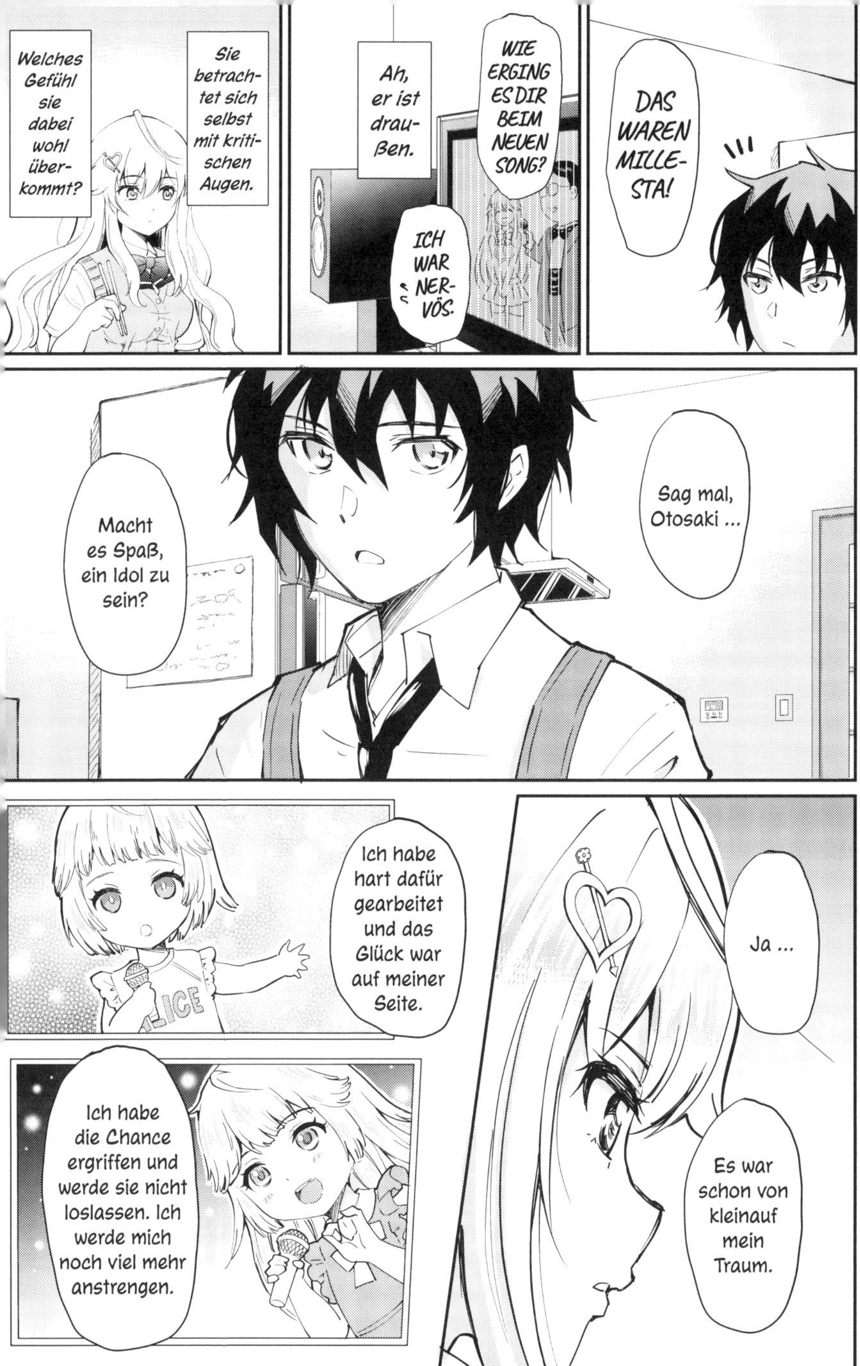
DAS WAREN MILLE-STA!
WIE ERGING ES DIR BEIM NEUEN SONG?
ICH WAR NER-VÖS.
Ah, er ist drau-ßen.
Sie betrach-tet sich selbst mit kriti-schen Augen.
Welches Gefühl sie dabei wohl über-kommt?
Sag mal, Otosaki ...
Macht es Spaß, ein Idol zu sein?
Ja ...
Es war schon von kleinauf mein Traum.
Ich habe hart dafür gearbeitet und das Glück war auf meiner Seite.
Ich habe die Chance ergriffen und werde sie nicht loslassen. Ich werde mich noch viel mehr anstrengen.

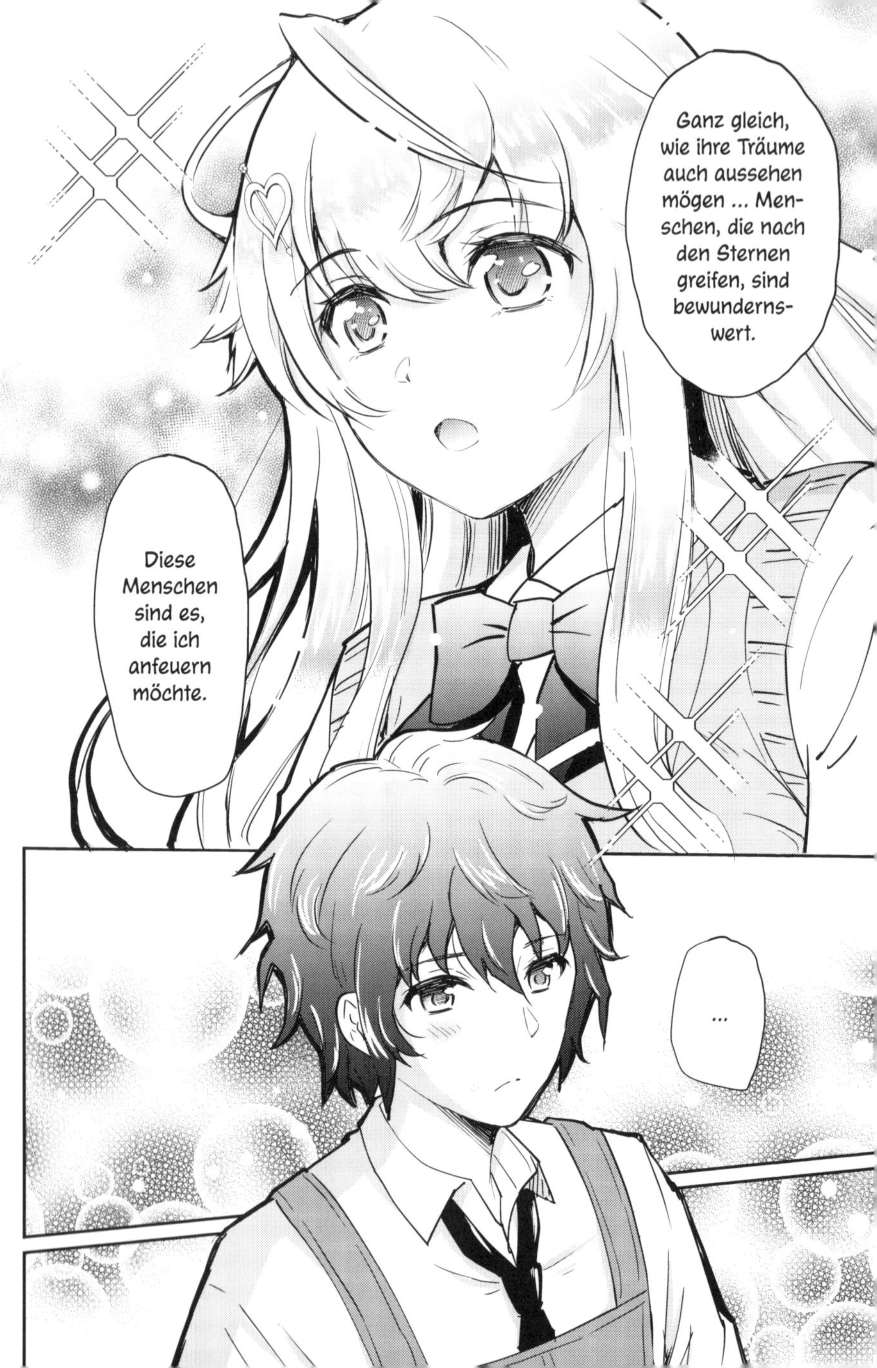
Ganz gleich, wie ihre Träume auch aussehen mögen ... Menschen, die nach den Sternen greifen, sind bewundernswert.
Diese Menschen sind es, die ich anfeuern möchte.
...

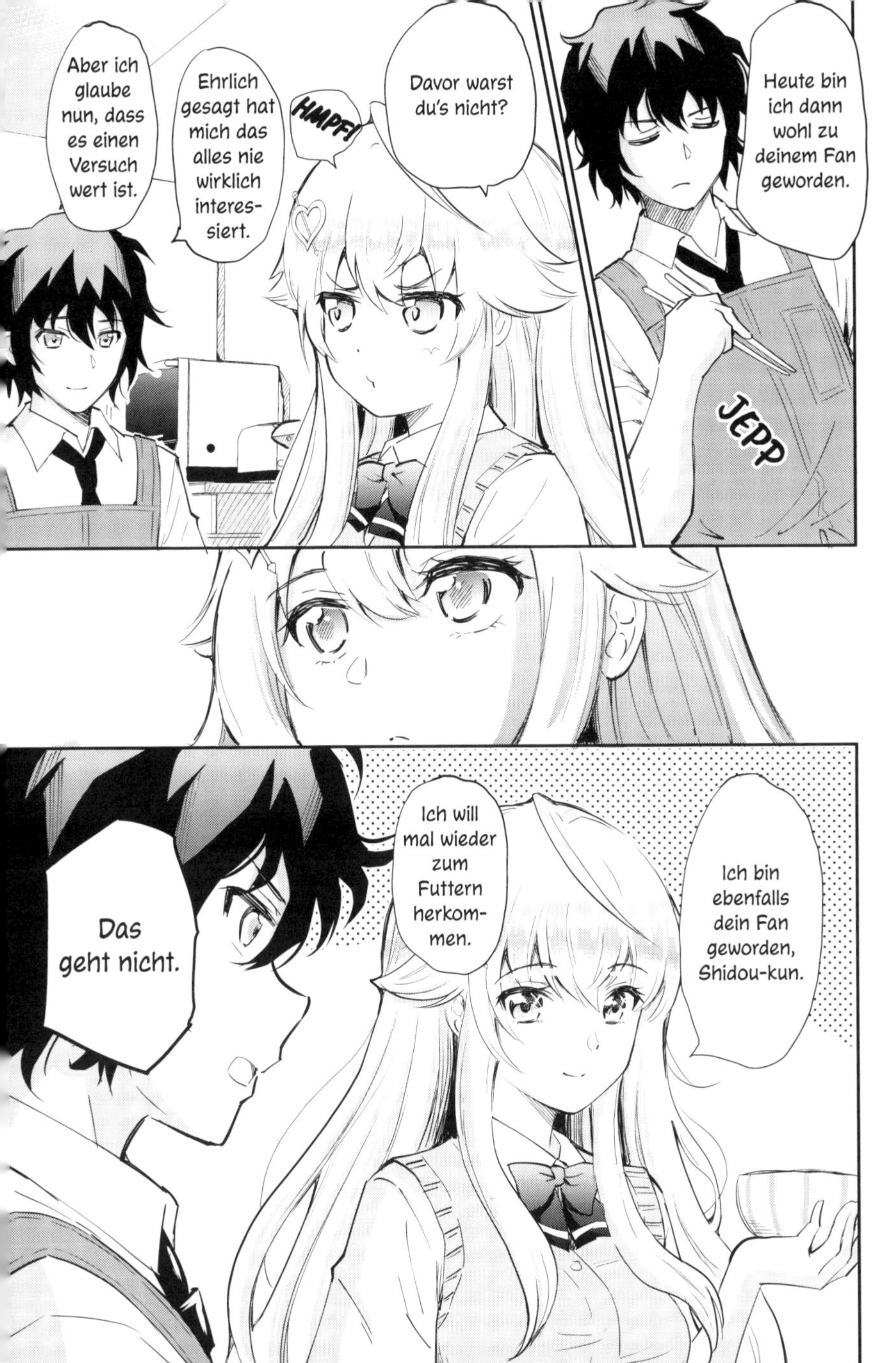
Heute bin ich dann wohl zu deinem Fan geworden.
JEPP
Davor warst du's nicht?
HMPF!
Ehrlich gesagt hat mich das alles nie wirklich interessiert.
Aber ich glaube nun, dass es einen Versuch wert ist.
Ich bin ebenfalls dein Fan geworden, Shidou-kun.
Ich will mal wieder zum Futtern herkommen.
Das geht nicht.

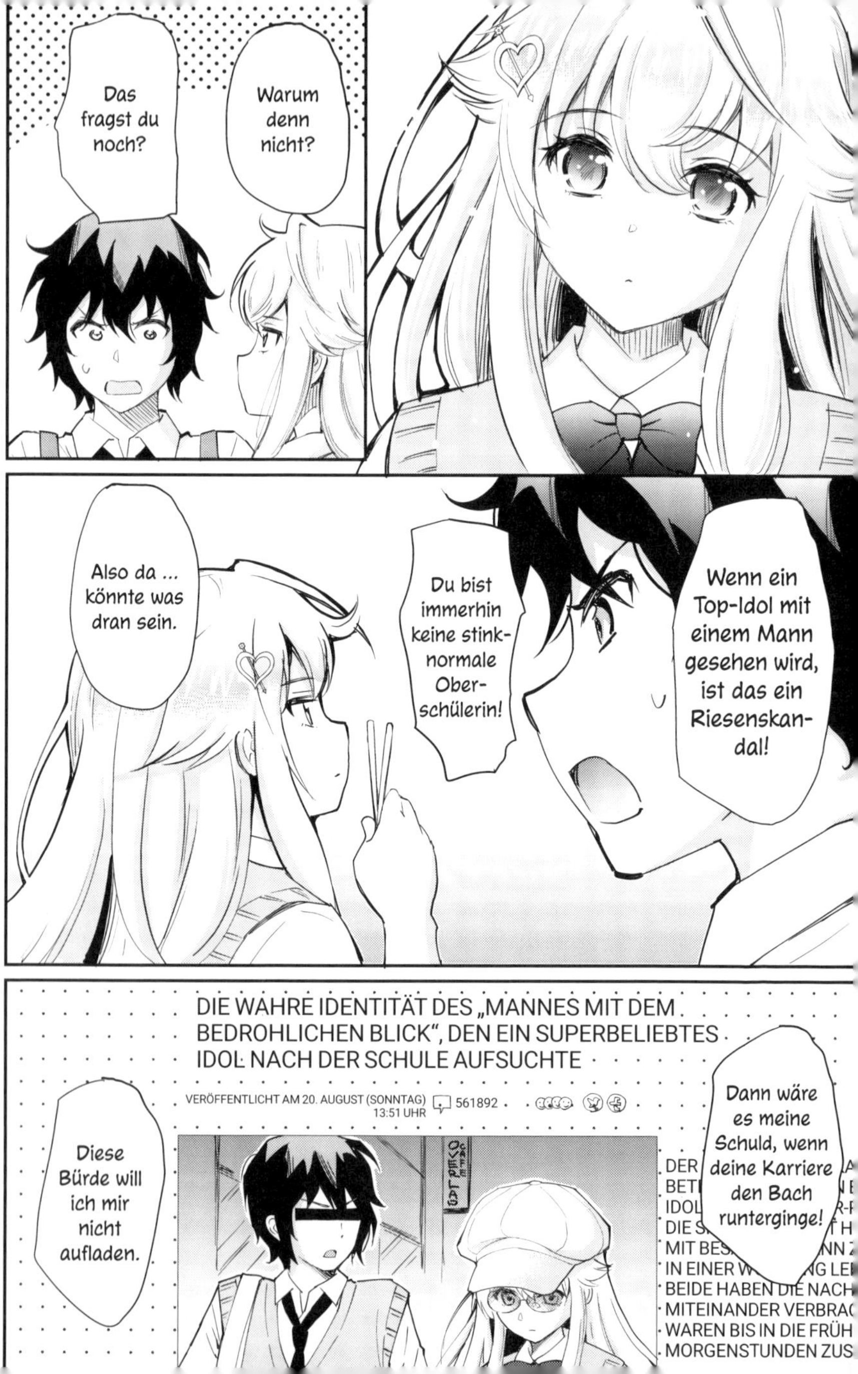

Warum denn nicht?

Das fragst du noch?

Wenn ein Top-Idol mit einem Mann gesehen wird, ist das ein Riesenskandal!

Du bist immerhin keine stinknormale Oberschülerin!

Also da ... könnte was dran sein.

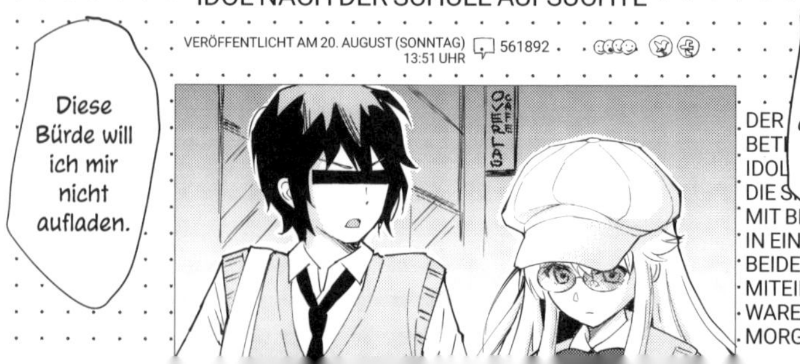

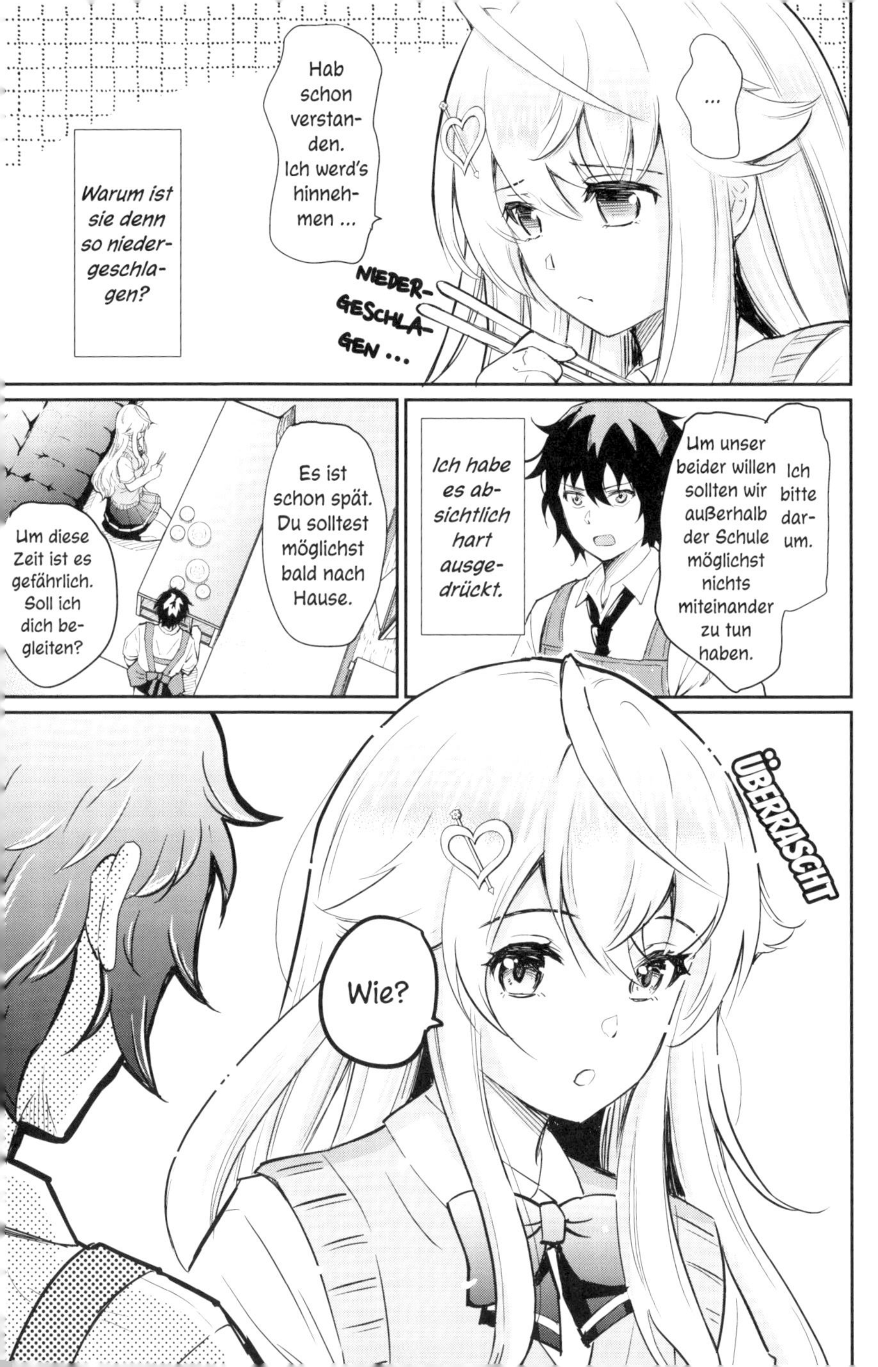
…
Hab schon verstanden. Ich werd's hinnehmen …
NIEDERGESCHLAGEN …
Warum ist sie denn so niedergeschlagen?
Ich bitte darum.
Um unser beider willen sollten wir außerhalb der Schule möglichst nichts miteinander zu tun haben.
Ich habe es absichtlich hart ausgedrückt.
Es ist schon spät. Du solltest möglichst bald nach Hause.
Um diese Zeit ist es gefährlich. Soll ich dich begleiten?
ÜBERRASCHT
Wie?

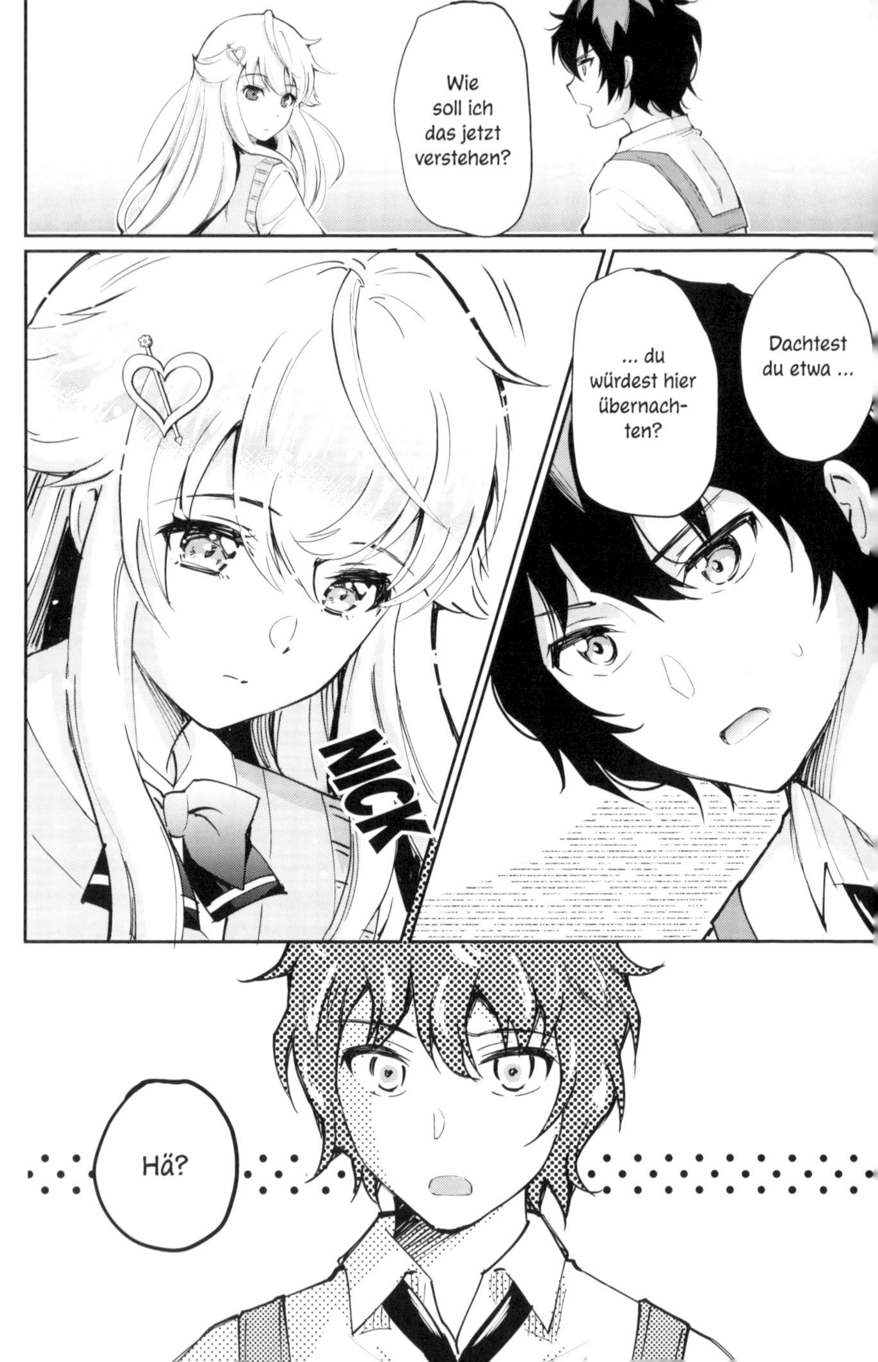
Wie soll ich das jetzt verstehen?
Dachtest du etwa ...
... du würdest hier übernachten?
NICK
Hä?

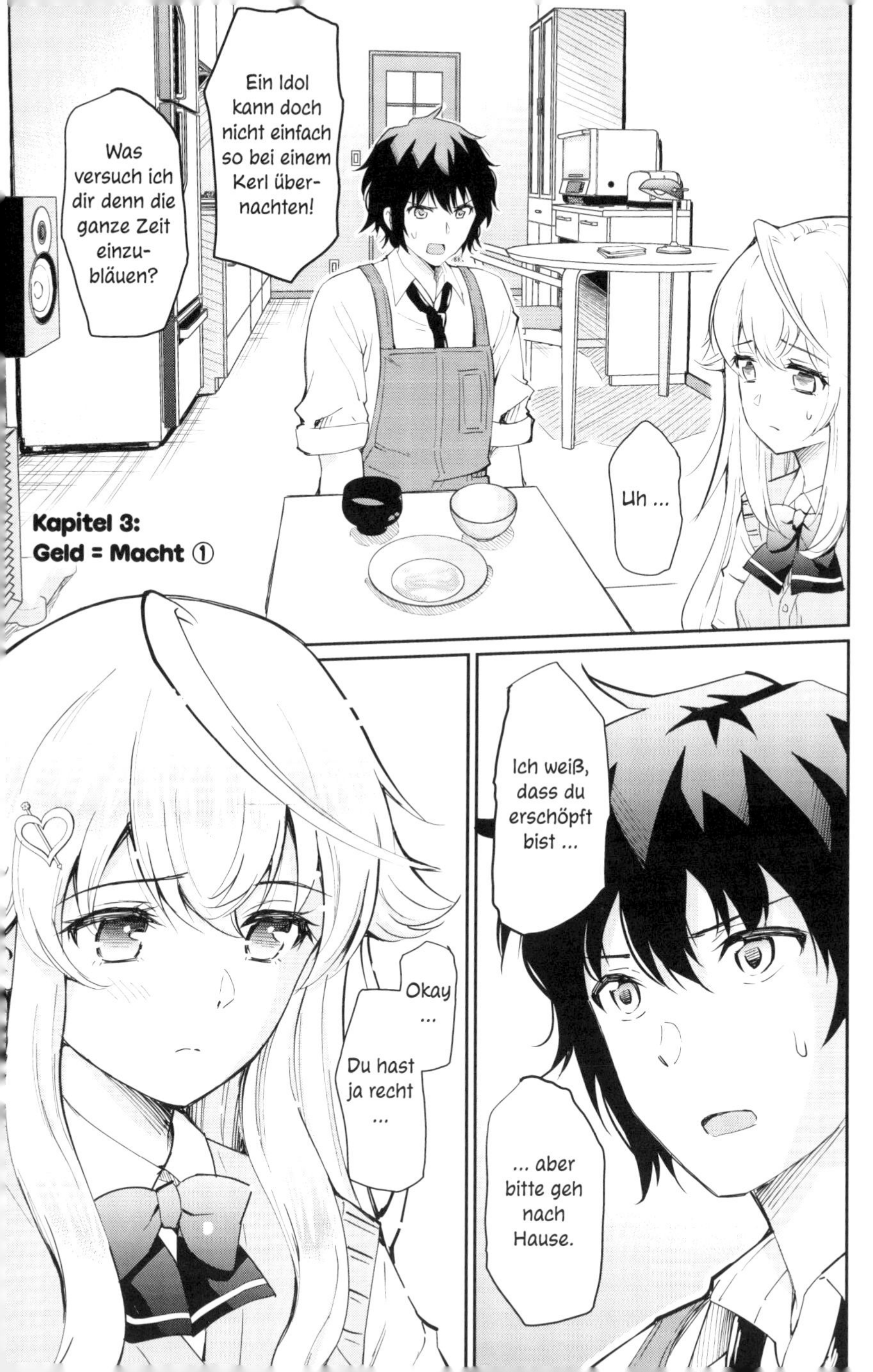
Ein Idol kann doch nicht einfach so bei einem Kerl übernachten!
Was versuch ich dir denn die ganze Zeit einzubläuen?
Uh ...
Kapitel 3: Geld = Macht ①
Ich weiß, dass du erschöpft bist ...
... aber bitte geh nach Hause.
Okay ...
Du hast ja recht ...

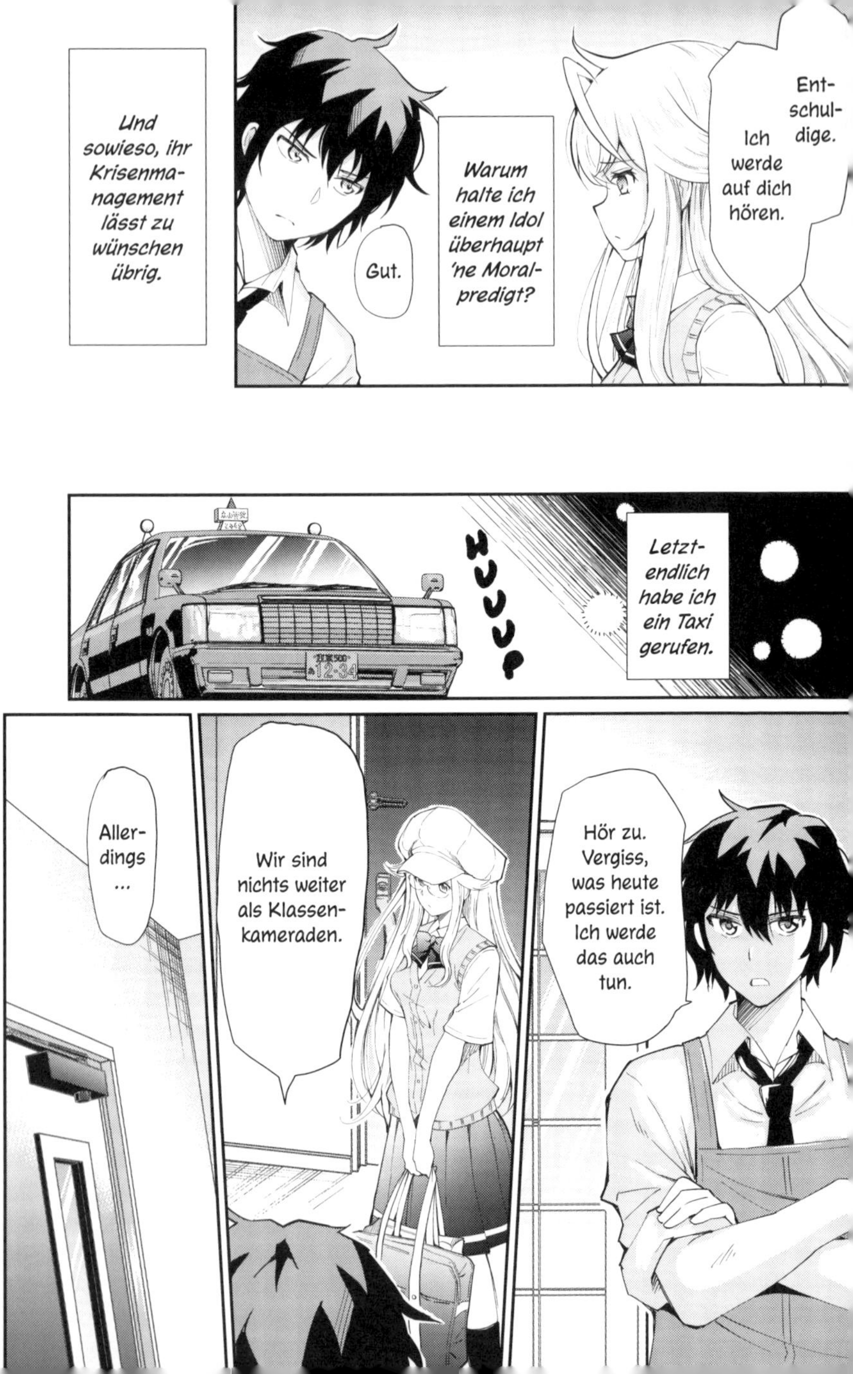

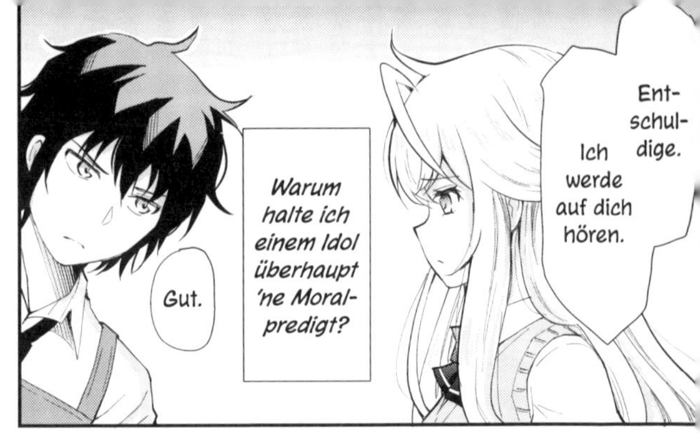

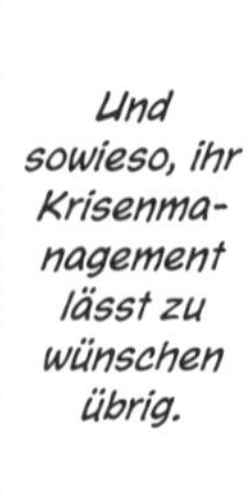

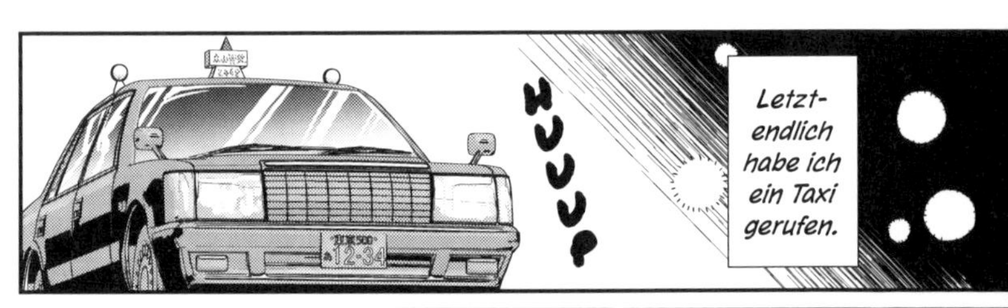

Hör zu. Vergiss, was heute passiert ist. Ich werde das auch tun.

Wir sind nichts weiter als Klassenkameraden.

Allerdings ...

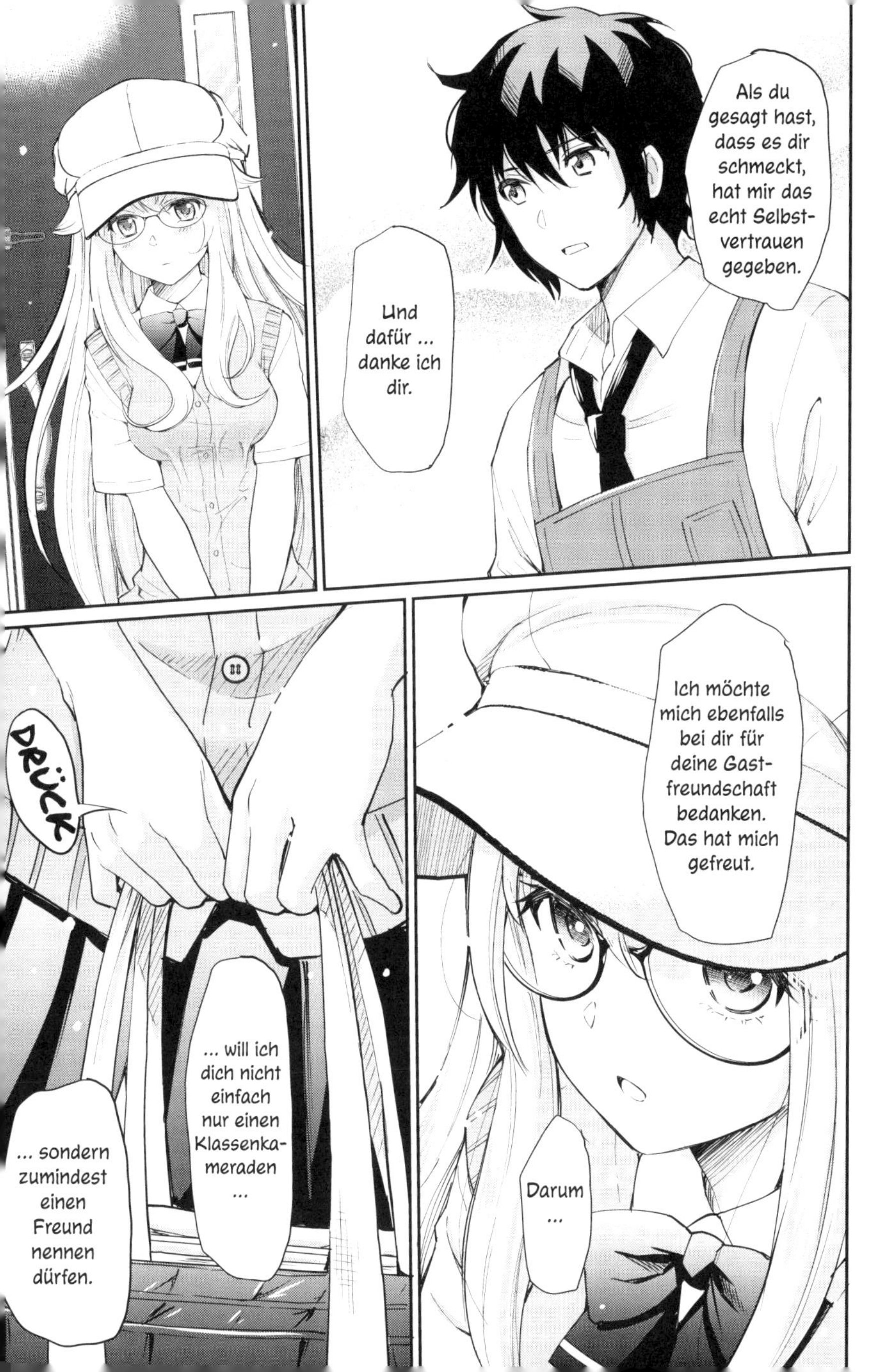
Als du gesagt hast, dass es dir schmeckt, hat mir das echt Selbstvertrauen gegeben.
Und dafür ... danke ich dir.
Ich möchte mich ebenfalls bei dir für deine Gastfreundschaft bedanken. Das hat mich gefreut.
Darum ...
DRÜCK
... will ich dich nicht einfach nur einen Klassenkameraden ...
... sondern zumindest einen Freund nennen dürfen.

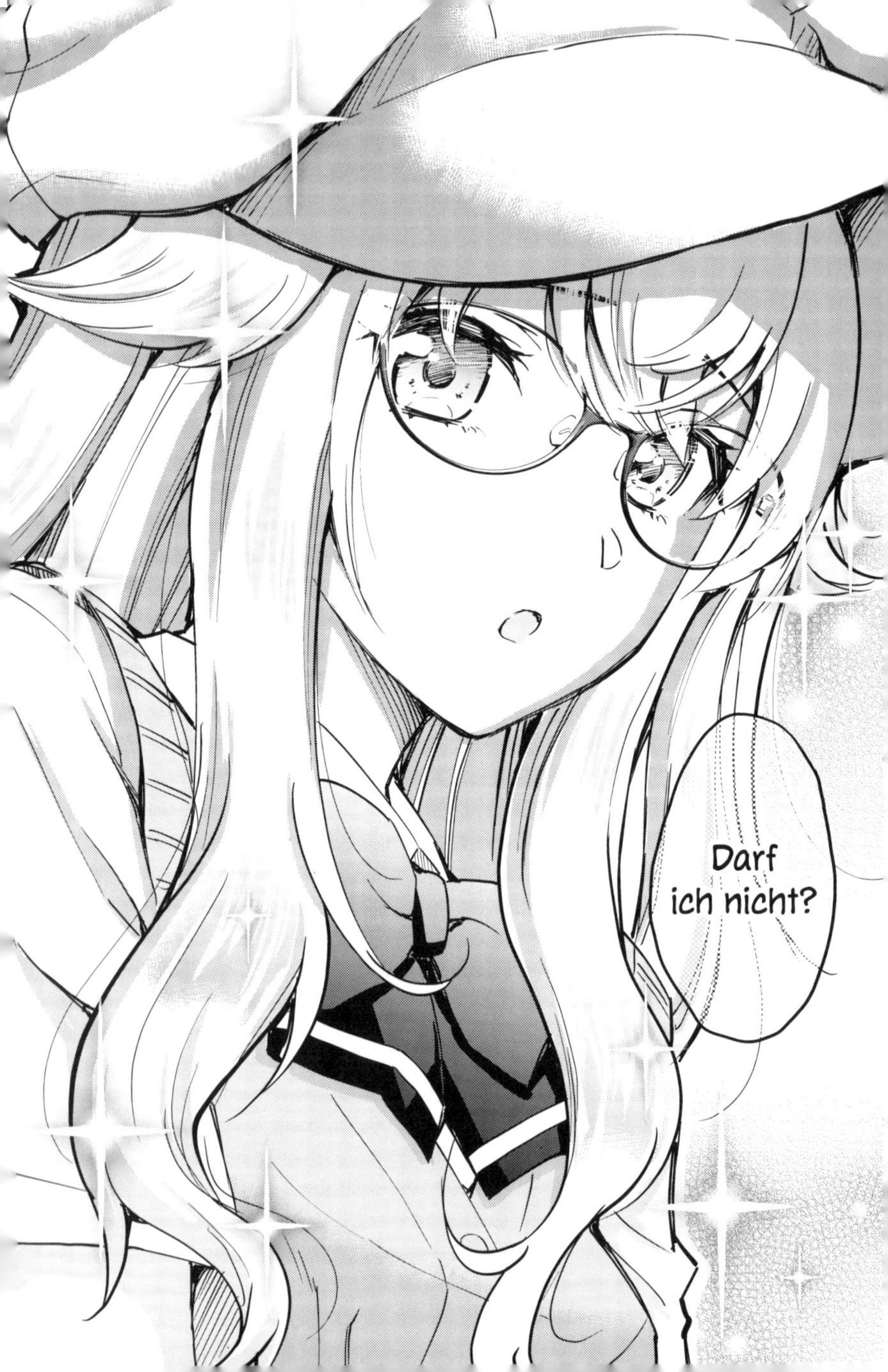
Darf
ich nicht?

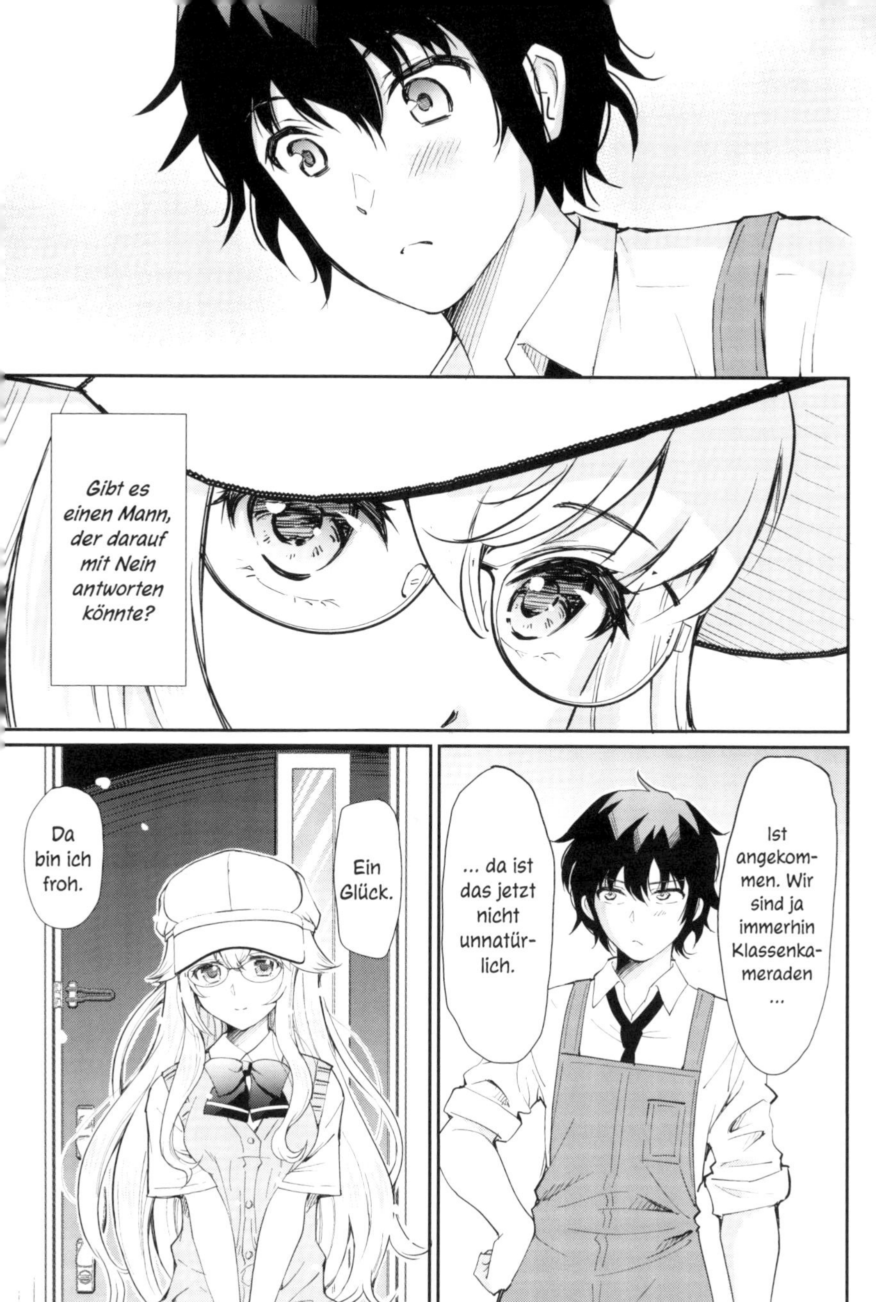
Gibt es einen Mann, der darauf mit Nein antworten könnte?
Ist angekommen. Wir sind ja immerhin Klassenkameraden ...
... da ist das jetzt nicht unnatürlich.
Ein Glück.
Da bin ich froh.

Was ist so toll daran, mit jemandem wie mir befreundet zu sein?

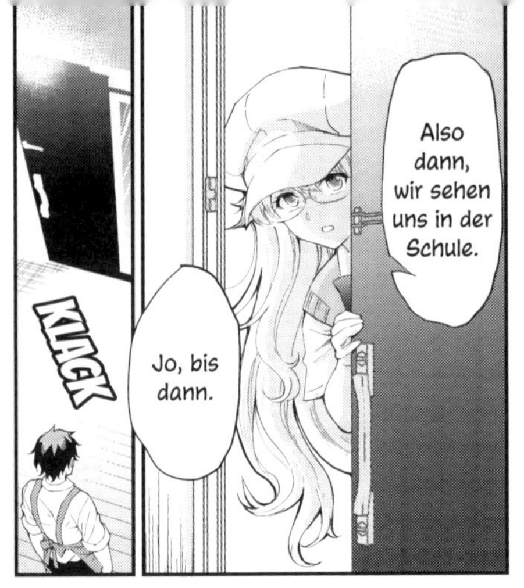

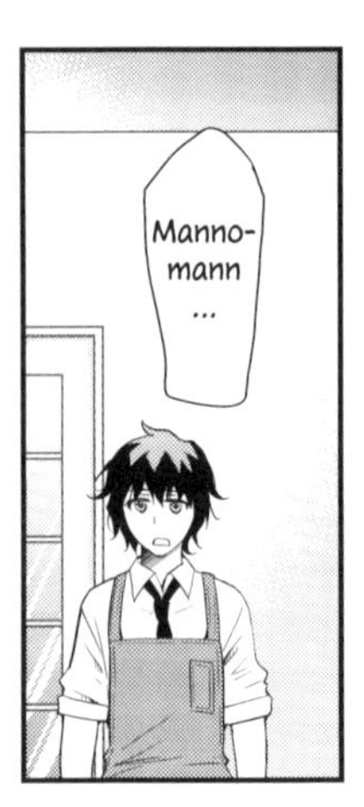

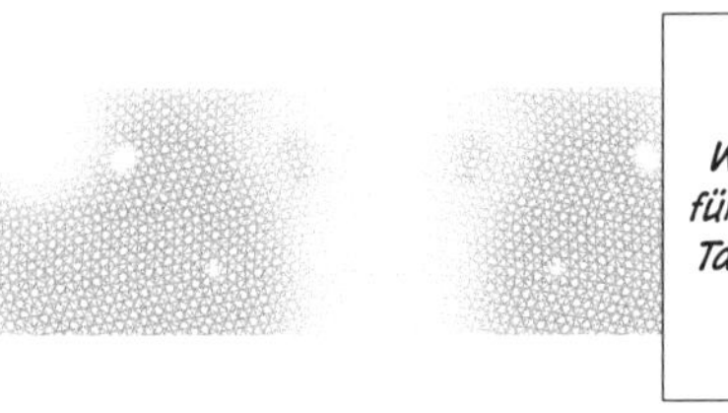

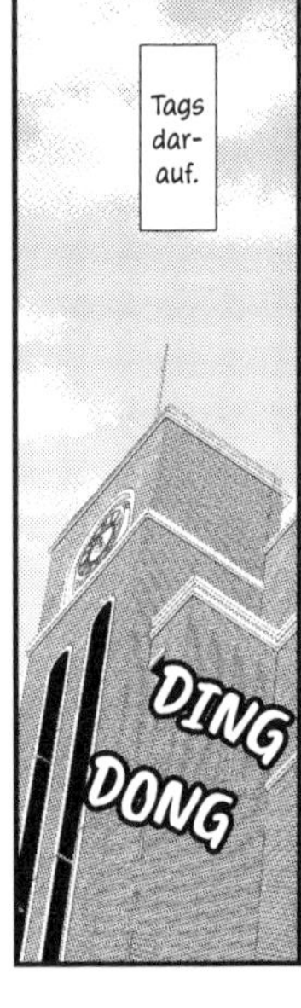

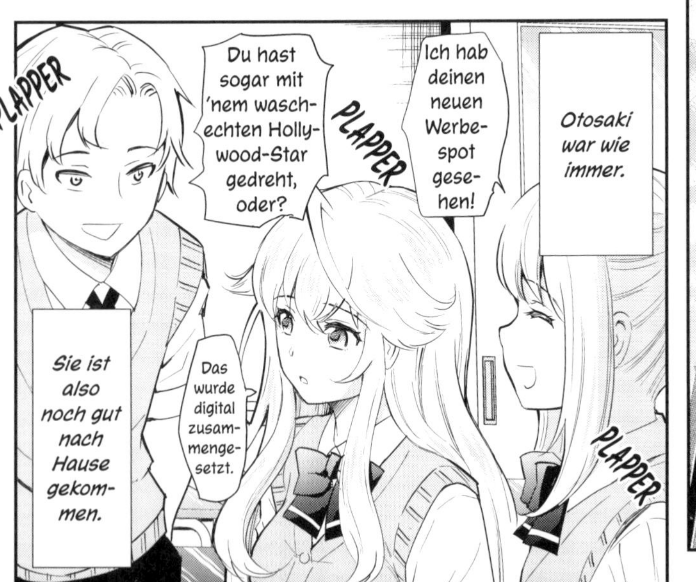

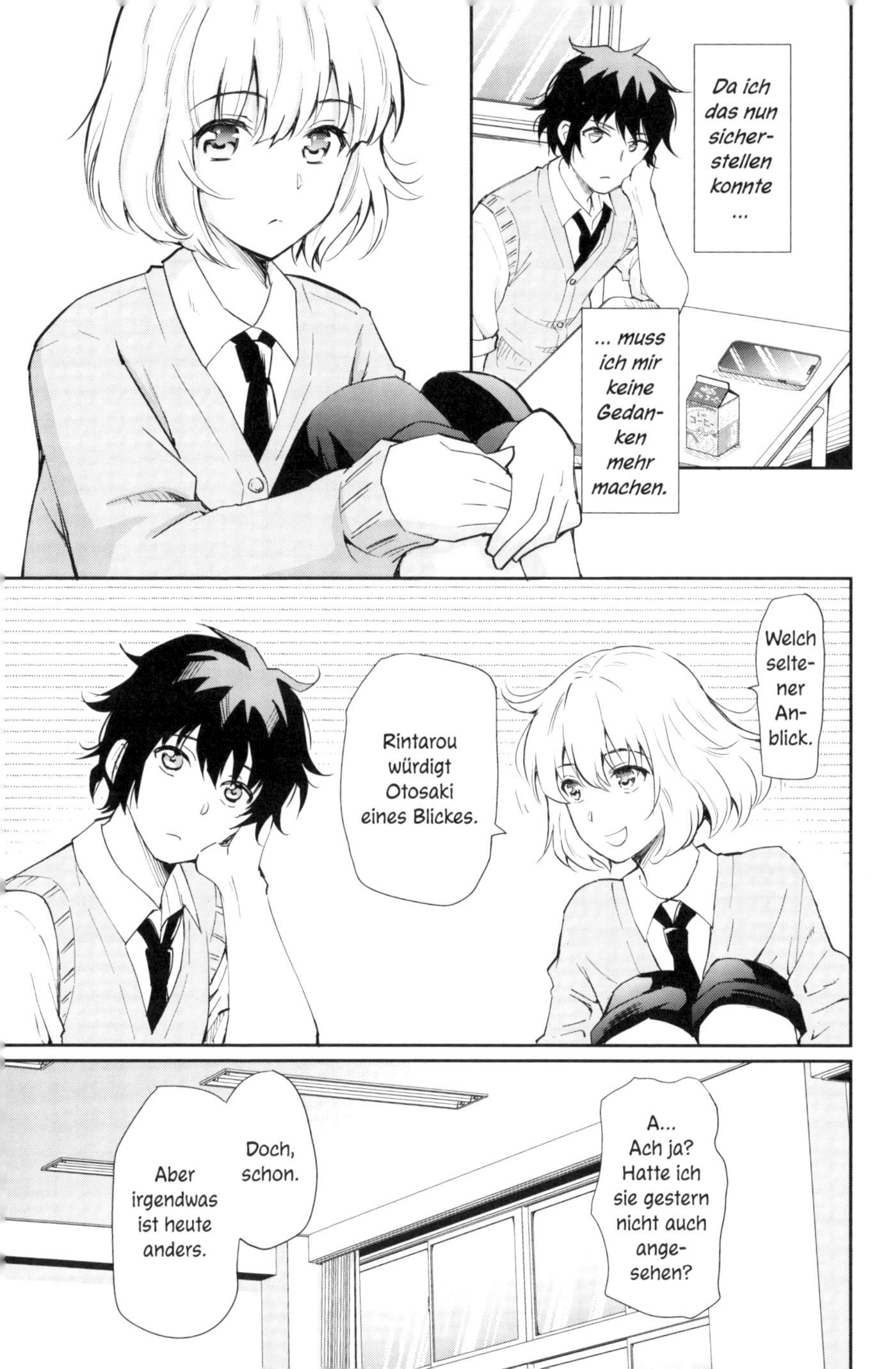
Da ich das nun sicherstellen konnte ...
... muss ich mir keine Gedanken mehr machen.
Welch seltener Anblick.
Rintarou würdigt Otosaki eines Blickes.
A... Ach ja? Hatte ich sie gestern nicht auch angesehen?
Doch, schon.
Aber irgendwas ist heute anders.

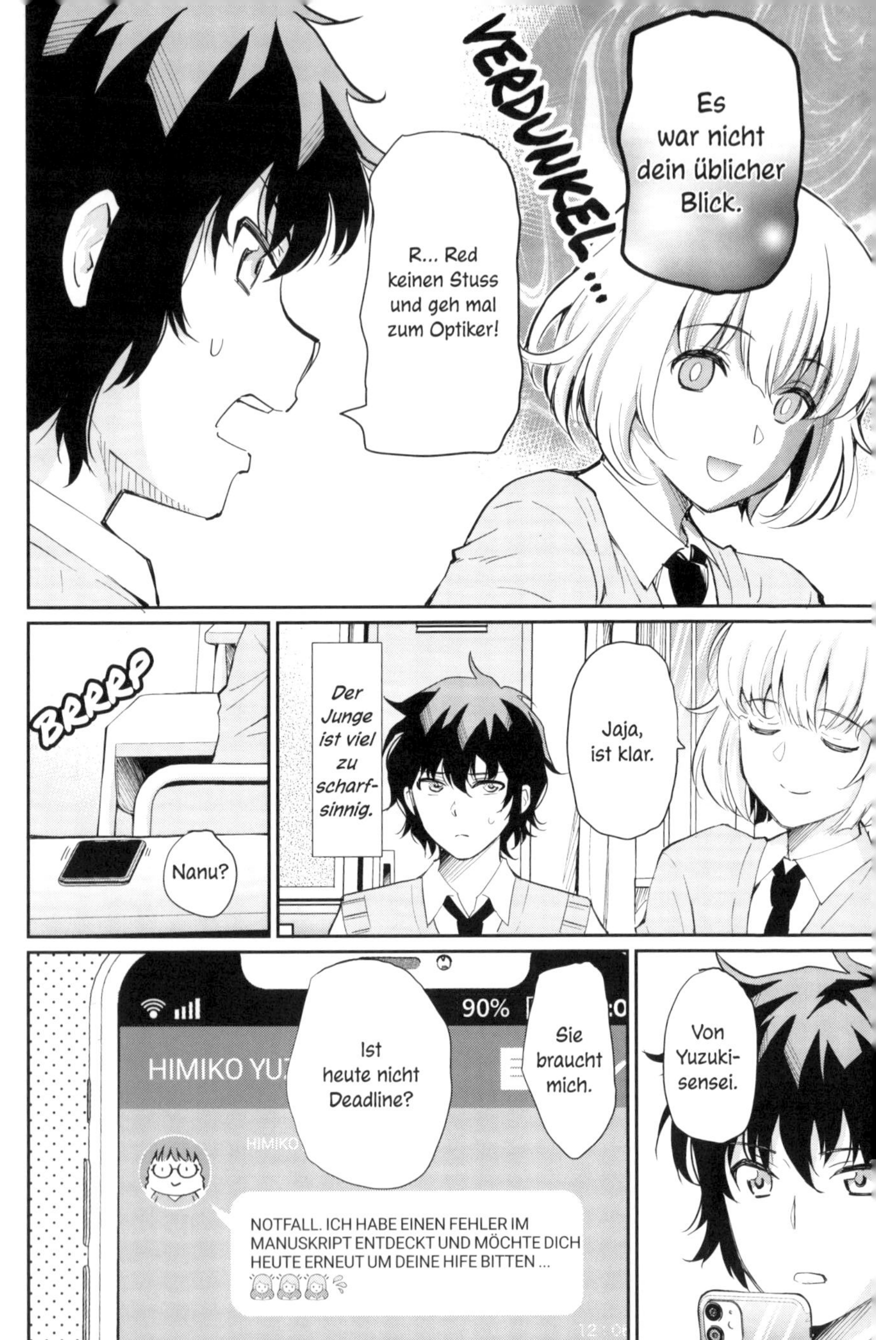
Es war nicht dein üblicher Blick.
VERDUNKEL …
R… Red keinen Stuss und geh mal zum Optiker!
Jaja, ist klar.
Der Junge ist viel zu scharfsinnig.
BRRRP
Nanu?
Von Yuzuki-sensei.
Sie braucht mich.
Ist heute nicht Deadline?
90%
NOTFALL. ICH HABE EINEN FEHLER IM MANUSKRIPT ENTDECKT UND MÖCHTE DICH HEUTE ERNEUT UM DEINE HIFE BITTEN …

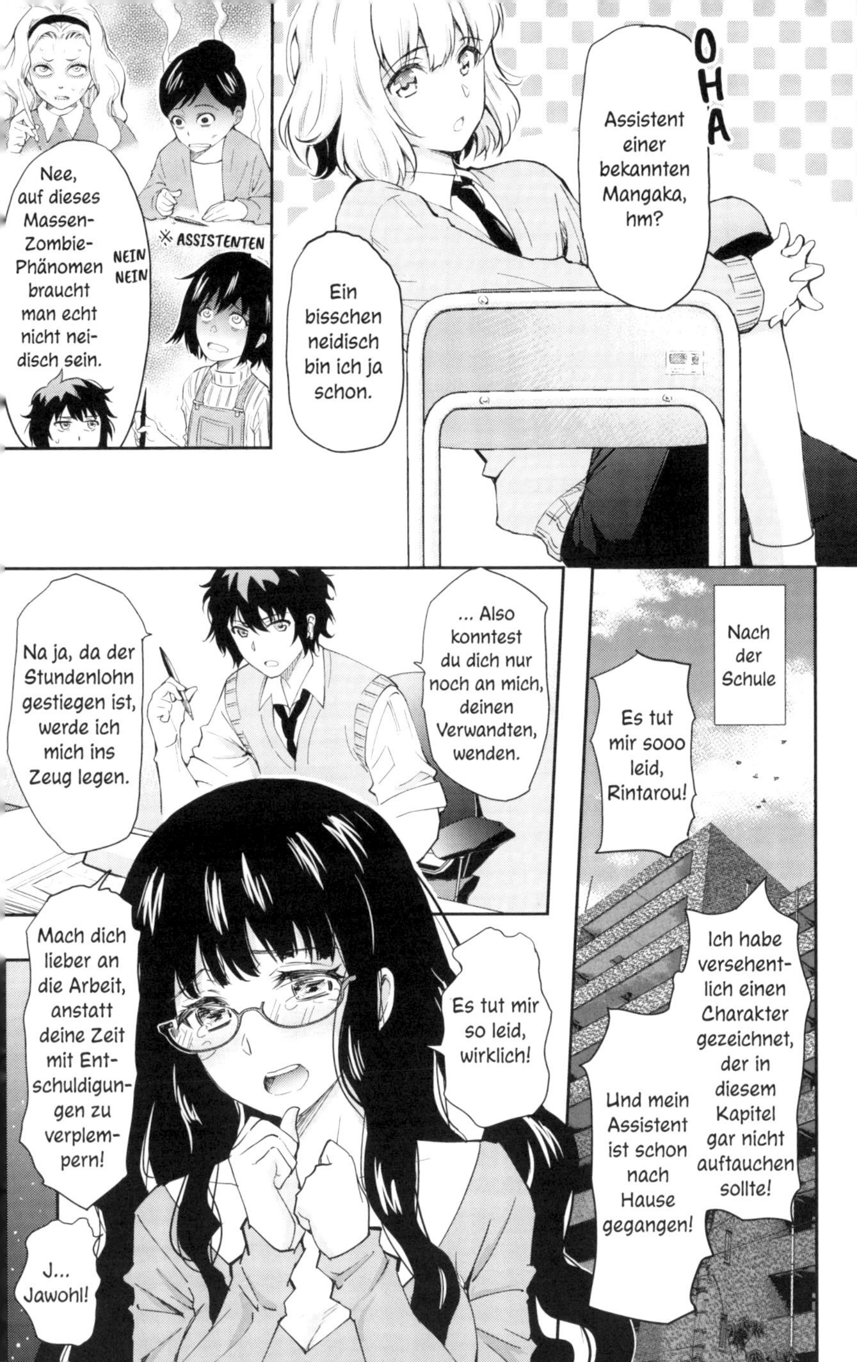
OHA
Assistent einer bekannten Mangaka, hm?
Ein bisschen neidisch bin ich ja schon.
Nee, auf dieses Massen-Zombie-Phänomen braucht man echt nicht neidisch sein.
NEIN NEIN
※ ASSISTENTEN
Nach der Schule
Es tut mir sooo leid, Rintarou!
Ich habe versehentlich einen Charakter gezeichnet, der in diesem Kapitel gar nicht auftauchen sollte!
Und mein Assistent ist schon nach Hause gegangen!
... Also konntest du dich nur noch an mich, deinen Verwandten, wenden.
Na ja, da der Stundenlohn gestiegen ist, werde ich mich ins Zeug legen.
Es tut mir so leid, wirklich!
Mach dich lieber an die Arbeit, anstatt deine Zeit mit Entschuldigungen zu verplempern!
J... Jawohl!

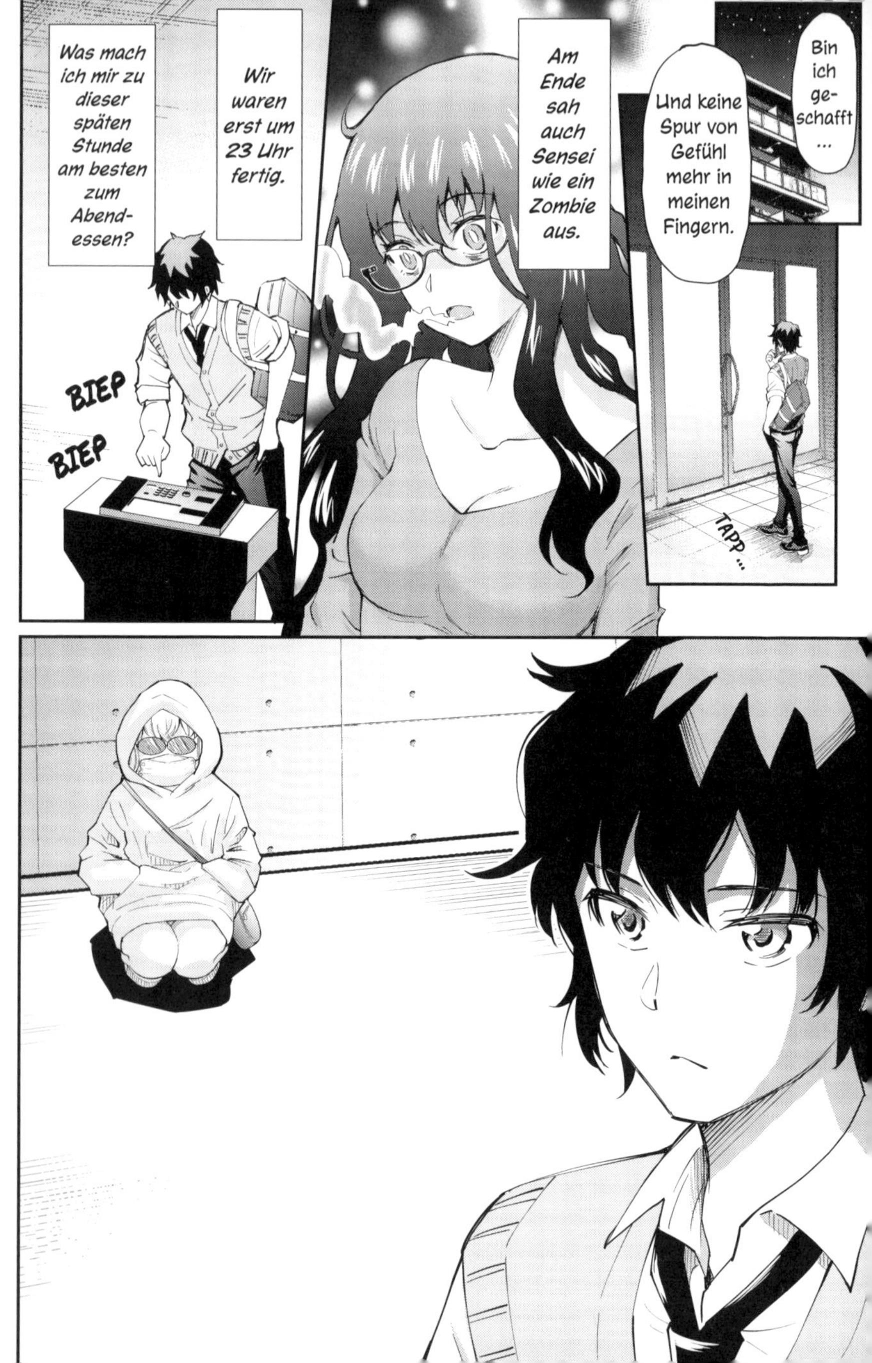
Bin ich geschafft ...
Und keine Spur von Gefühl mehr in meinen Fingern.
TAPP ...
Am Ende sah auch Sensei wie ein Zombie aus.
Wir waren erst um 23 Uhr fertig.
Was mach ich mir zu dieser späten Stunde am besten zum Abendessen?
BIEP
BIEP

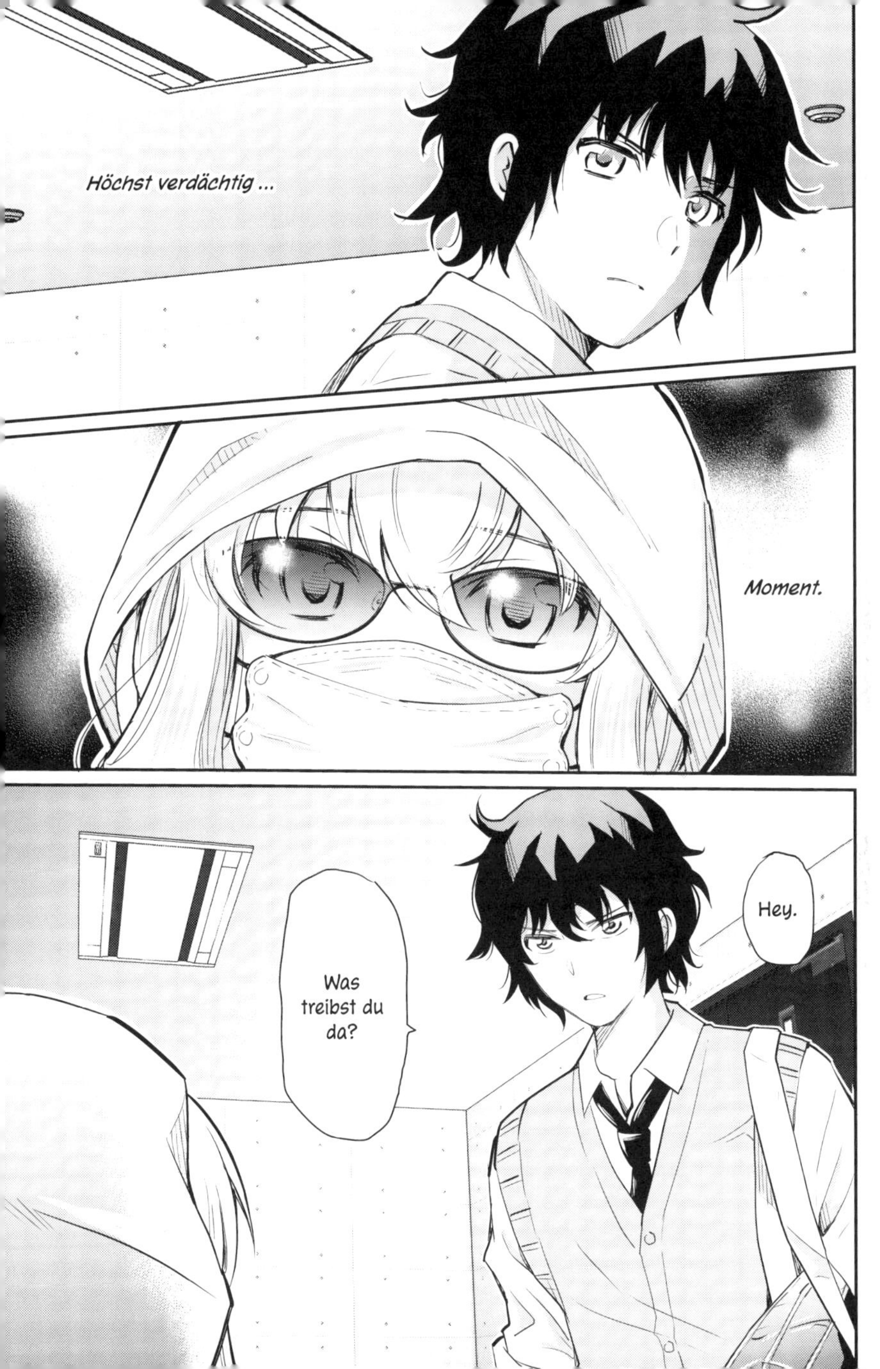
Höchst verdächtig ...
Moment.
Hey.
Was treibst du da?

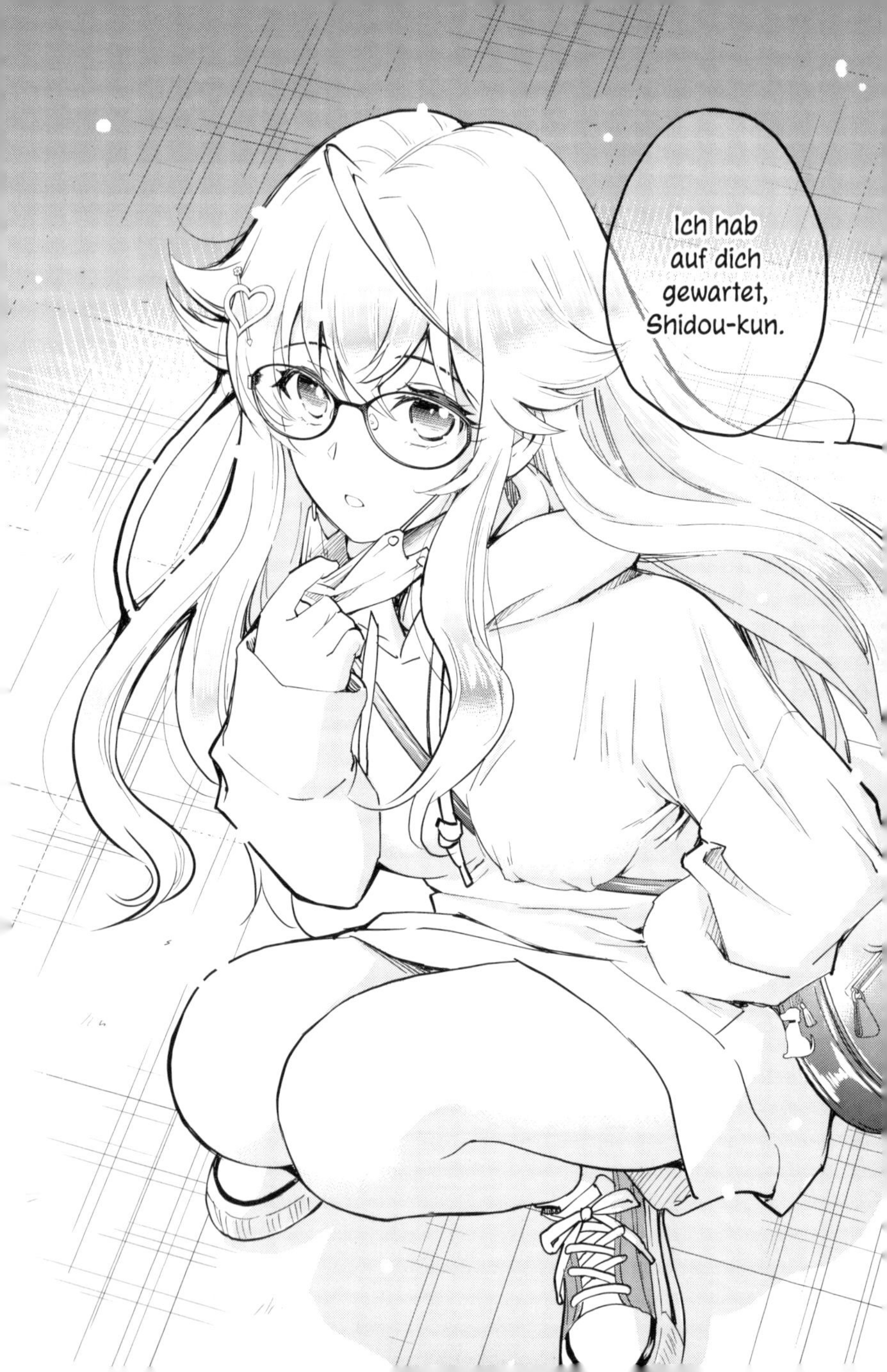
Ich hab
auf dich
gewartet,
Shidou-kun.

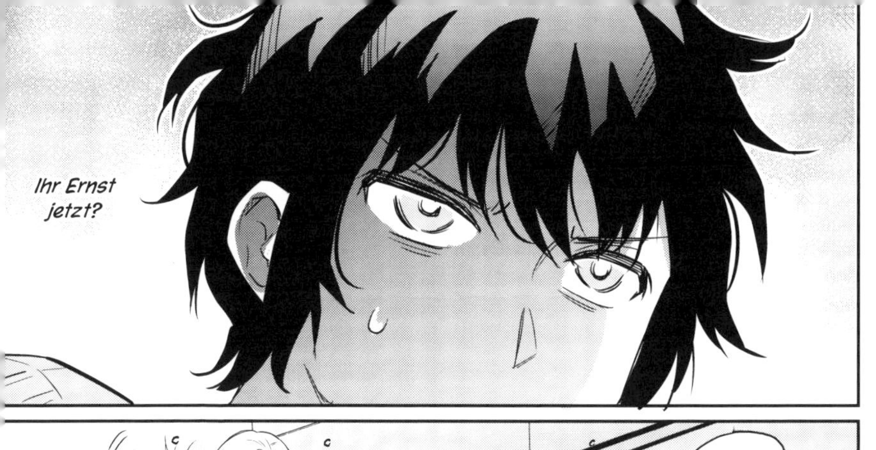

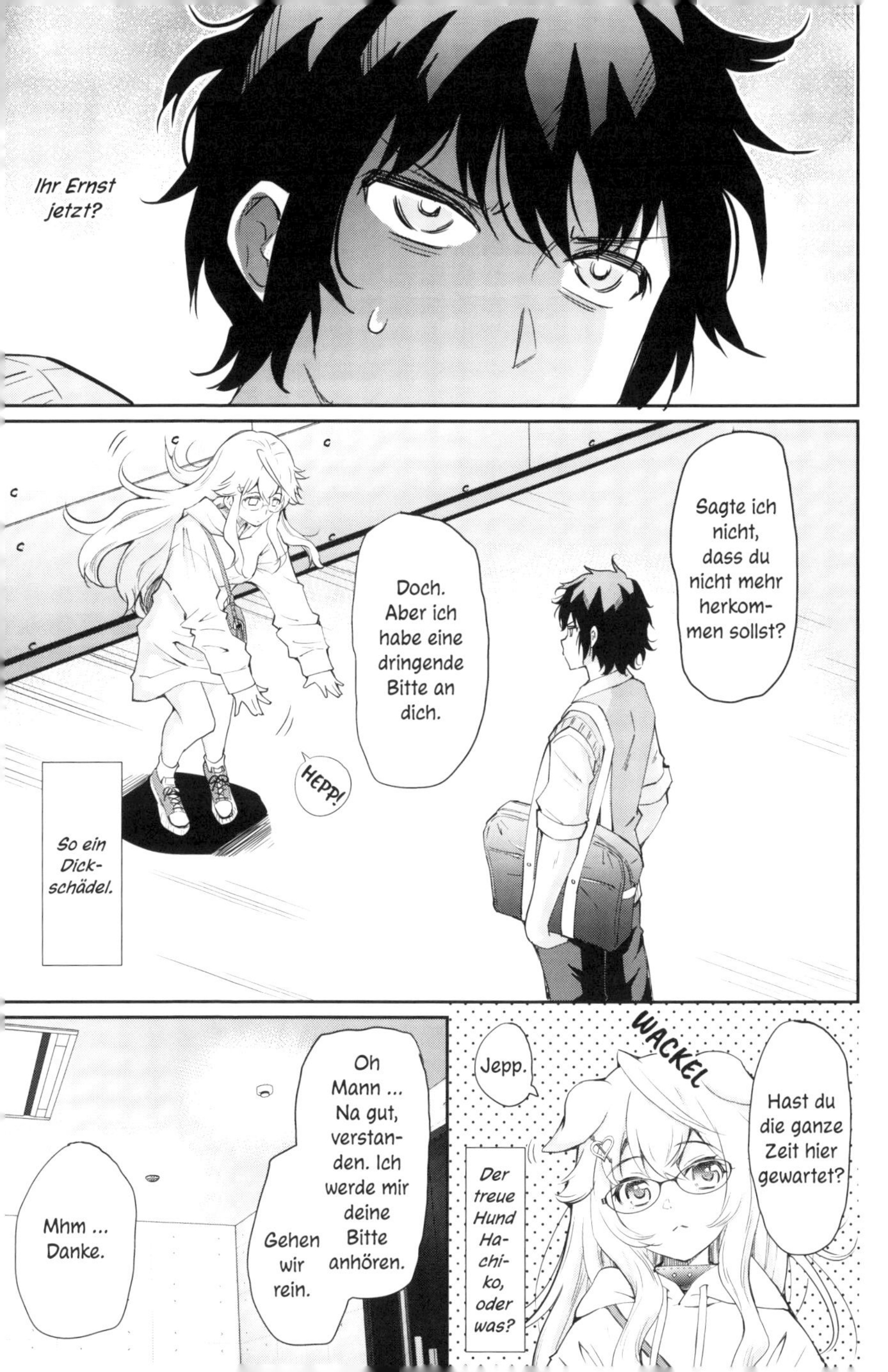

Sagte ich nicht, dass du nicht mehr herkommen sollst?

Doch. Aber ich habe eine dringende Bitte an dich.

HEPP!

So ein Dickschädel.

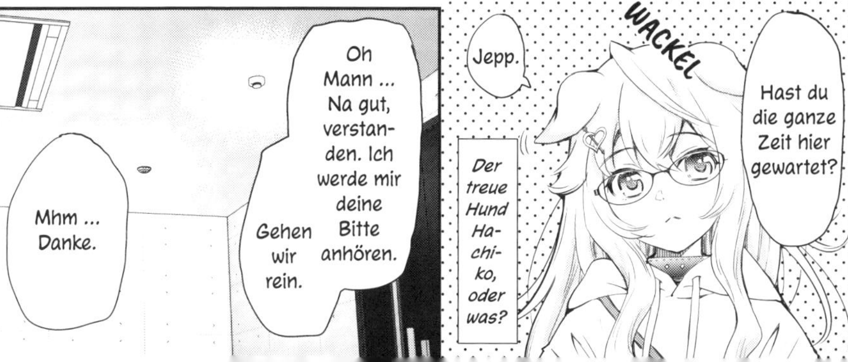

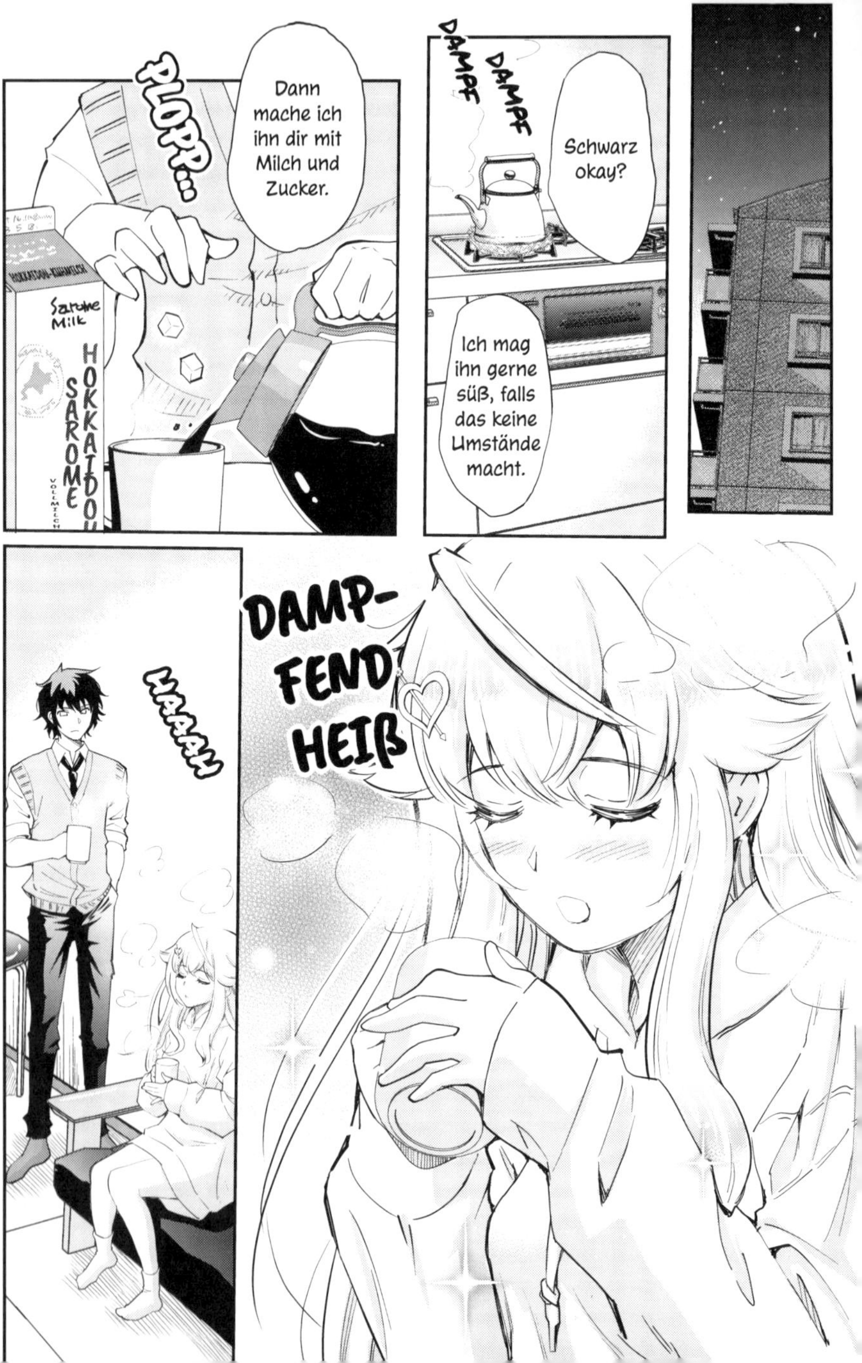

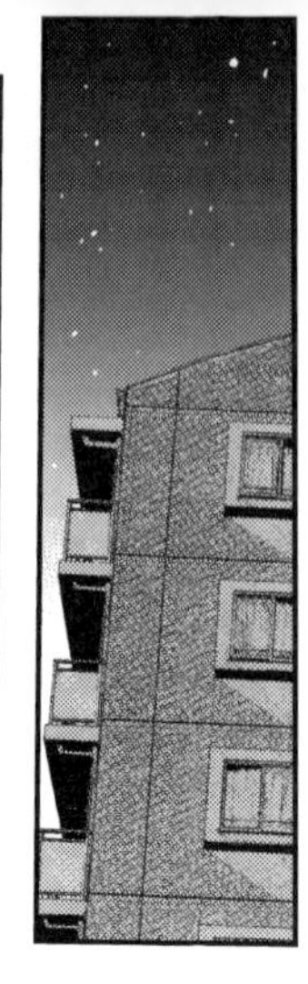

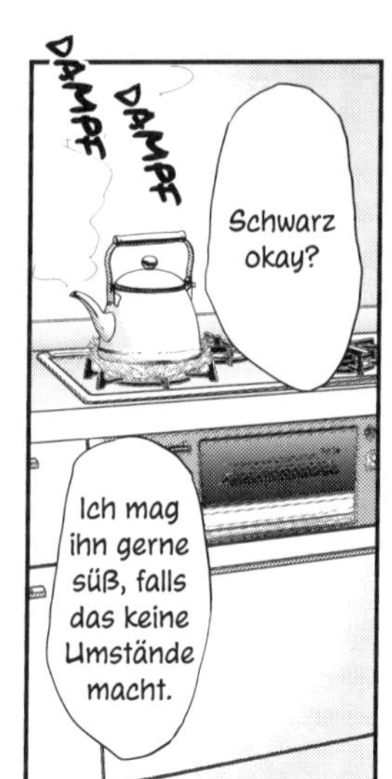
DAMPF
DAMPF
Schwarz okay?
Ich mag ihn gerne süß, falls das keine Umstände macht.

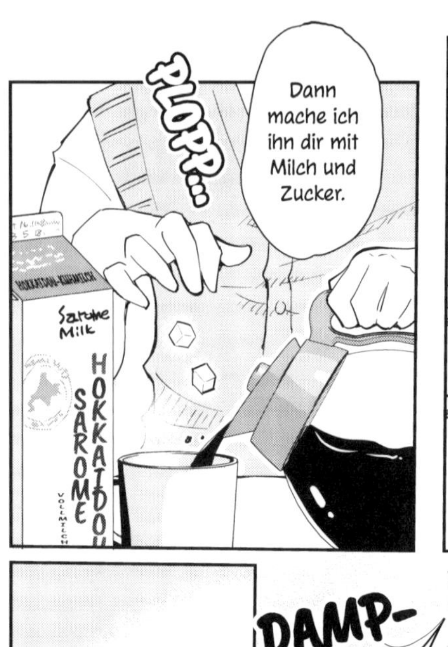
Dann mache ich ihn dir mit Milch und Zucker.
PLOPP...
Sarome Milk
HOKKAIDOU
SAROME
VOLLMILCH

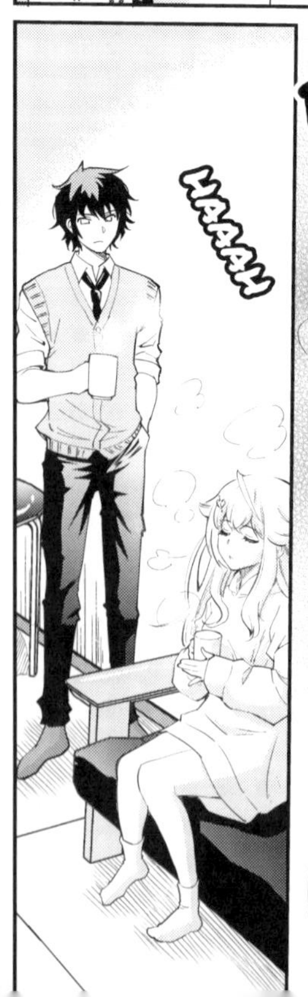
DAMP-FEND HEIß
HAAAH

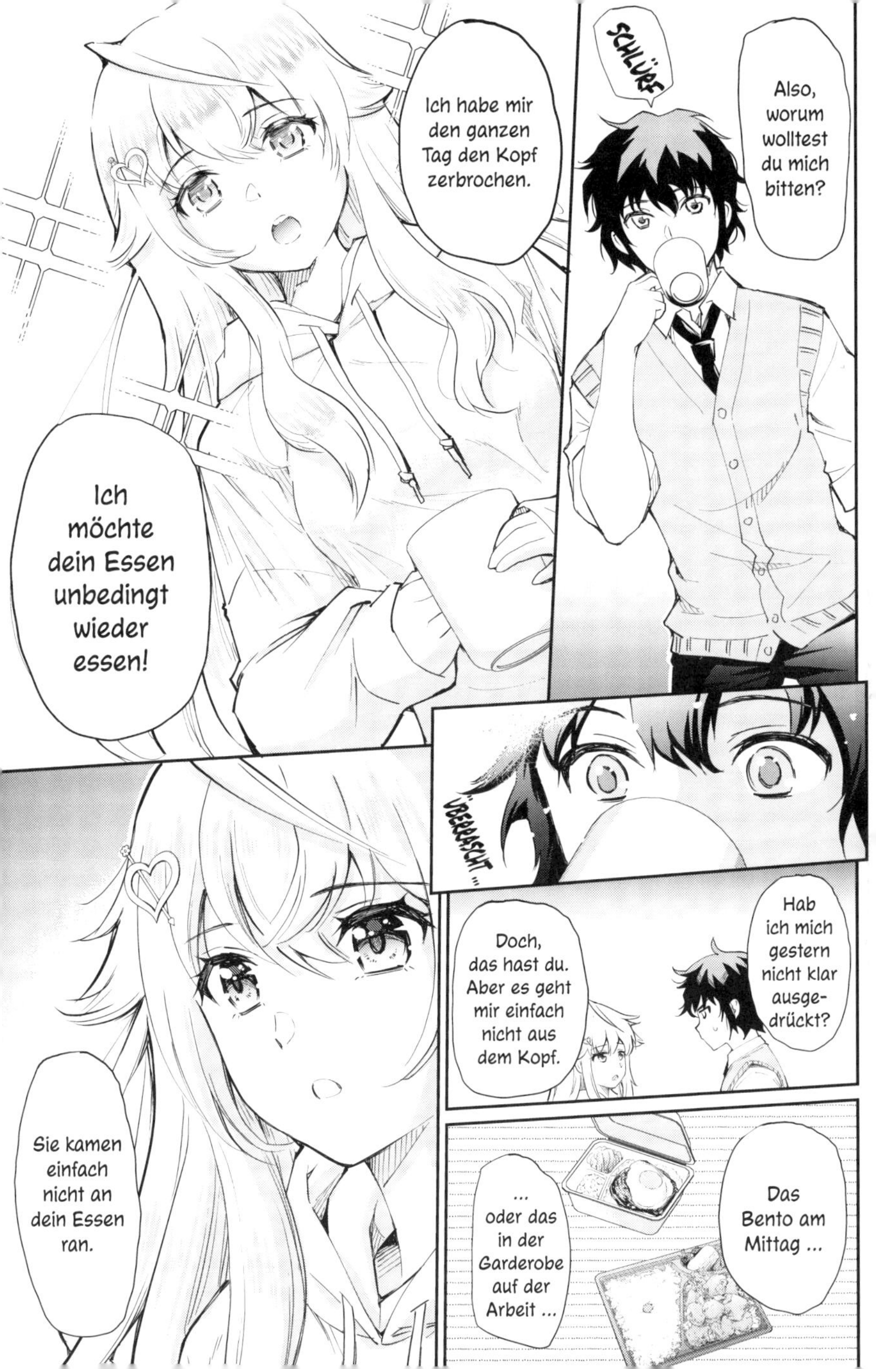
SCHLÜRF
Also, worum wolltest du mich bitten?
Ich habe mir den ganzen Tag den Kopf zerbrochen.
Ich möchte dein Essen unbedingt wieder essen!
ÜBERRASCHT ...
Hab ich mich gestern nicht klar ausge-drückt?
Doch, das hast du. Aber es geht mir einfach nicht aus dem Kopf.
Das Bento am Mittag ...
... oder das in der Garderobe auf der Arbeit ...
Sie kamen einfach nicht an dein Essen ran.

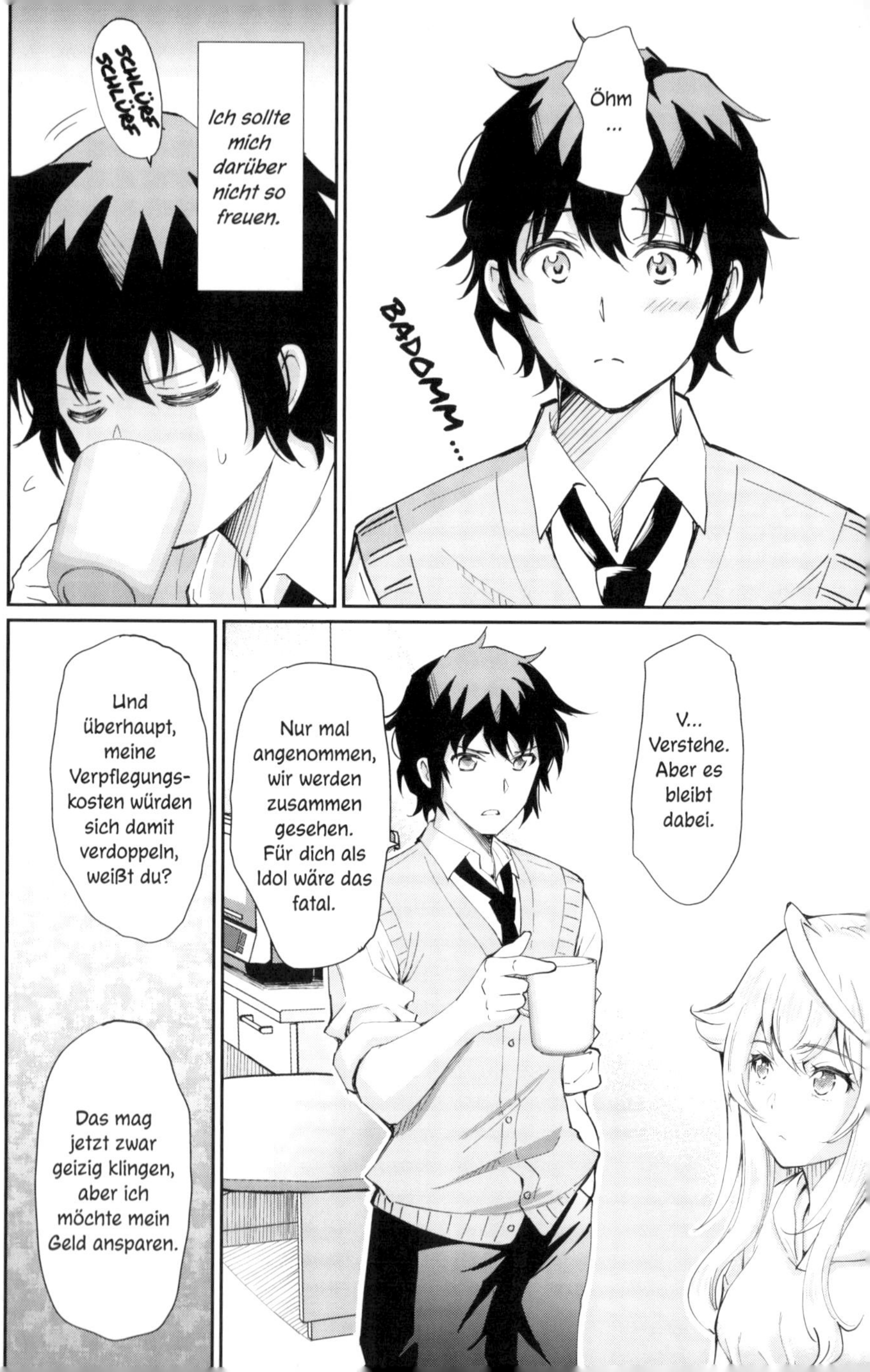

Öhm …
BADOMM …
Ich sollte mich darüber nicht so freuen.
SCHLÜRF SCHLÜRF
V… Verstehe. Aber es bleibt dabei.
Nur mal angenommen, wir werden zusammen gesehen. Für dich als Idol wäre das fatal.
Und überhaupt, meine Verpflegungs-kosten würden sich damit verdoppeln, weißt du?
Das mag jetzt zwar geizig klingen, aber ich möchte mein Geld ansparen.

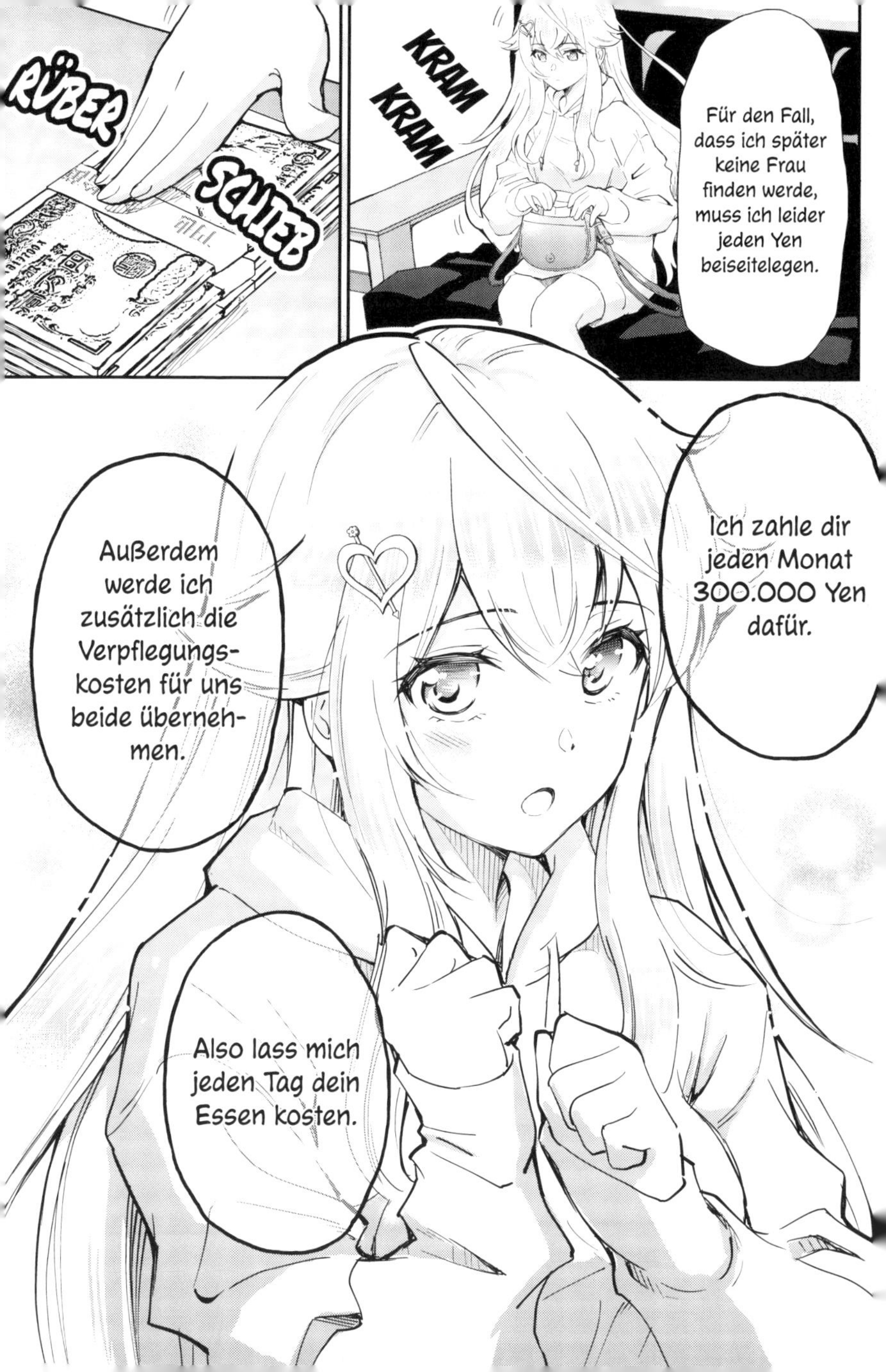
KRAM KRAM
Für den Fall, dass ich später keine Frau finden werde, muss ich leider jeden Yen beiseitelegen.
RÜBER SCHIEB
Ich zahle dir jeden Monat 300.000 Yen dafür.
Außerdem werde ich zusätzlich die Verpflegungs-kosten für uns beide überneh-men.
Also lass mich jeden Tag dein Essen kosten.

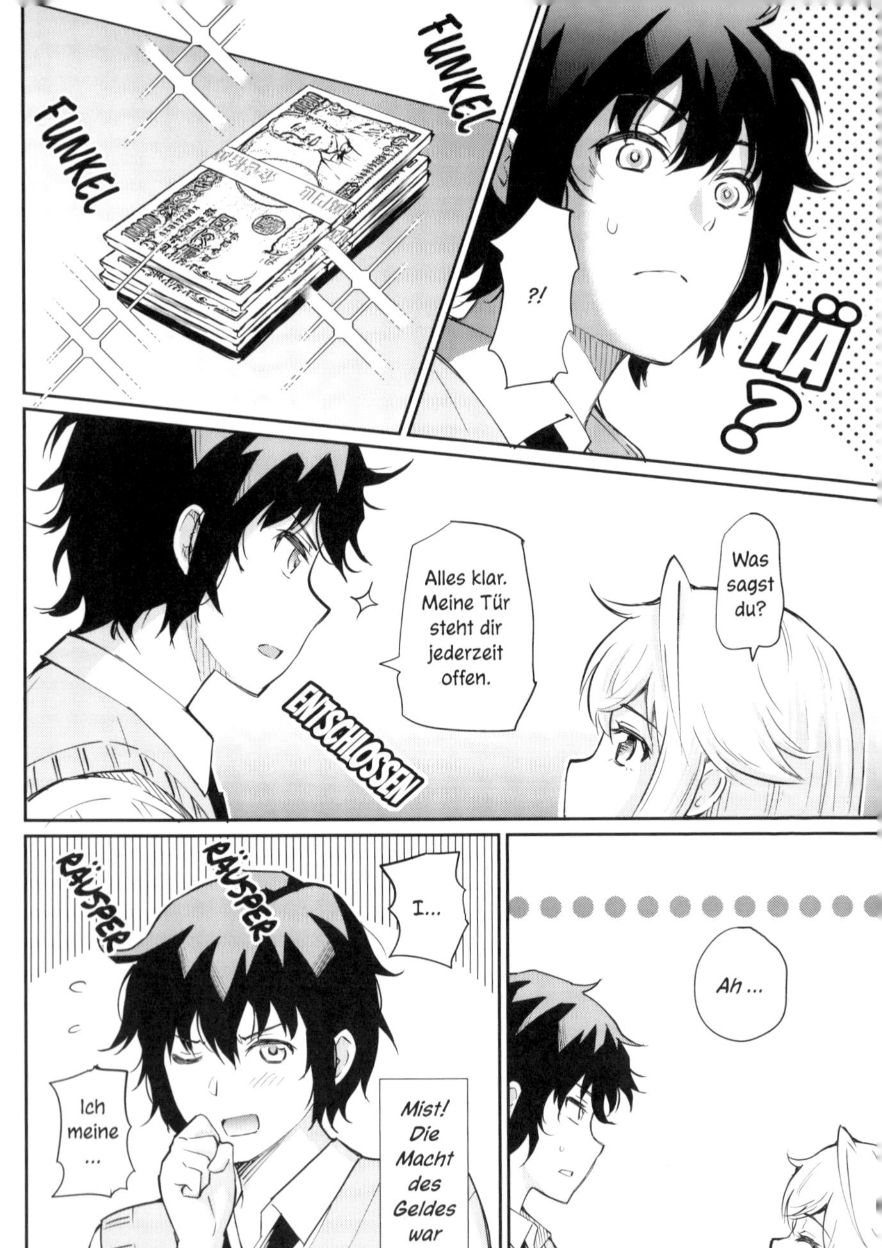
HÄ?
?!
FUNKEL
FUNKEL
Was sagst du?
Alles klar. Meine Tür steht dir jederzeit offen.
ENTSCHLOSSEN
Ah ...
I...
RÄUSPER
RÄUSPER
Mist! Die Macht des Geldes war groß.
Ich meine ...

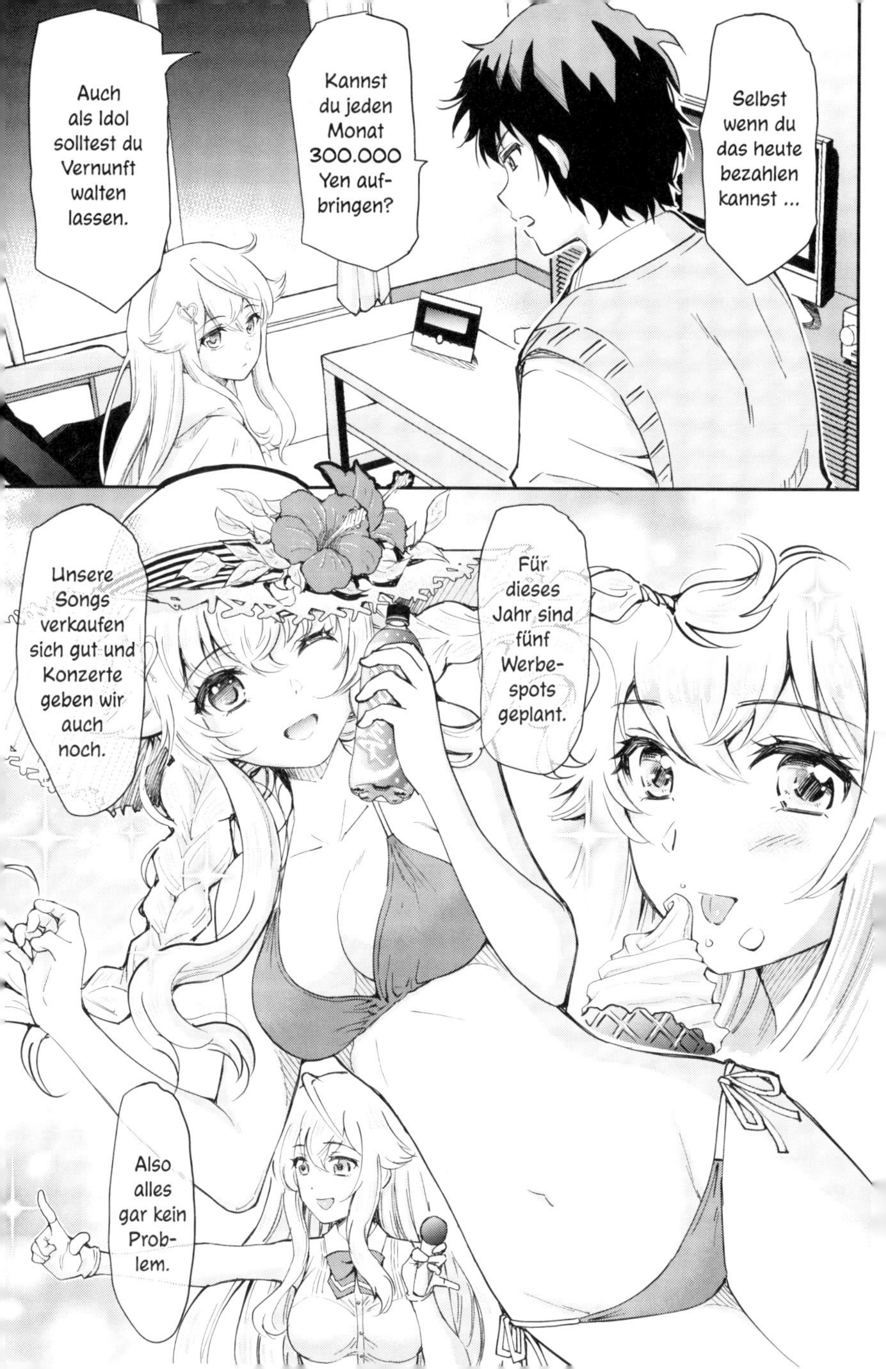
Selbst wenn du das heute bezahlen kannst ...
Kannst du jeden Monat 300.000 Yen aufbringen?
Auch als Idol solltest du Vernunft walten lassen.
Für dieses Jahr sind fünf Werbespots geplant.
Unsere Songs verkaufen sich gut und Konzerte geben wir auch noch.
Also alles gar kein Problem.

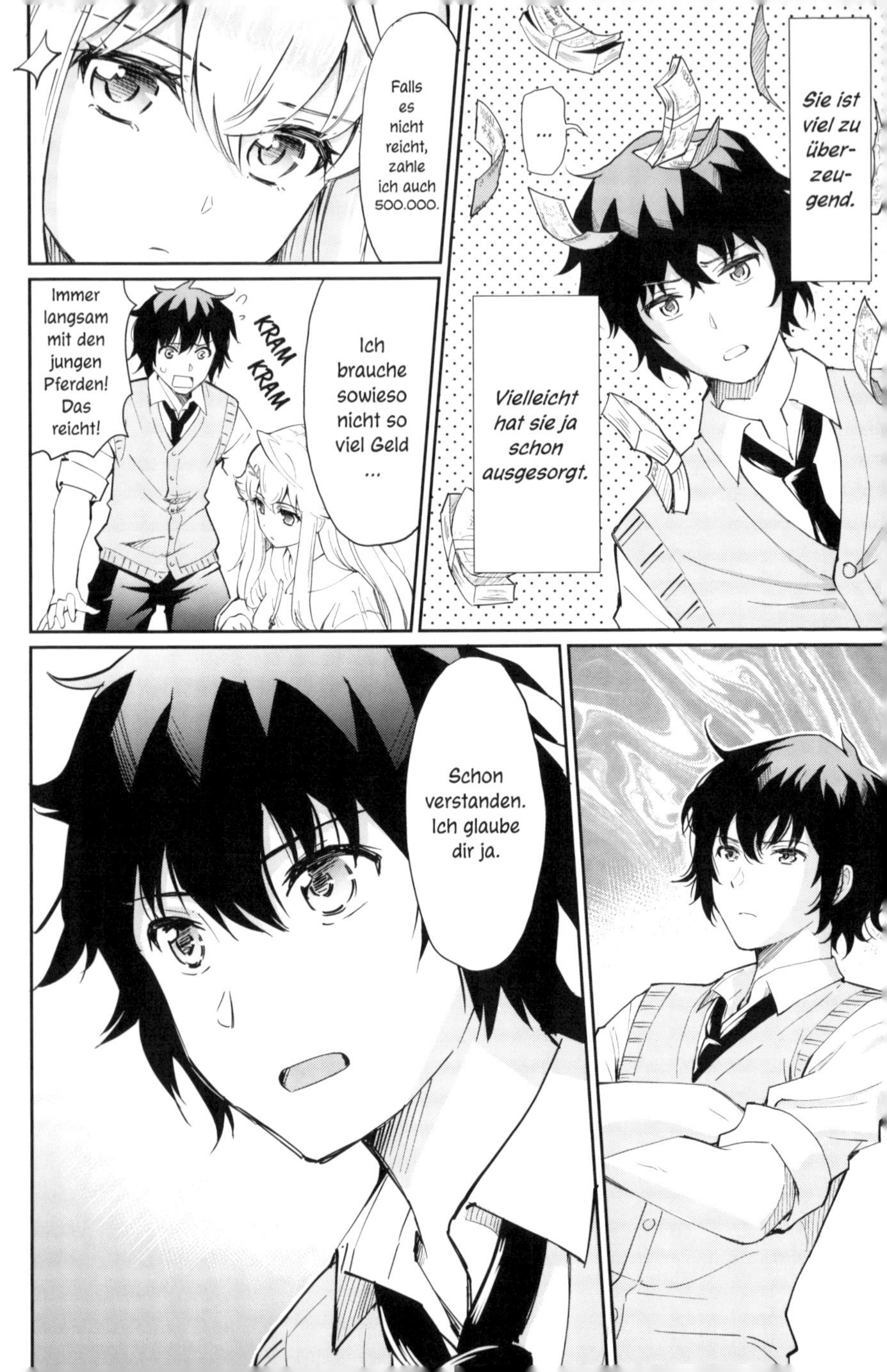

Falls es nicht reicht, zahle ich auch 500.000.

...

Sie ist viel zu über-zeugend.

Vielleicht hat sie ja schon ausgesorgt.

Ich brauche sowieso nicht so viel Geld ...

KRAM KRAM

Immer langsam mit den jungen Pferden! Das reicht!

Schon verstanden. Ich glaube dir ja.

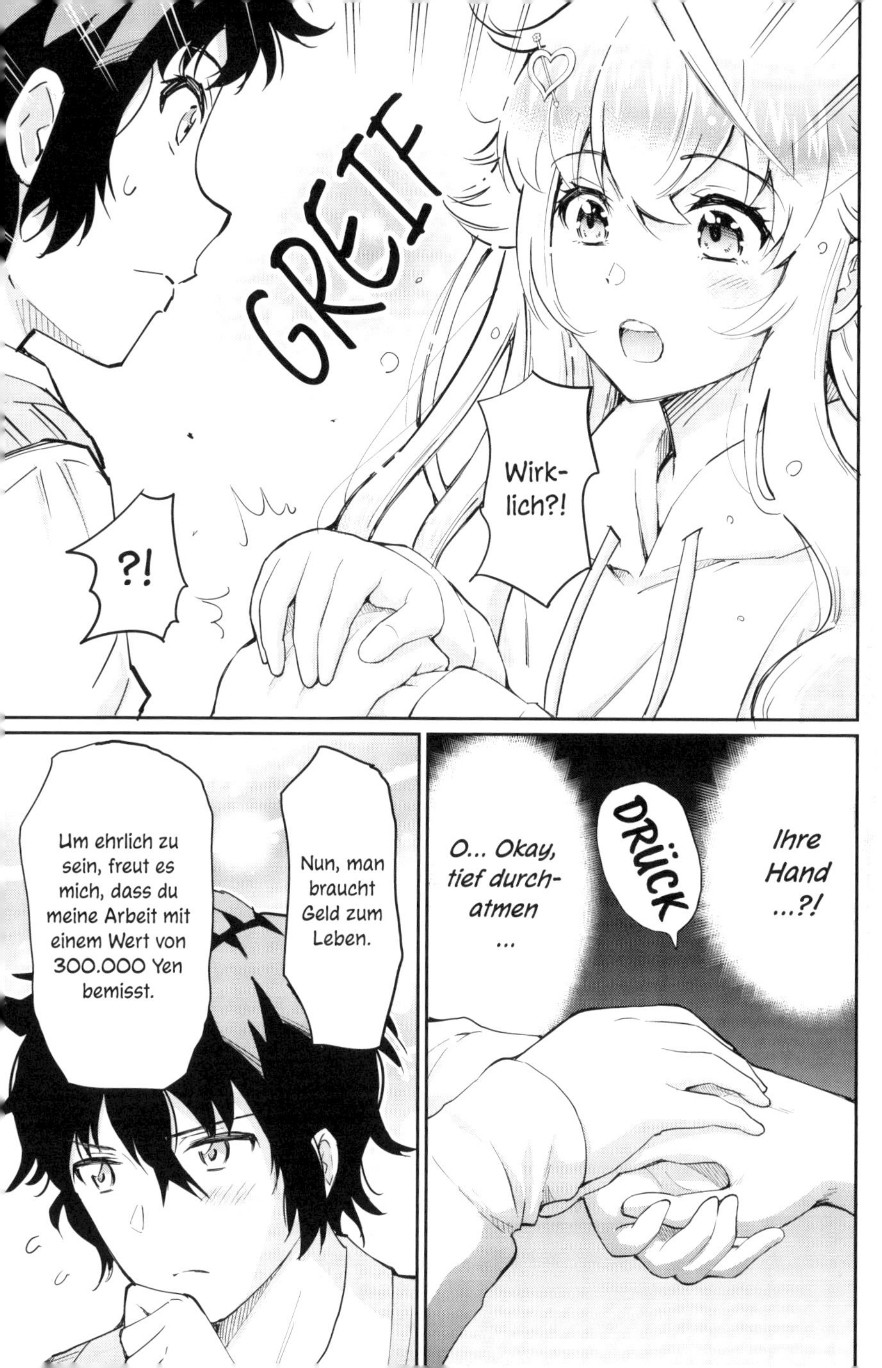
Wirklich?!
GREIF
?!
Ihre Hand ...?!
DRÜCK
O... Okay, tief durchatmen ...
Nun, man braucht Geld zum Leben.
Um ehrlich zu sein, freut es mich, dass du meine Arbeit mit einem Wert von 300.000 Yen bemisst.

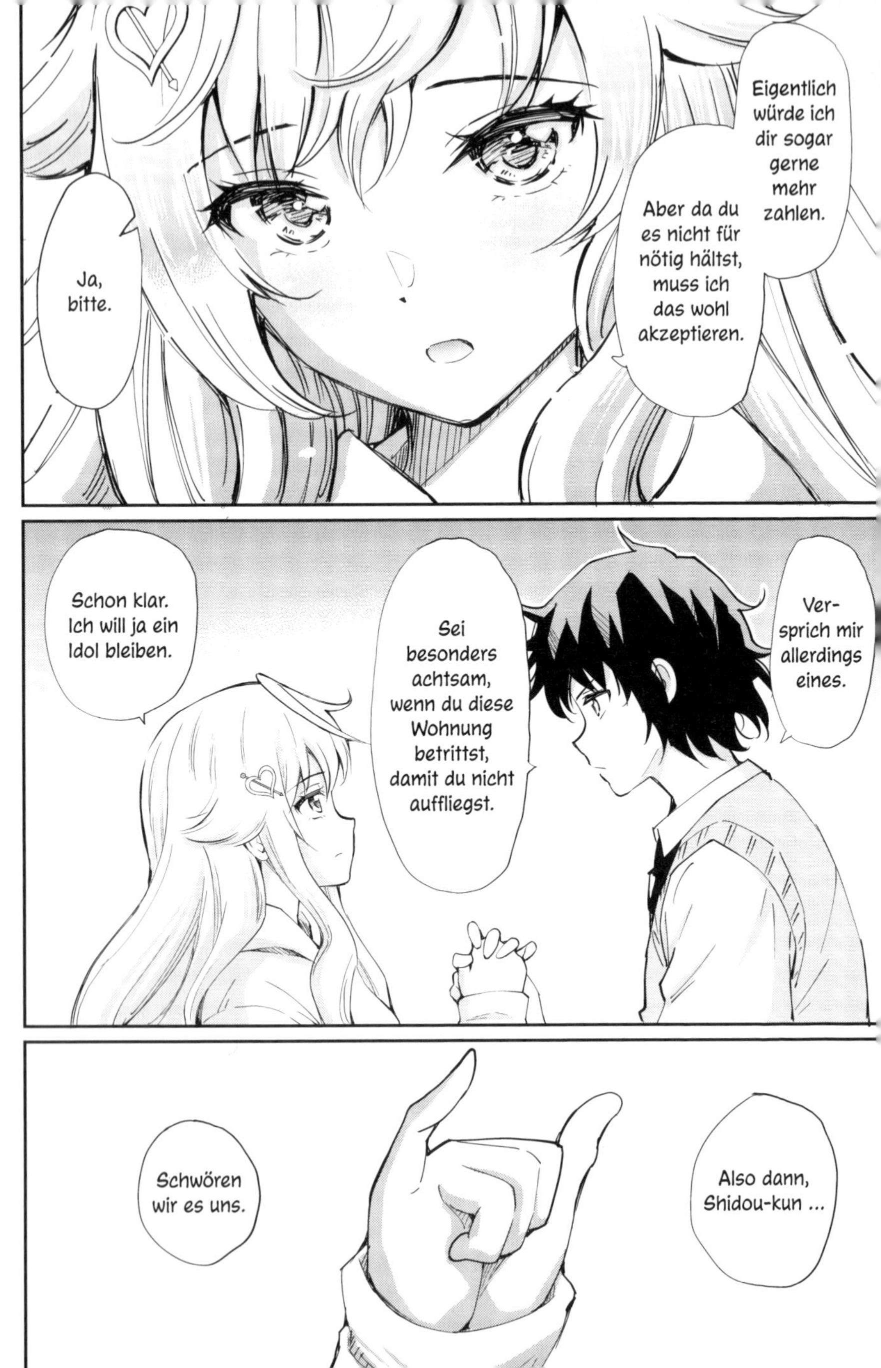
Eigentlich würde ich dir sogar gerne mehr zahlen.
Aber da du es nicht für nötig hältst, muss ich das wohl akzeptieren.
Ja, bitte.
Ver-sprich mir allerdings eines.
Sei besonders achtsam, wenn du diese Wohnung betrittst, damit du nicht auffliegst.
Schon klar. Ich will ja ein Idol bleiben.
Also dann, Shidou-kun ...
Schwören wir es uns.

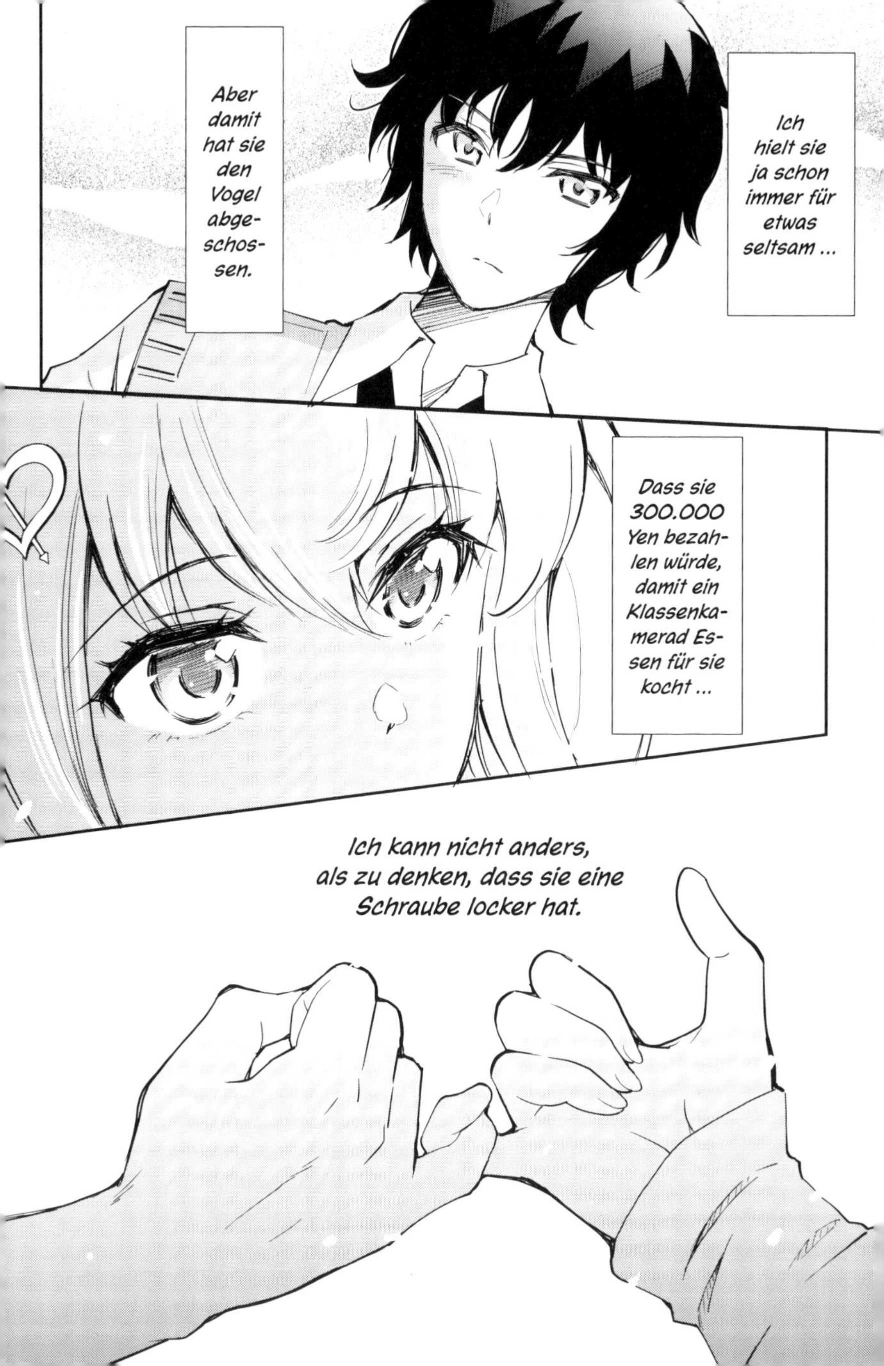
Ich hielt sie ja schon immer für etwas seltsam ...
Aber damit hat sie den Vogel abgeschossen.
Dass sie 300.000 Yen bezahlen würde, damit ein Klassenkamerad Essen für sie kocht ...
Ich kann nicht anders, als zu denken, dass sie eine Schraube locker hat.

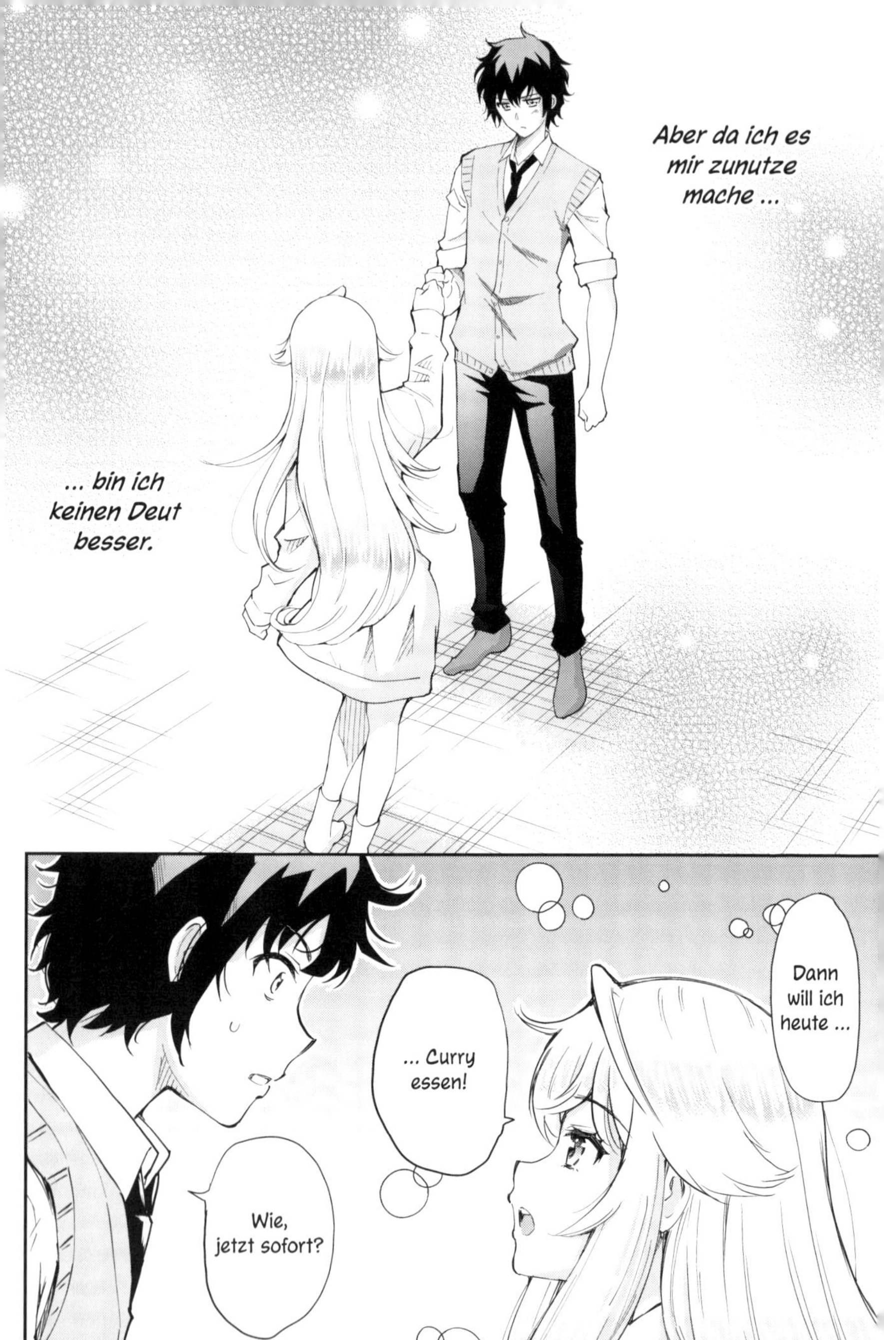
Aber da ich es mir zunutze mache ...
... bin ich keinen Deut besser.
Dann will ich heute ...
... Curry essen!
Wie, jetzt sofort?

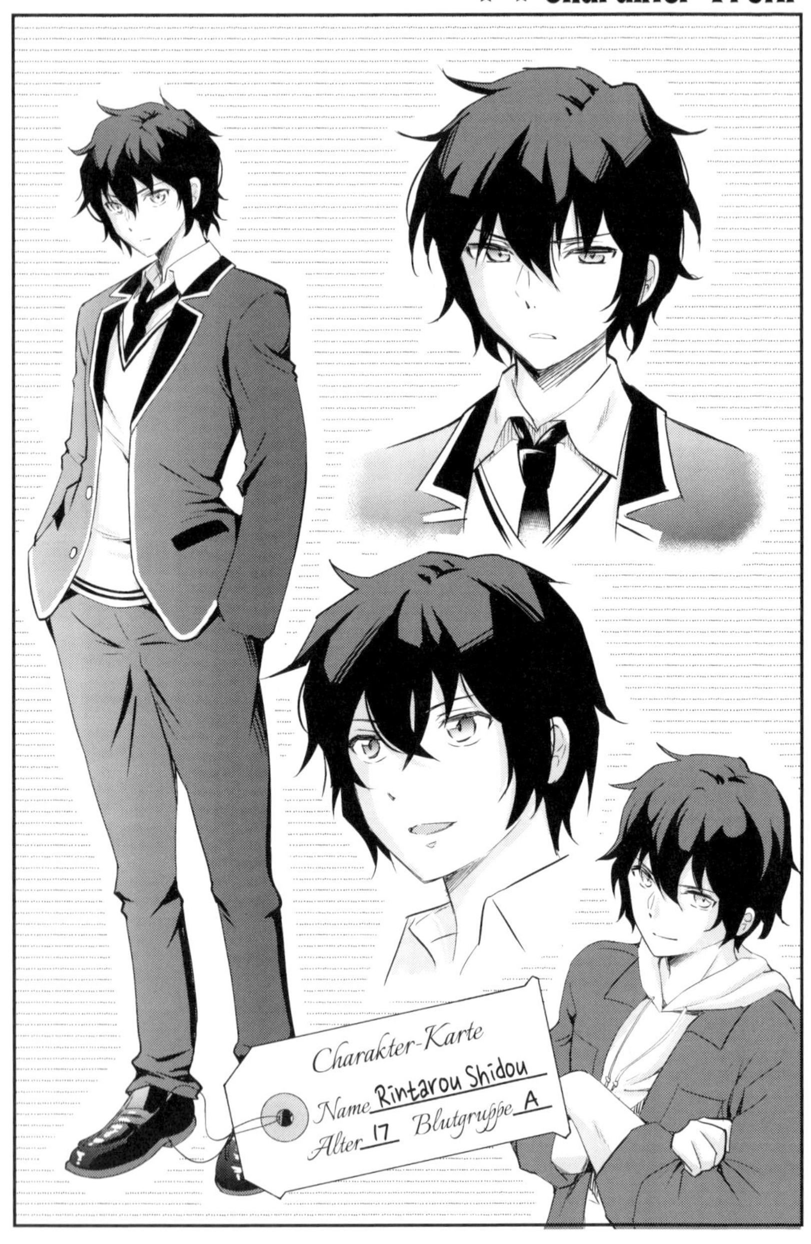
Charakter-Karte
Name Rintarou Shidou
Alter 17 Blutgruppe A

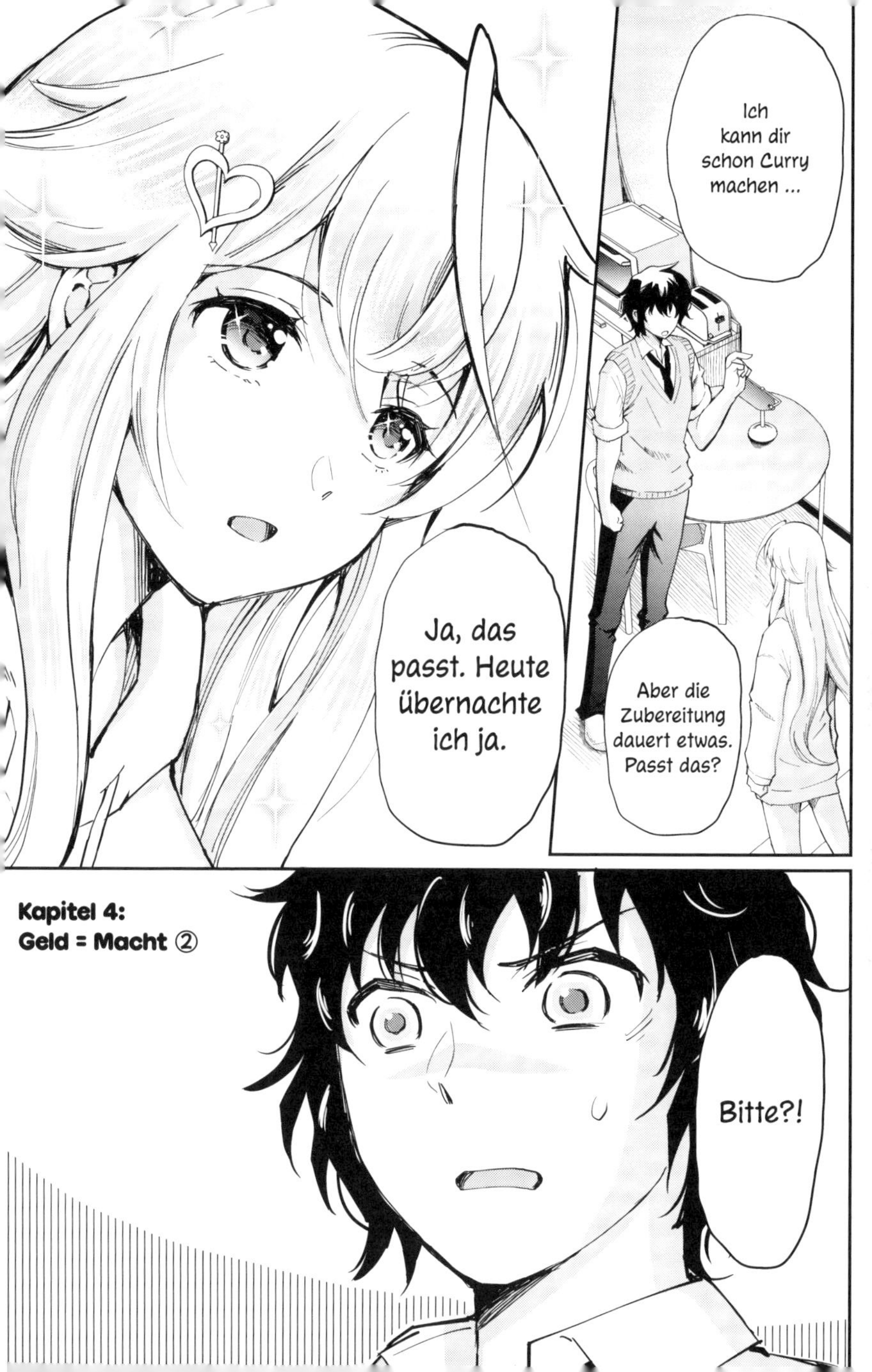
Ich kann dir schon Curry machen ...
Aber die Zubereitung dauert etwas. Passt das?
Ja, das passt. Heute übernachte ich ja.
Kapitel 4:
Geld = Macht ②
Bitte?!

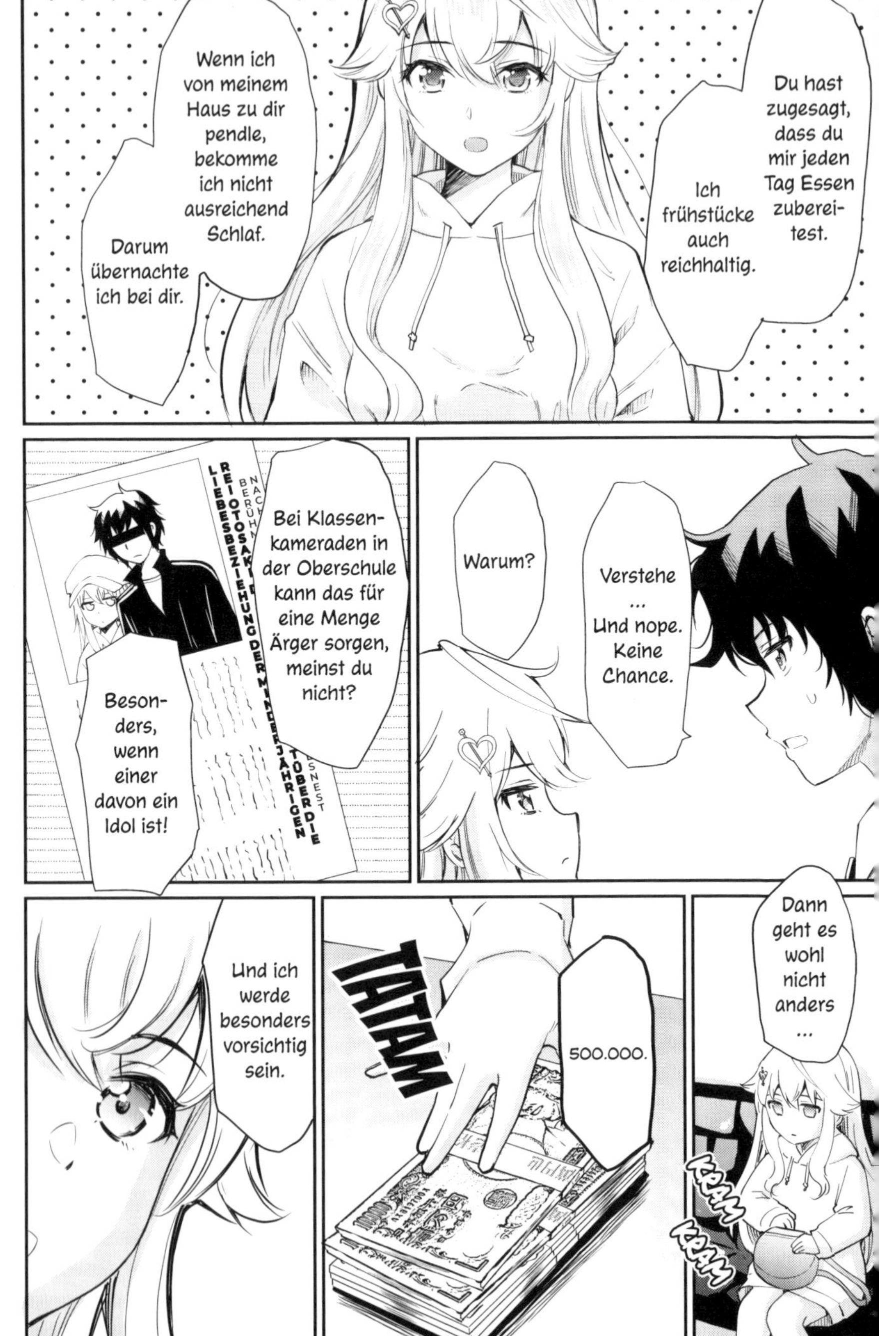
Du hast zugesagt, dass du mir jeden Tag Essen zubereitest.
Ich frühstücke auch reichhaltig.
Wenn ich von meinem Haus zu dir pendle, bekomme ich nicht ausreichend Schlaf.
Darum übernachte ich bei dir.
Verstehe ... Und nope. Keine Chance.
Warum?
LIEBESBEZIEHUNG DER MINDERJÄHRIGEN
Bei Klassenkameraden in der Oberschule kann das für eine Menge Ärger sorgen, meinst du nicht?
Besonders, wenn einer davon ein Idol ist!
Dann geht es wohl nicht anders ...
KRAM KRAM
TATAM
500.000.
Und ich werde besonders vorsichtig sein.

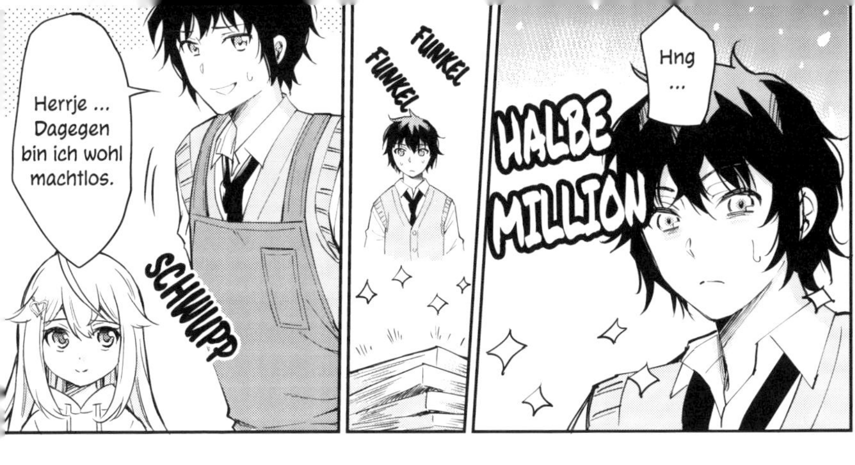

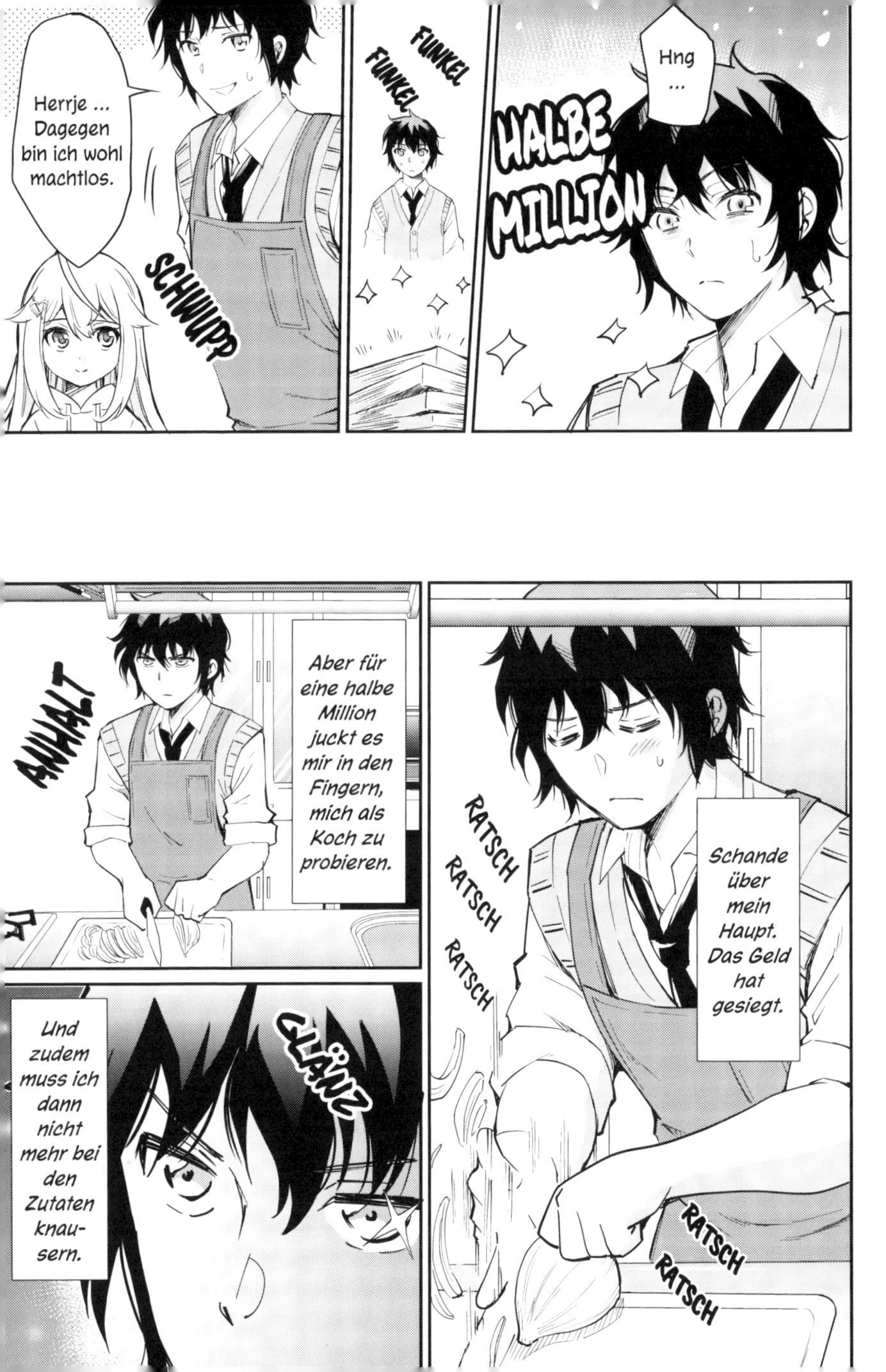

RATSCH
RATSCH
RATSCH
Schande über mein Haupt. Das Geld hat gesiegt.
RATSCH
RATSCH
ANHALT
Aber für eine halbe Million juckt es mir in den Fingern, mich als Koch zu probieren.
GLÄNZ
Und zudem muss ich dann nicht mehr bei den Zutaten knau-sern.

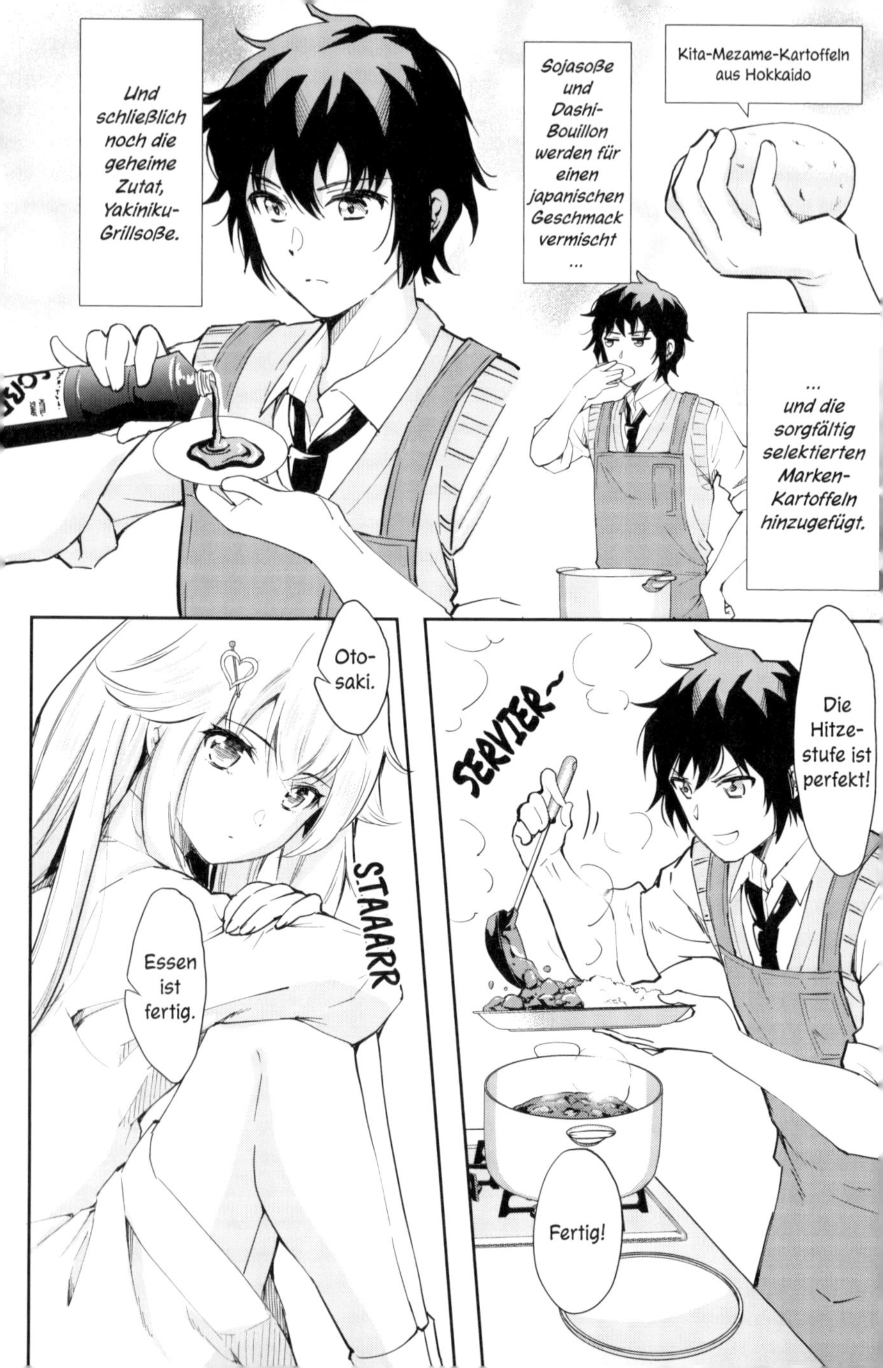
Kita-Mezame-Kartoffeln aus Hokkaido
Sojasoße und Dashi-Bouillon werden für einen japanischen Geschmack vermischt …
… und die sorgfältig selektierten Marken-Kartoffeln hinzugefügt.
Und schließlich noch die geheime Zutat, Yakiniku-Grillsoße.
Die Hitzestufe ist perfekt!
SERVIER~
Fertig!
Oto-saki.
STAAARR
Essen ist fertig.

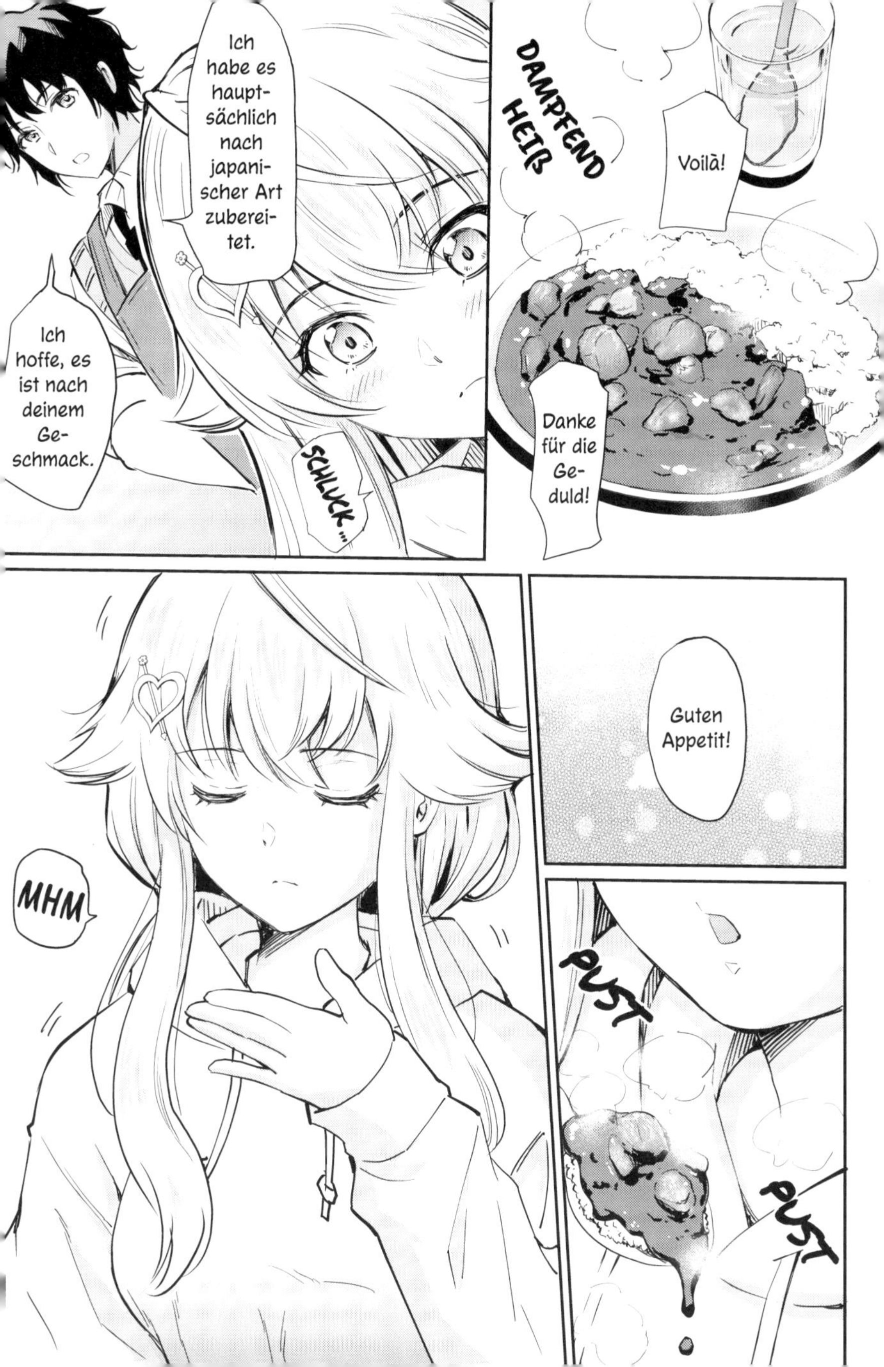
Voilà!
DAMPFEND HEIß
Danke für die Geduld!
Ich habe es hauptsächlich nach japanischer Art zubereitet.
SCHLUCK ...
Ich hoffe, es ist nach deinem Geschmack.
Guten Appetit!
PUST
PUST
MHM

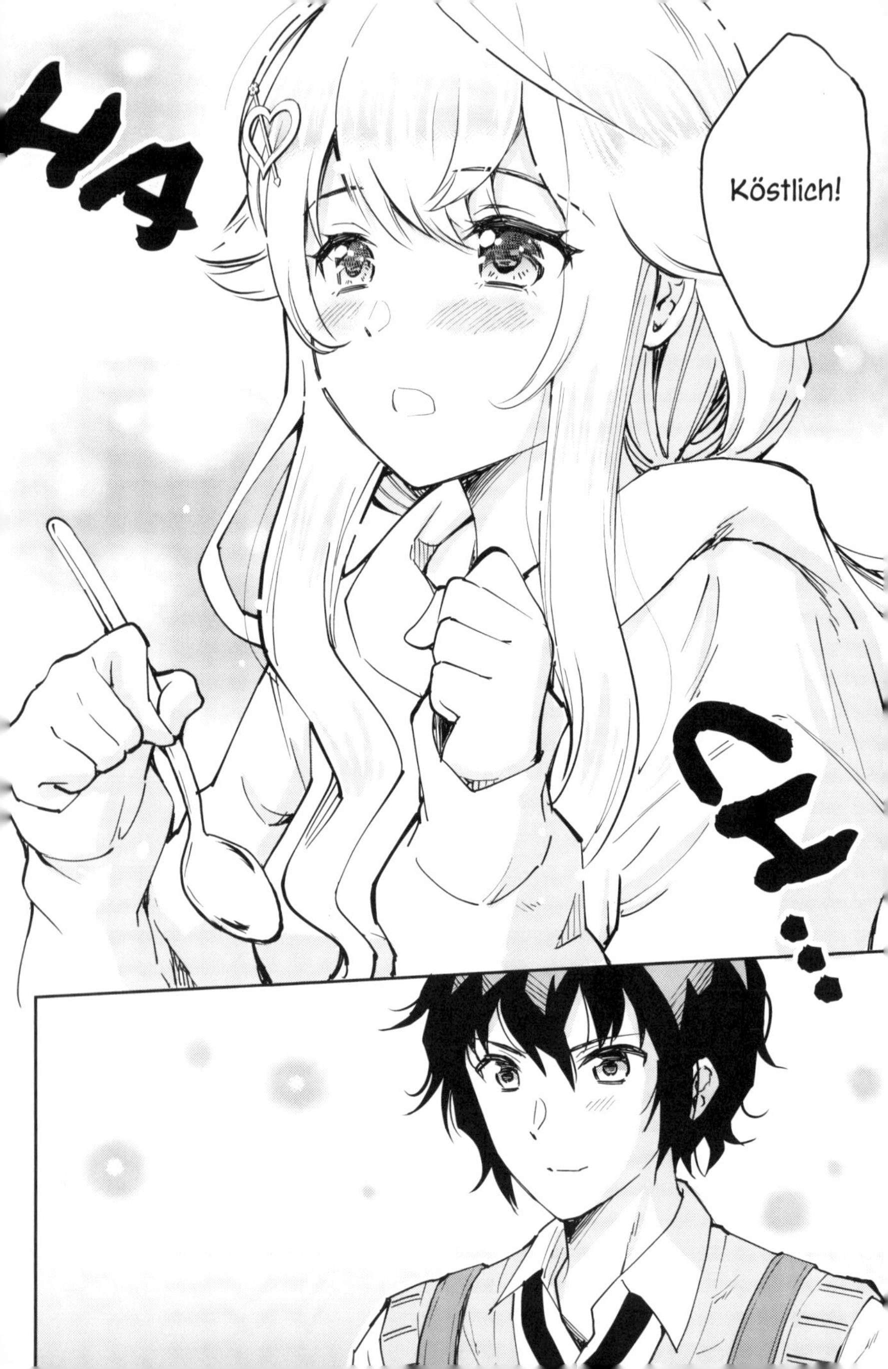
Köstlich!
HA
CH...

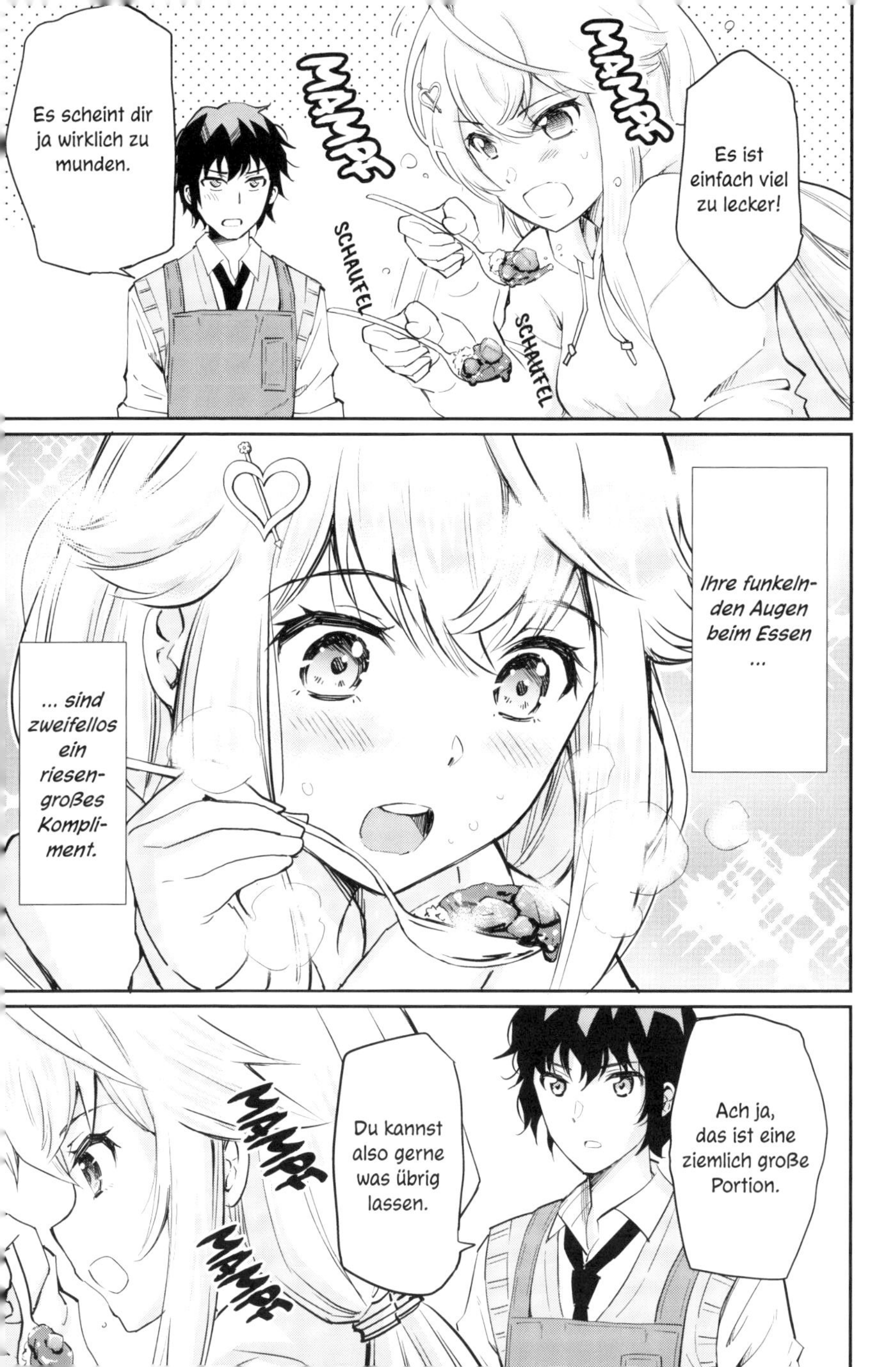
MAMPF
Es ist einfach viel zu lecker!
MAMPF
SCHAUFEL
SCHAUFEL
Es scheint dir ja wirklich zu munden.
Ihre funkeln-den Augen beim Essen ...
... sind zweifellos ein riesen-großes Kompli-ment.
Ach ja, das ist eine ziemlich große Portion.
Du kannst also gerne was übrig lassen.
MAMPF
MAMPF

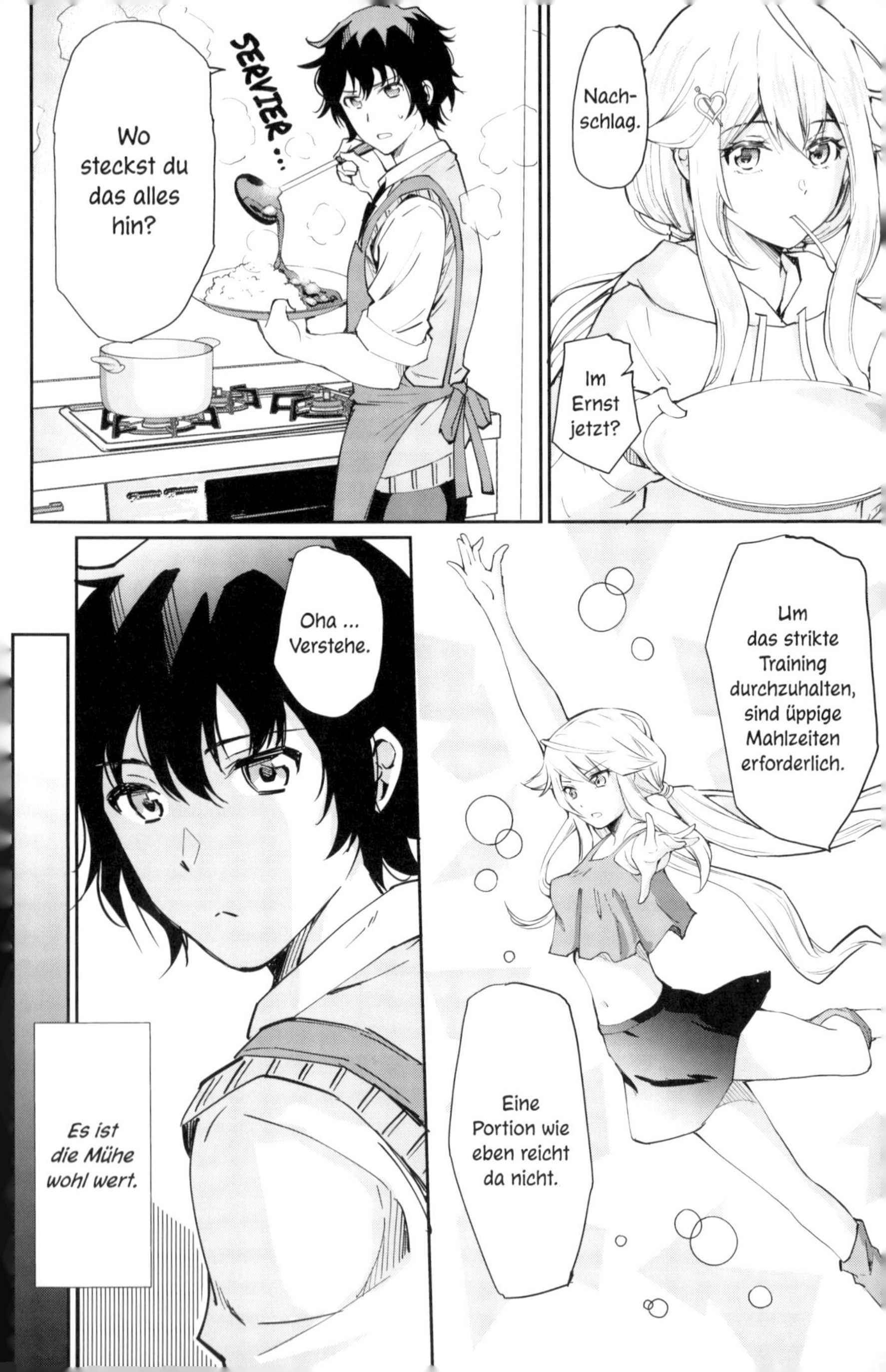

Nachschlag.

Im Ernst jetzt?

SERVIER ...

Wo steckst du das alles hin?

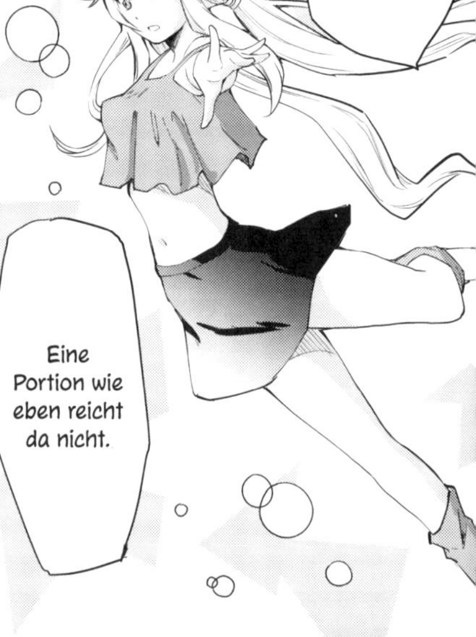

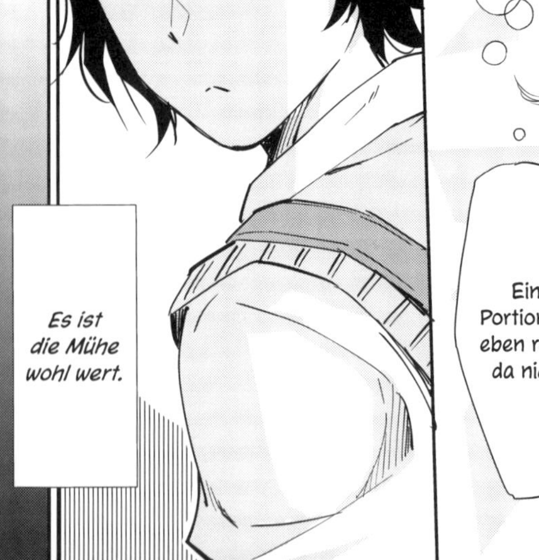

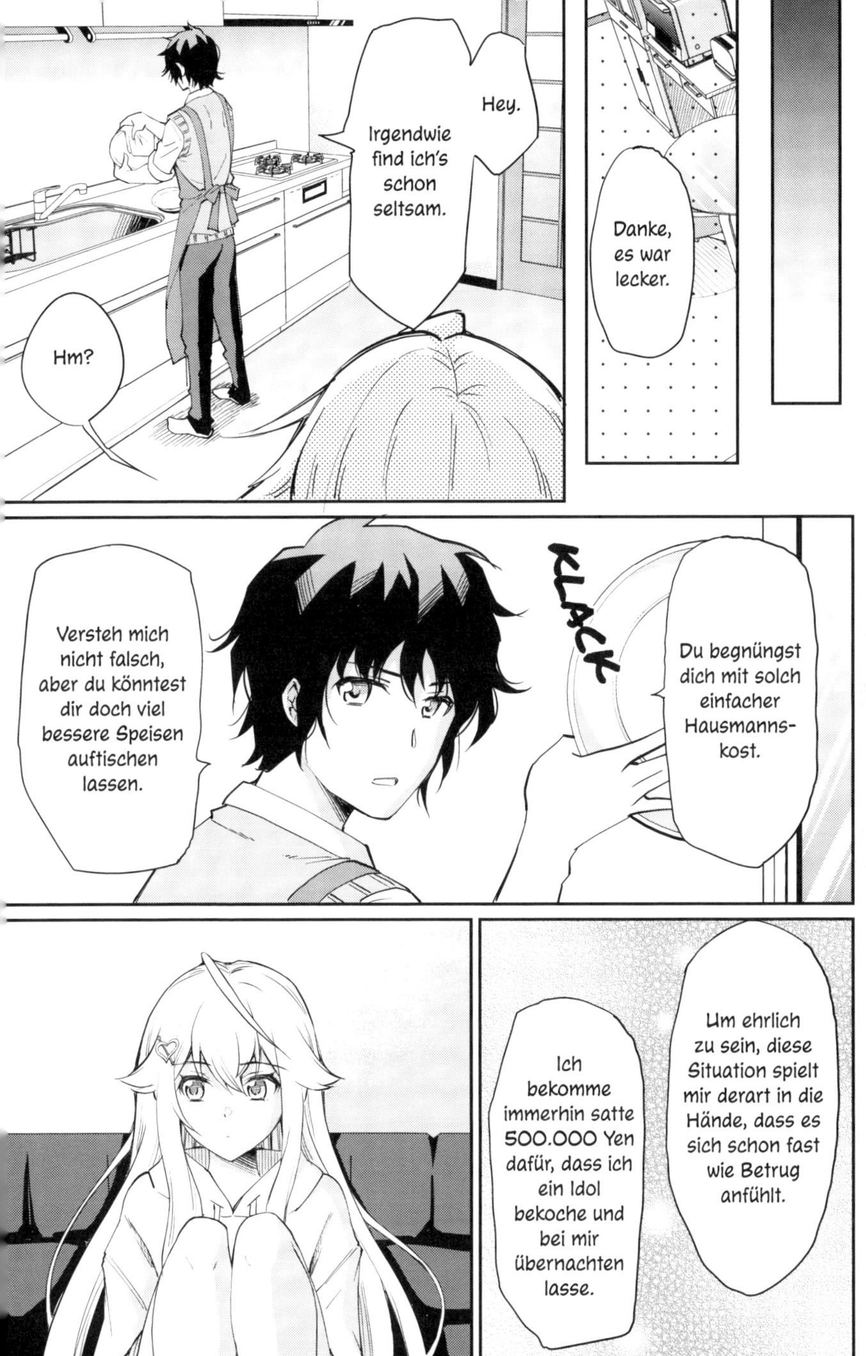

Danke, es war lecker.
Hey. Irgendwie find ich's schon seltsam.
Hm?
Du begnüngst dich mit solch einfacher Hausmannskost.
KLACK
Versteh mich nicht falsch, aber du könntest dir doch viel bessere Speisen auftischen lassen.
Um ehrlich zu sein, diese Situation spielt mir derart in die Hände, dass es sich schon fast wie Betrug anfühlt.
Ich bekomme immerhin satte 500.000 Yen dafür, dass ich ein Idol bekoche und bei mir übernachten lasse.

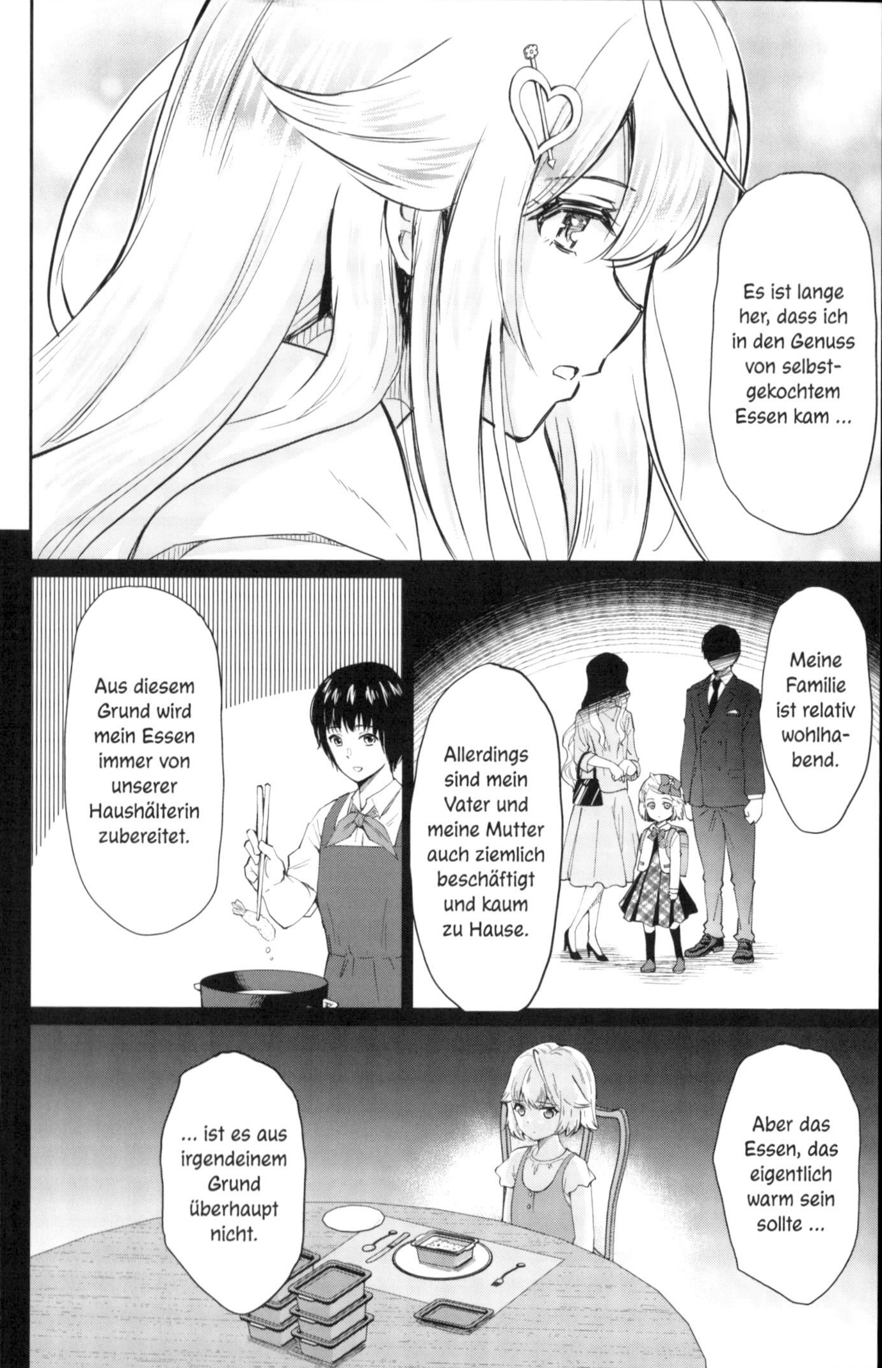
Es ist lange her, dass ich in den Genuss von selbst-gekochtem Essen kam ...
Meine Familie ist relativ wohlha-bend.
Allerdings sind mein Vater und meine Mutter auch ziemlich beschäftigt und kaum zu Hause.
Aus diesem Grund wird mein Essen immer von unserer Haushälterin zubereitet.
Aber das Essen, das eigentlich warm sein sollte ...
... ist es aus irgendeinem Grund überhaupt nicht.

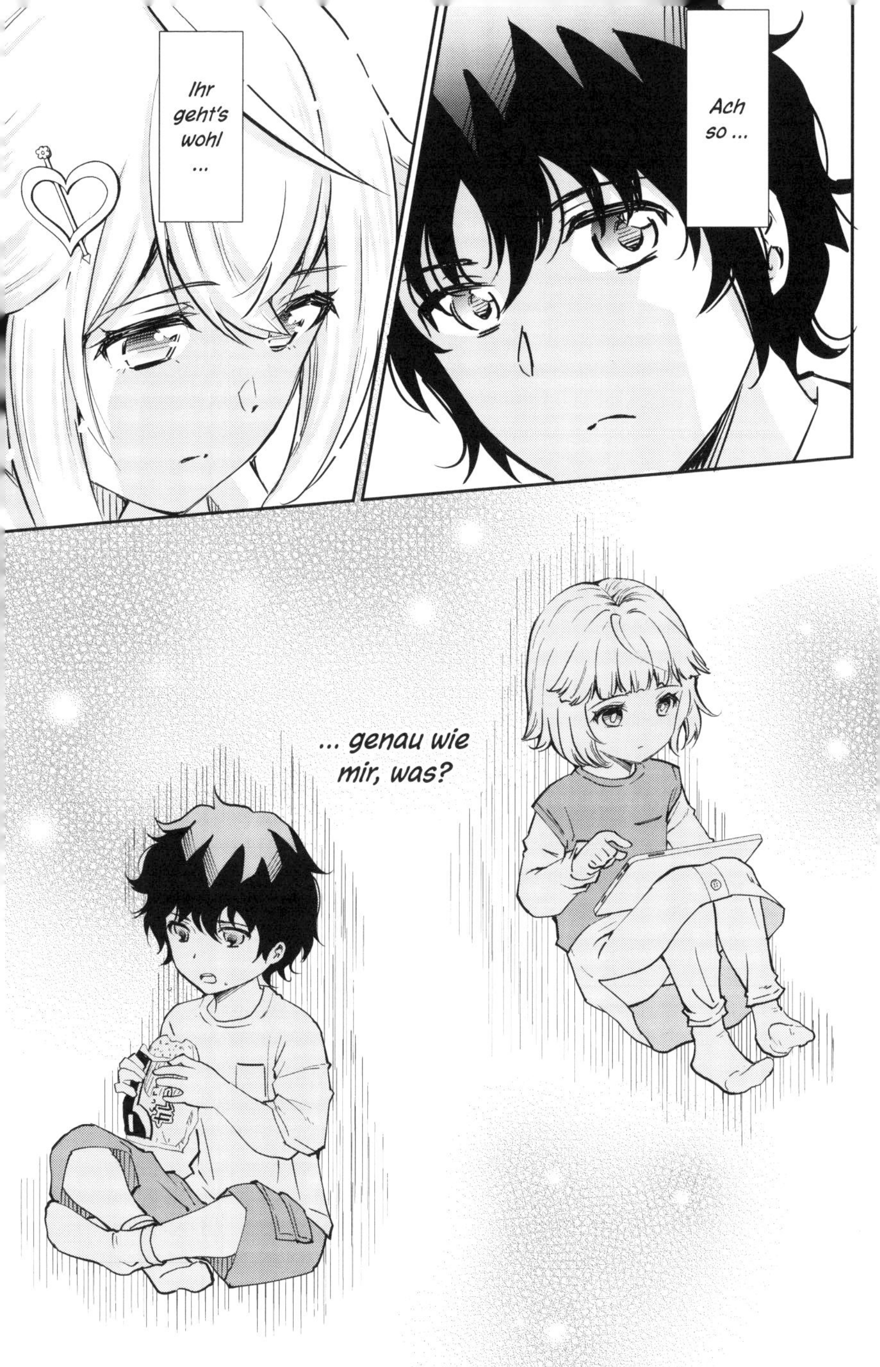
Ach so ...
Ihr geht's wohl ...
... genau wie mir, was?

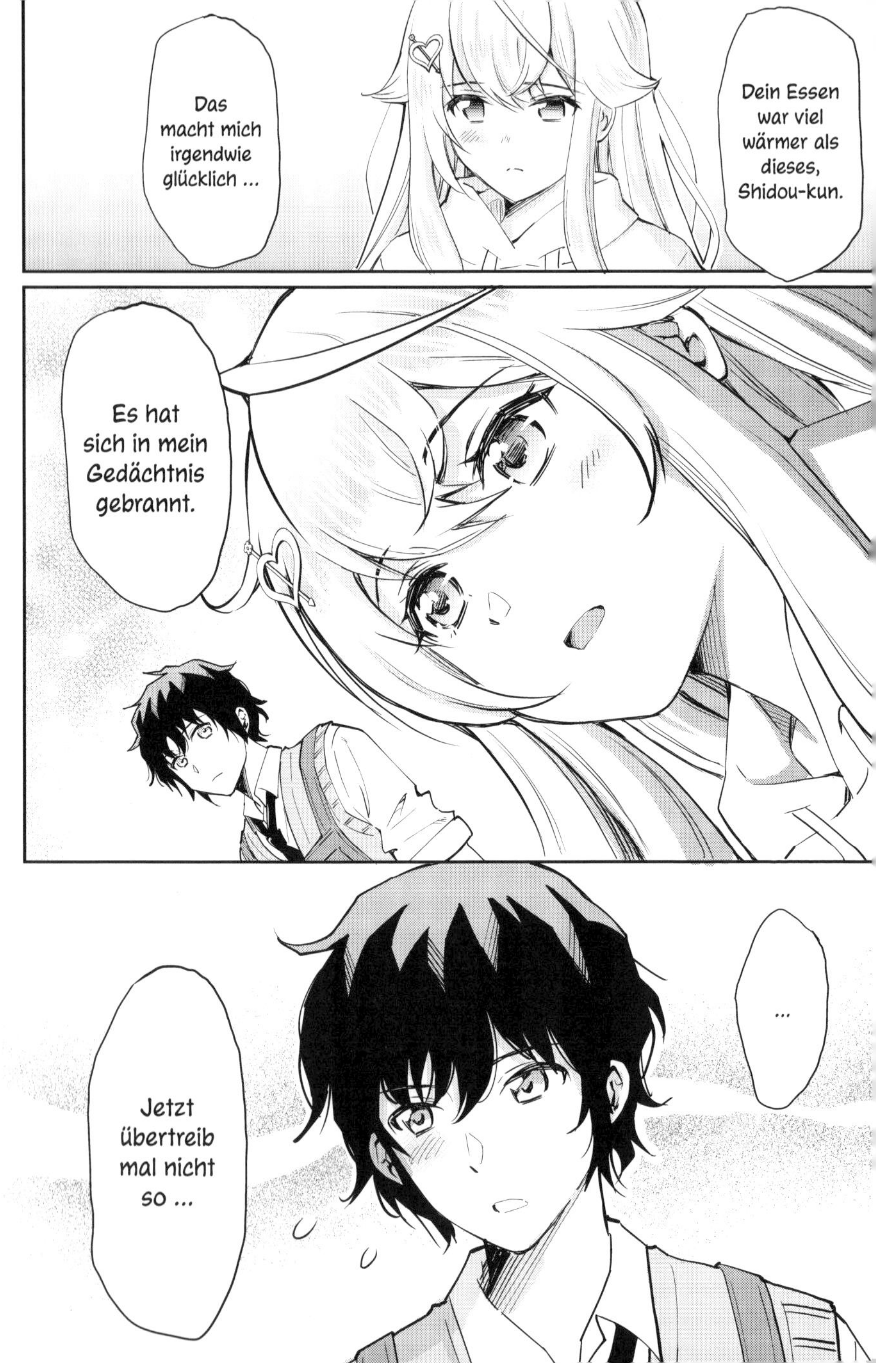
Dein Essen war viel wärmer als dieses, Shidou-kun.
Das macht mich irgendwie glücklich ...
Es hat sich in mein Gedächtnis gebrannt.
...
Jetzt übertreib mal nicht so ...

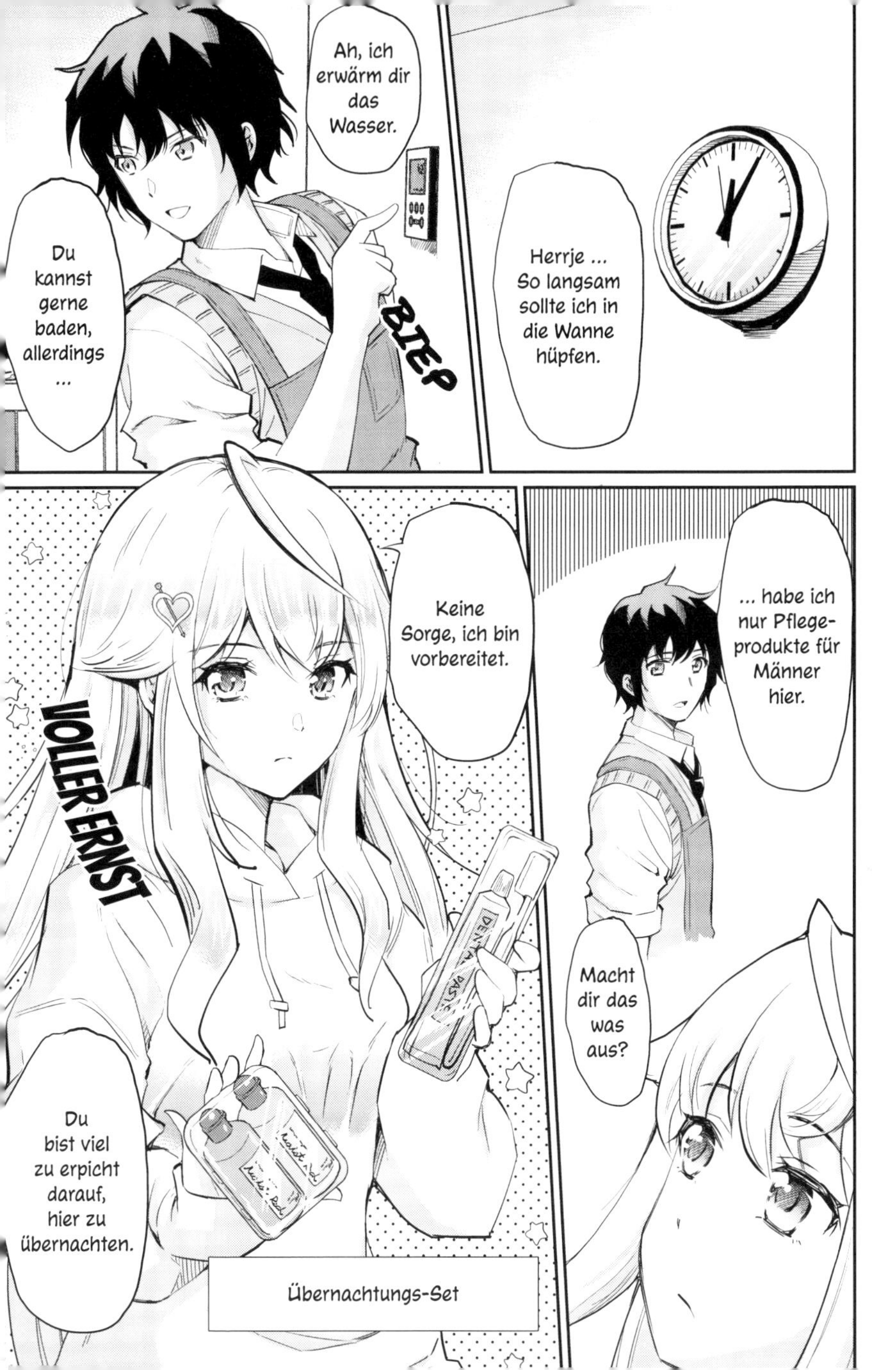
Herrje ... So langsam sollte ich in die Wanne hüpfen.
Ah, ich erwärm dir das Wasser.
BIEP
Du kannst gerne baden, allerdings ...
... habe ich nur Pflegeprodukte für Männer hier.
Keine Sorge, ich bin vorbereitet.
VOLLER ERNST
Übernachtungs-Set
Macht dir das was aus?
Du bist viel zu erpicht darauf, hier zu übernachten.

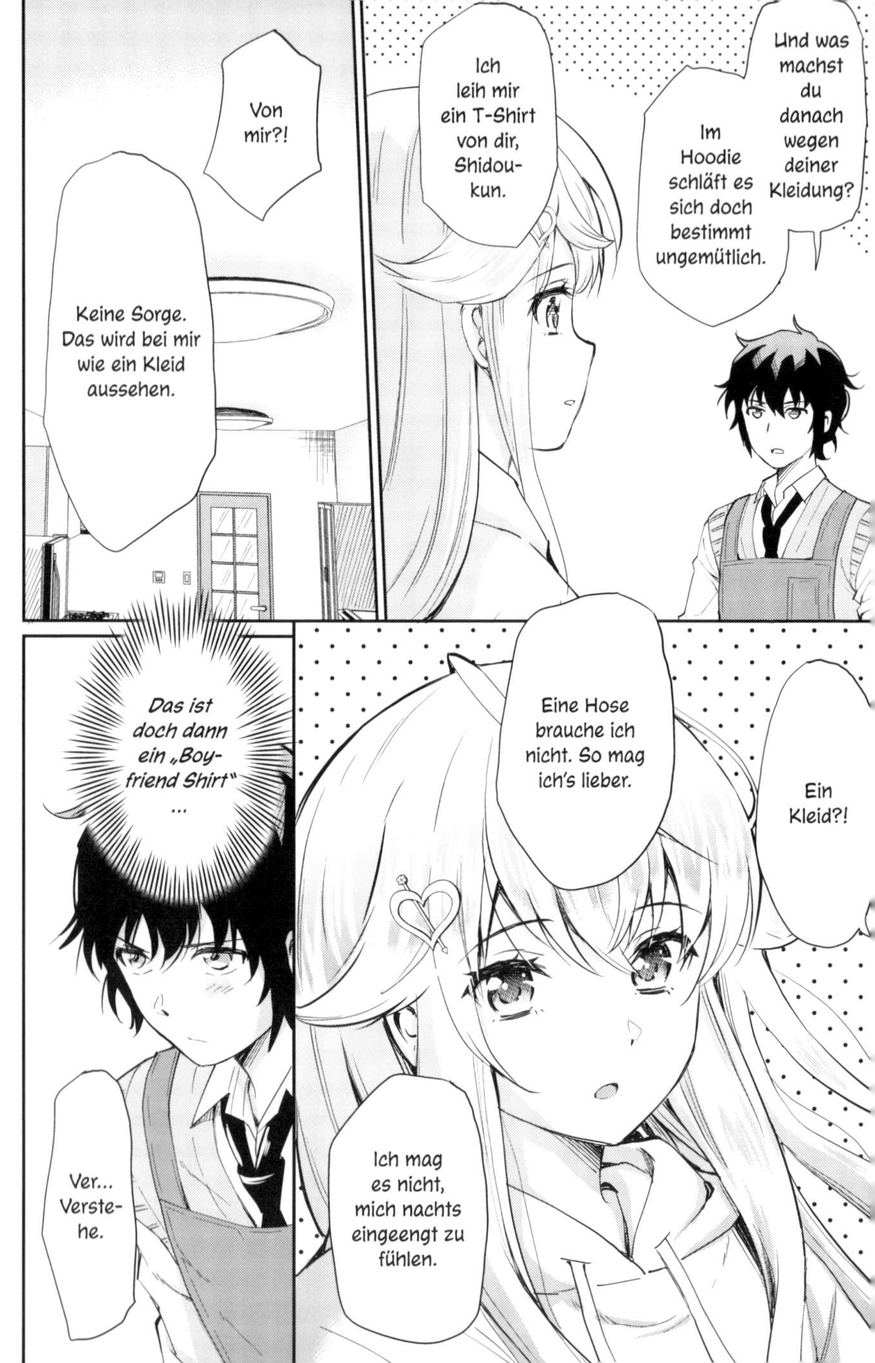
Und was machst du danach wegen deiner Kleidung?
Im Hoodie schläft es sich doch bestimmt ungemütlich.
Ich leih mir ein T-Shirt von dir, Shidou-kun.
Von mir?!
Keine Sorge. Das wird bei mir wie ein Kleid aussehen.
Ein Kleid?!
Eine Hose brauche ich nicht. So mag ich's lieber.
Ich mag es nicht, mich nachts eingeengt zu fühlen.
Das ist doch dann ein „Boyfriend Shirt" ...
Ver... Verstehe.

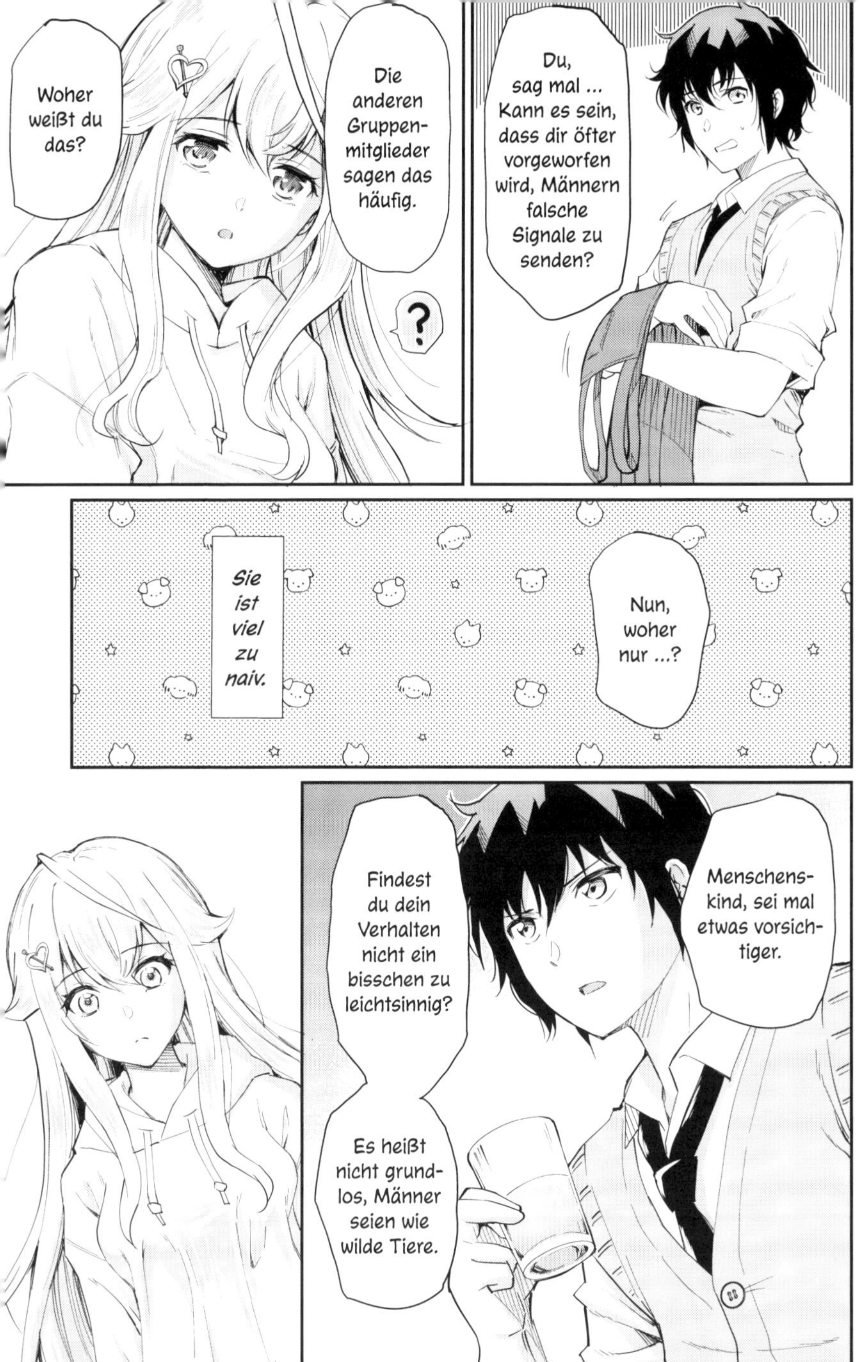
Du, sag mal ... Kann es sein, dass dir öfter vorgeworfen wird, Männern falsche Signale zu senden?
Die anderen Gruppenmitglieder sagen das häufig.
Woher weißt du das?
?
Nun, woher nur ...?
Sie ist viel zu naiv.
Menschenskind, sei mal etwas vorsichtiger.
Findest du dein Verhalten nicht ein bisschen zu leichtsinnig?
Es heißt nicht grundlos, Männer seien wie wilde Tiere.

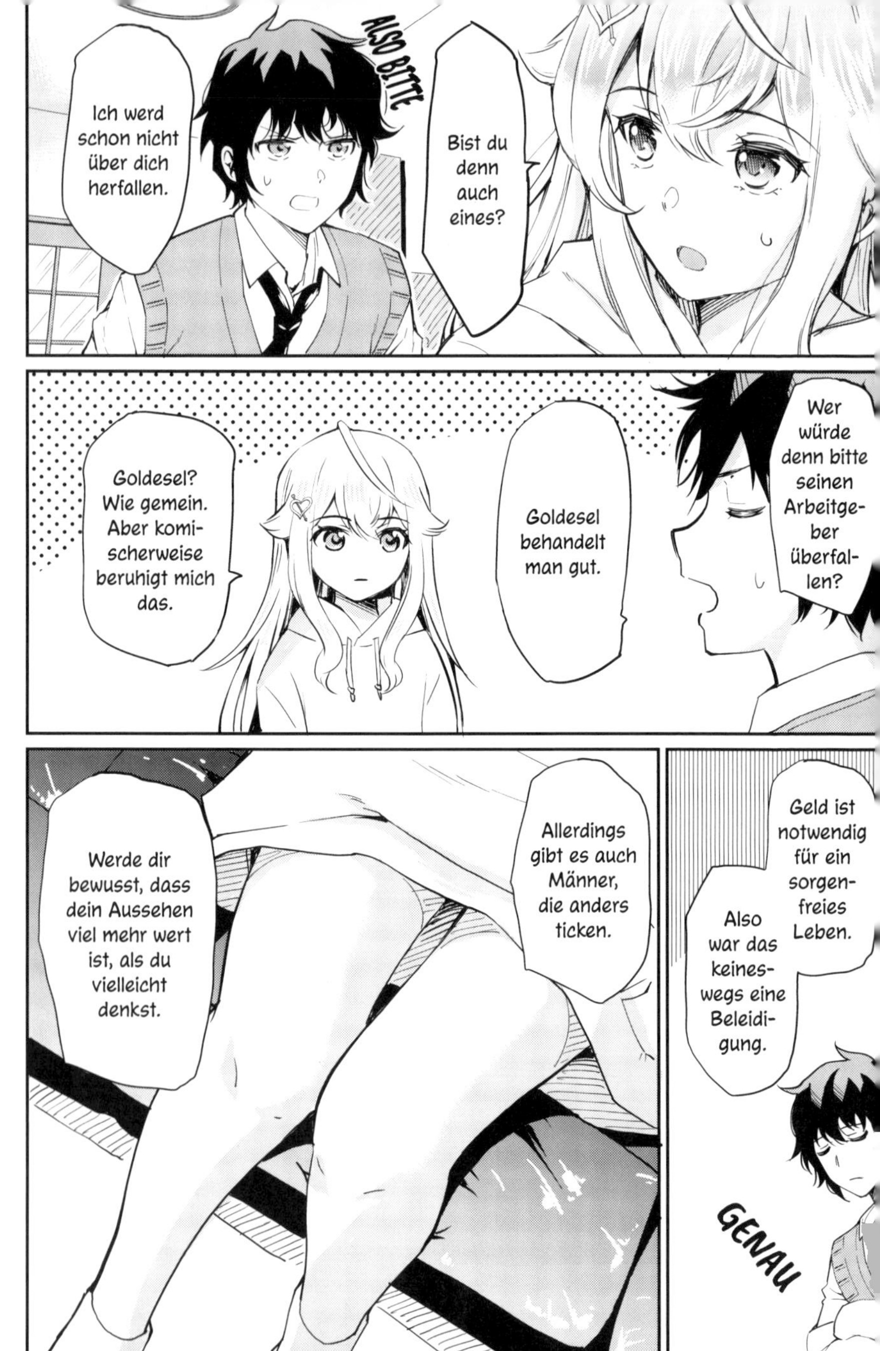
Bist du denn auch eines?
ALSO BITTE
Ich werd schon nicht über dich herfallen.
Wer würde denn bitte seinen Arbeitgeber überfallen?
Goldesel behandelt man gut.
Goldesel? Wie gemein. Aber komischerweise beruhigt mich das.
Geld ist notwendig für ein sorgenfreies Leben.
Also war das keineswegs eine Beleidigung.
GENAU
Allerdings gibt es auch Männer, die anders ticken.
Werde dir bewusst, dass dein Aussehen viel mehr wert ist, als du vielleicht denkst.

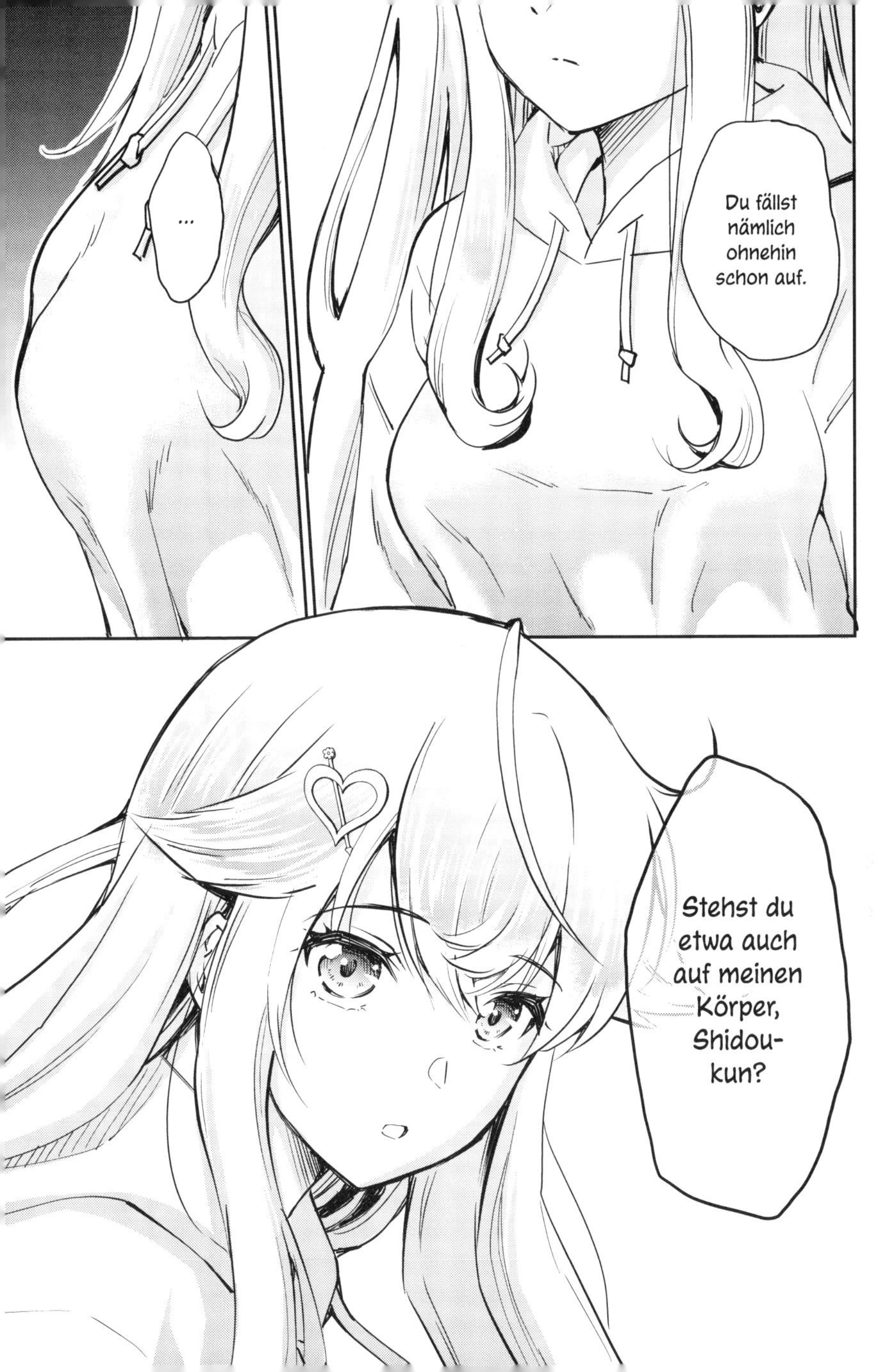
Du fällst nämlich ohnehin schon auf.
...
Stehst du etwa auch auf meinen Körper, Shidou-kun?

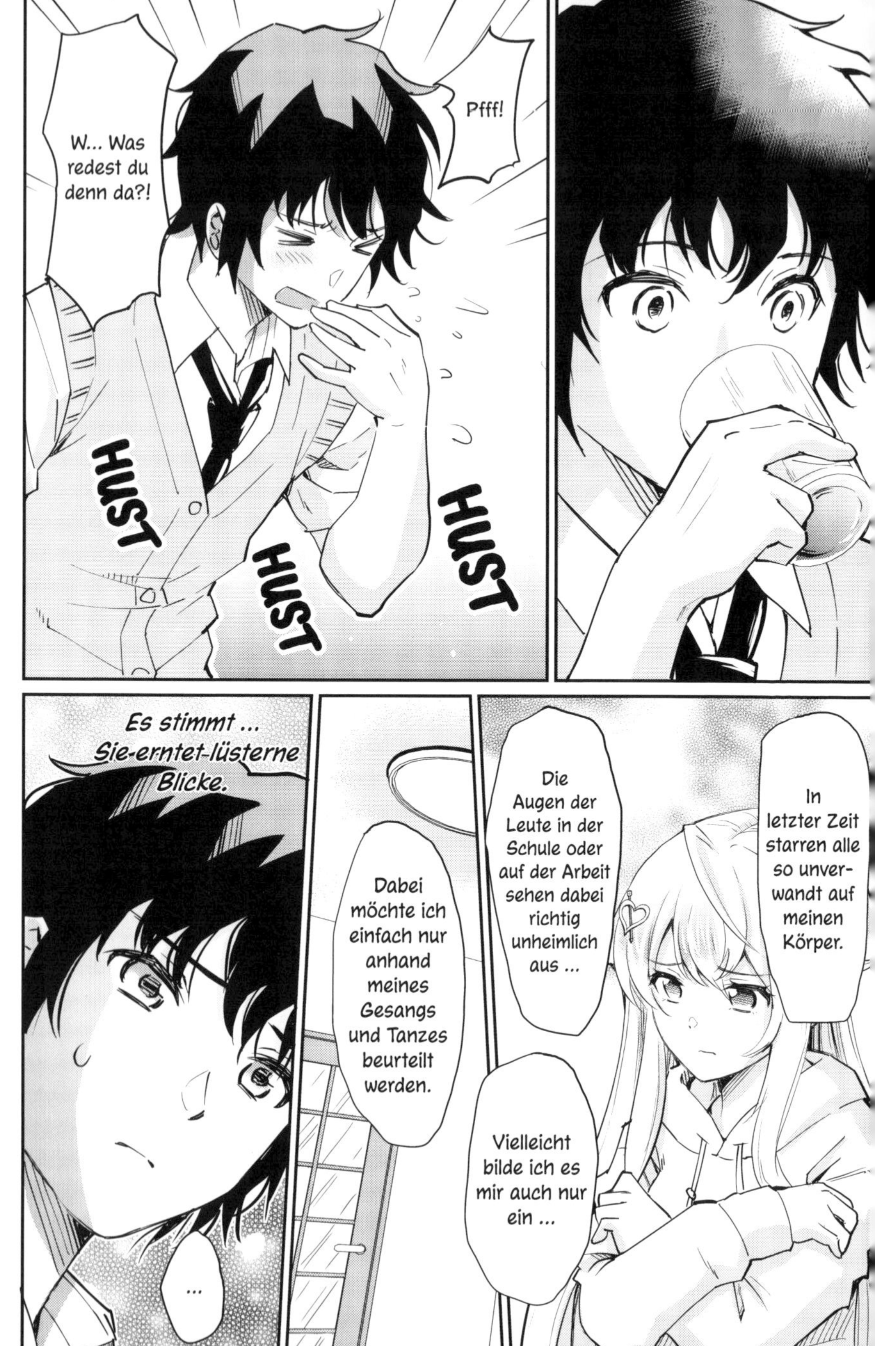
Pfff!
HUST
HUST
HUST
W... Was redest du denn da?!
In letzter Zeit starren alle so unverwandt auf meinen Körper.
Die Augen der Leute in der Schule oder auf der Arbeit sehen dabei richtig unheimlich aus ...
Vielleicht bilde ich es mir auch nur ein ...
Dabei möchte ich einfach nur anhand meines Gesangs und Tanzes beurteilt werden.
Es stimmt ... Sie erntet lüsterne Blicke.
...

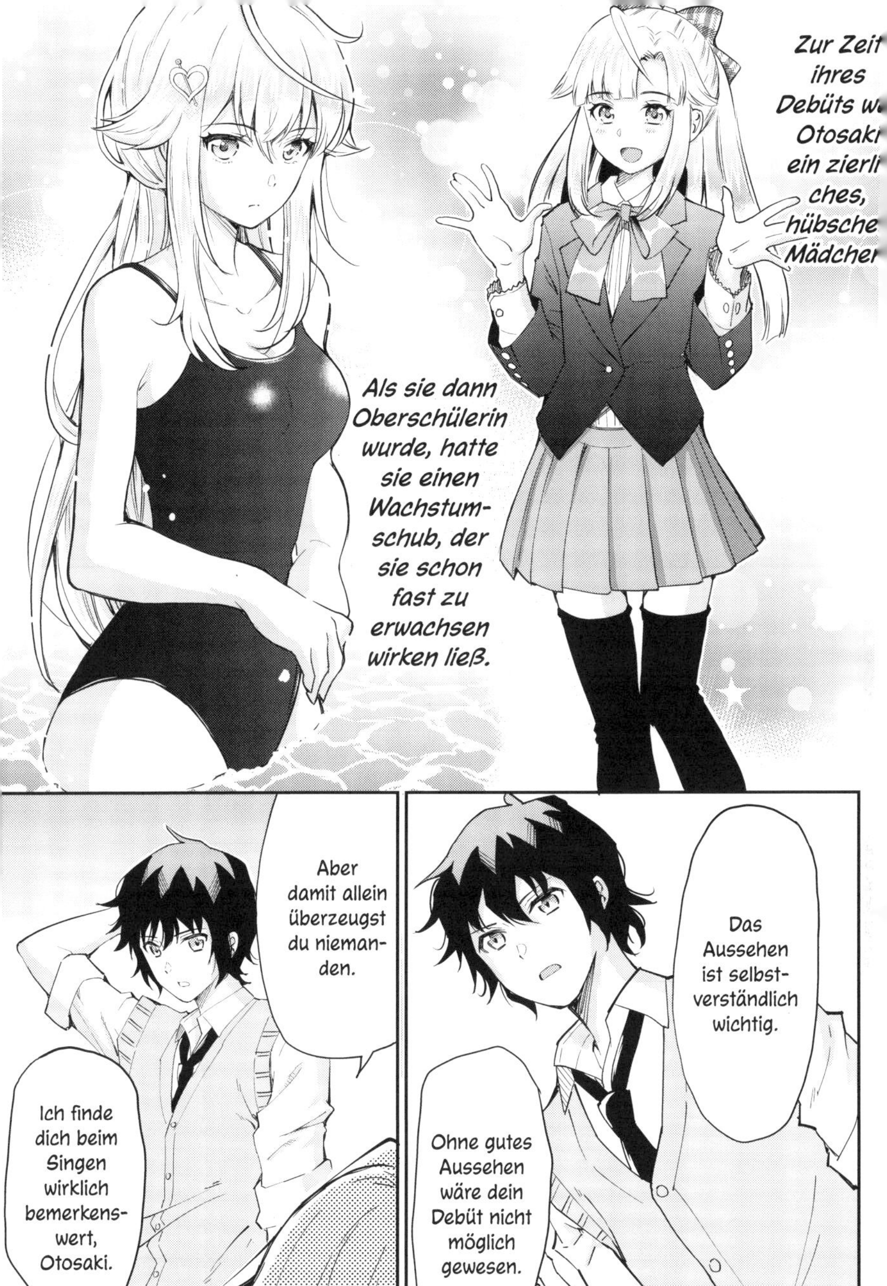
Zur Zeit ihres Debüts w Otosaki ein zierli ches, hübsche Mädche
Als sie dann Oberschülerin wurde, hatte sie einen Wachstumschub, der sie schon fast zu erwachsen wirken ließ.
Das Aussehen ist selbstverständlich wichtig.
Ohne gutes Aussehen wäre dein Debüt nicht möglich gewesen.
Aber damit allein überzeugst du niemanden.
Ich finde dich beim Singen wirklich bemerkenswert, Otosaki.

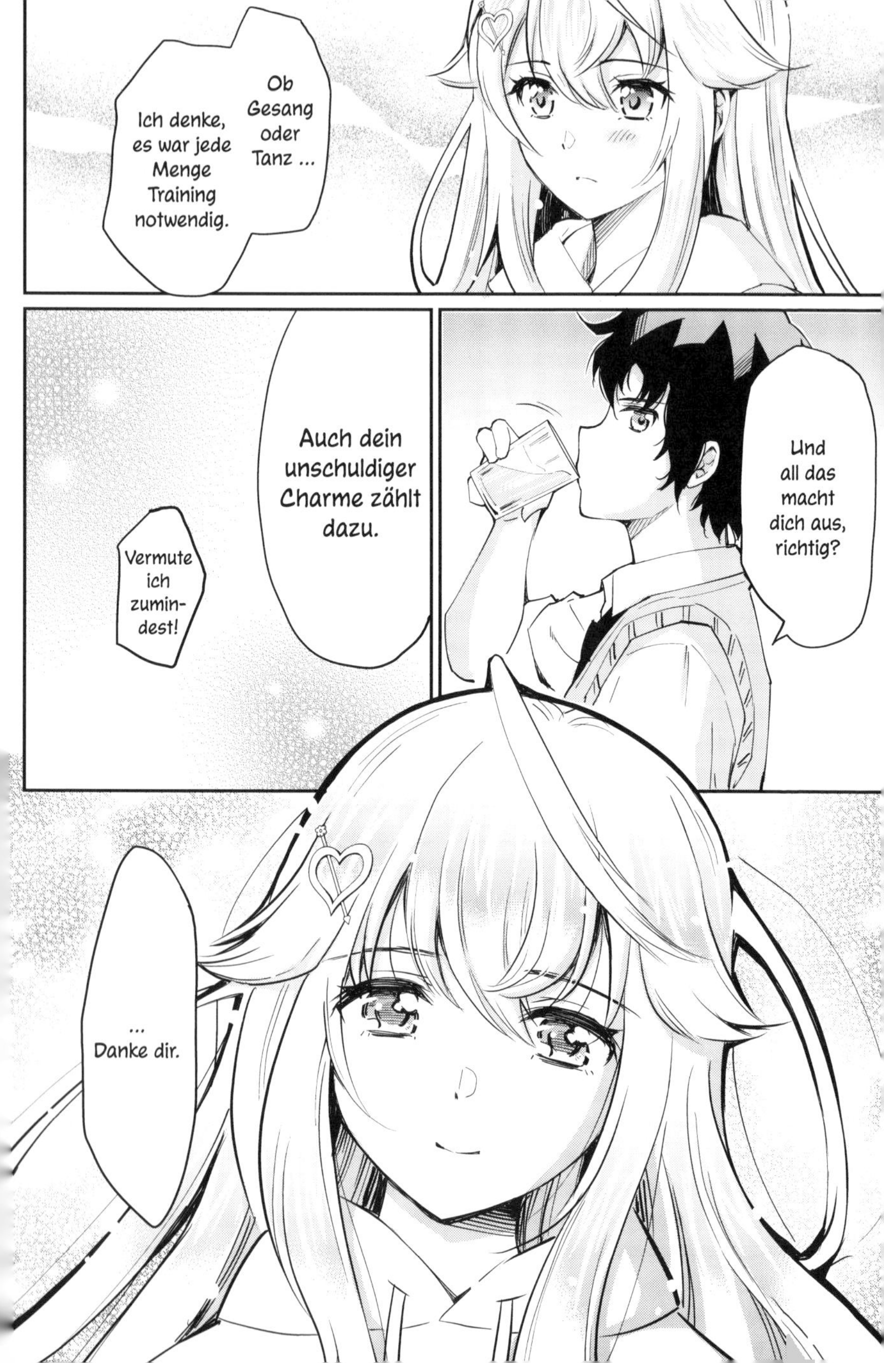
Ob Gesang oder Tanz ...
Ich denke, es war jede Menge Training notwendig.
Und all das macht dich aus, richtig?
Auch dein unschuldiger Charme zählt dazu.
Vermute ich zumindest!
... Danke dir.

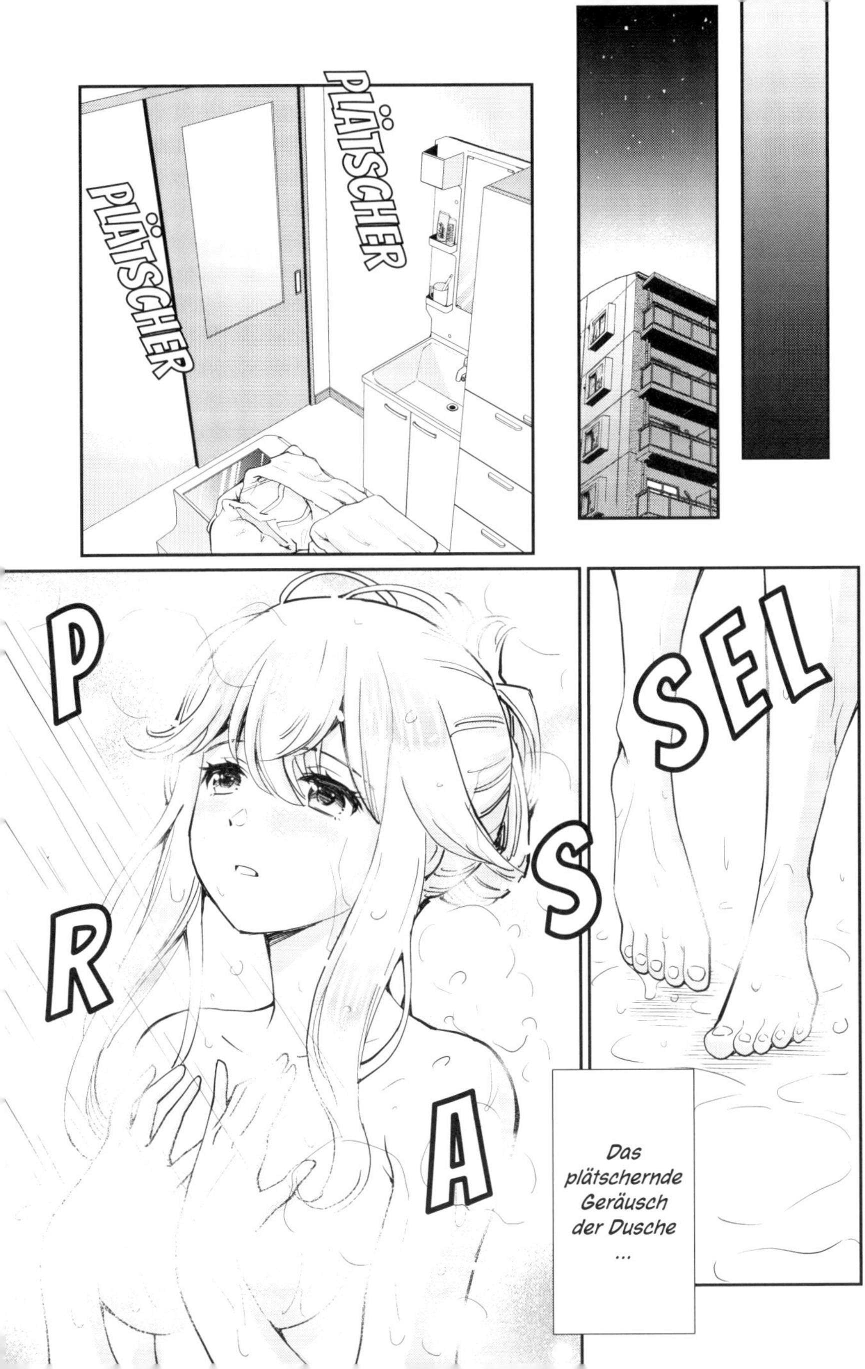

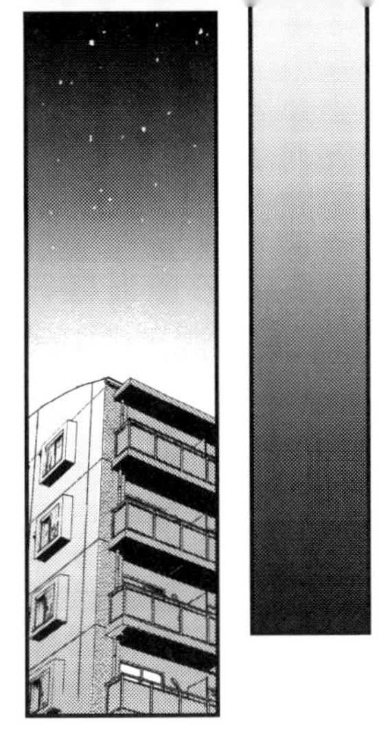

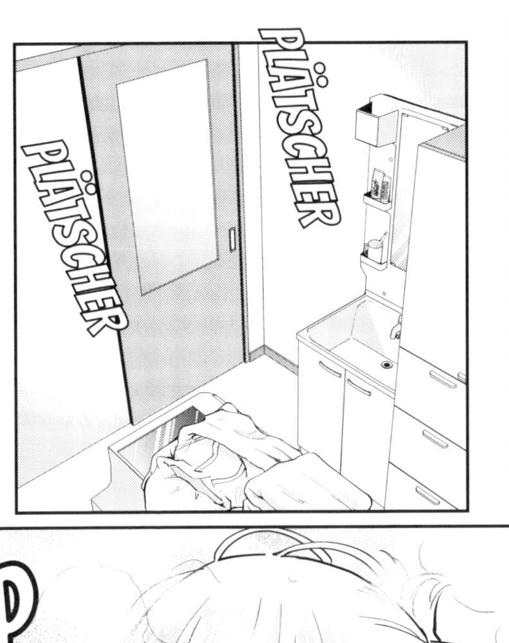

PLÄTSCHER
PLÄTSCHER

PRASSEL
Das plätschernde Geräusch der Dusche …

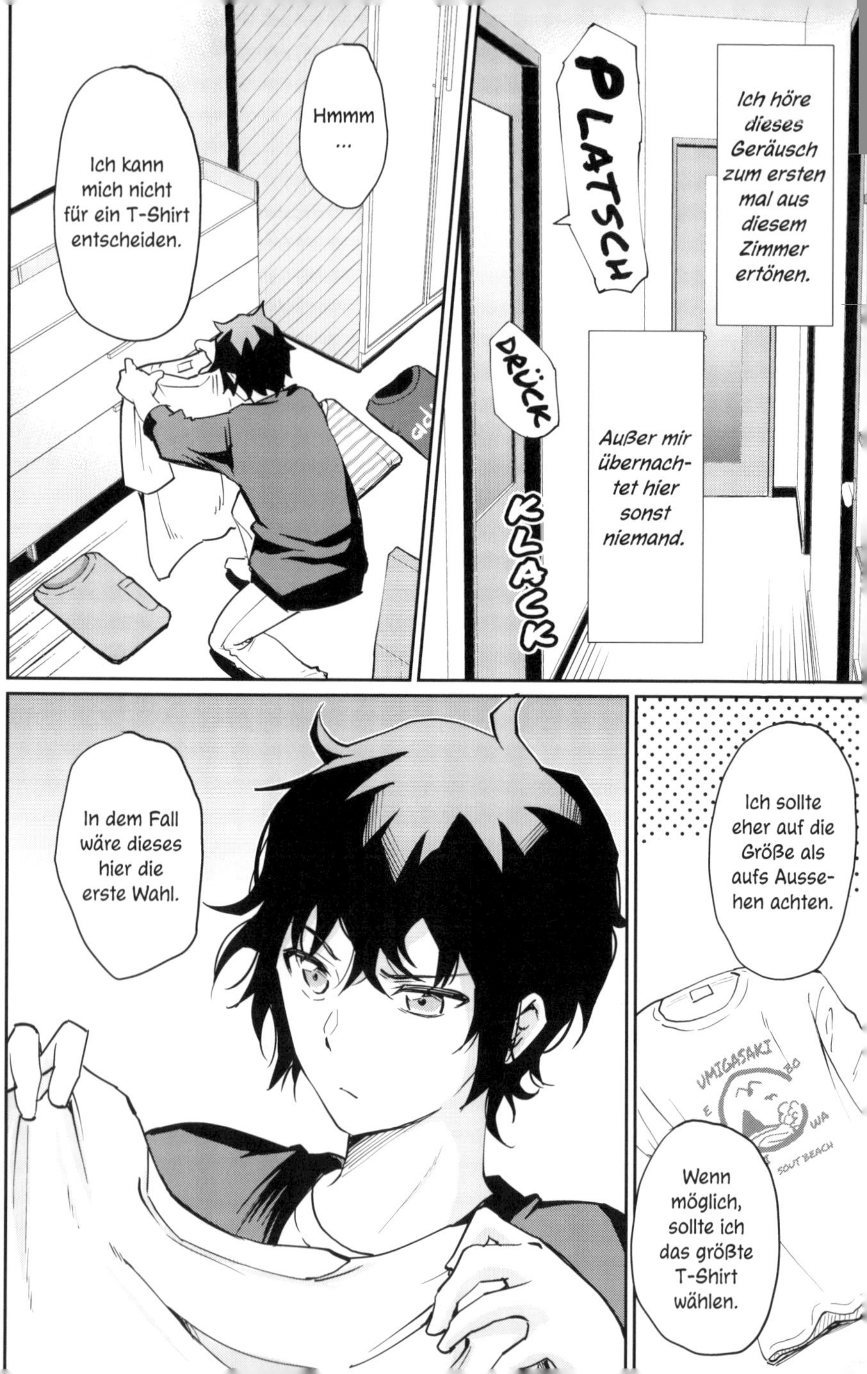

Ich höre dieses Geräusch zum ersten mal aus diesem Zimmer ertönen.

PLATSCH

Außer mir übernachtet hier sonst niemand.

DRÜCK

KLACK

Hmmm ...

Ich kann mich nicht für ein T-Shirt entscheiden.

Ich sollte eher auf die Größe als aufs Aussehen achten.

Wenn möglich, sollte ich das größte T-Shirt wählen.

In dem Fall wäre dieses hier die erste Wahl.

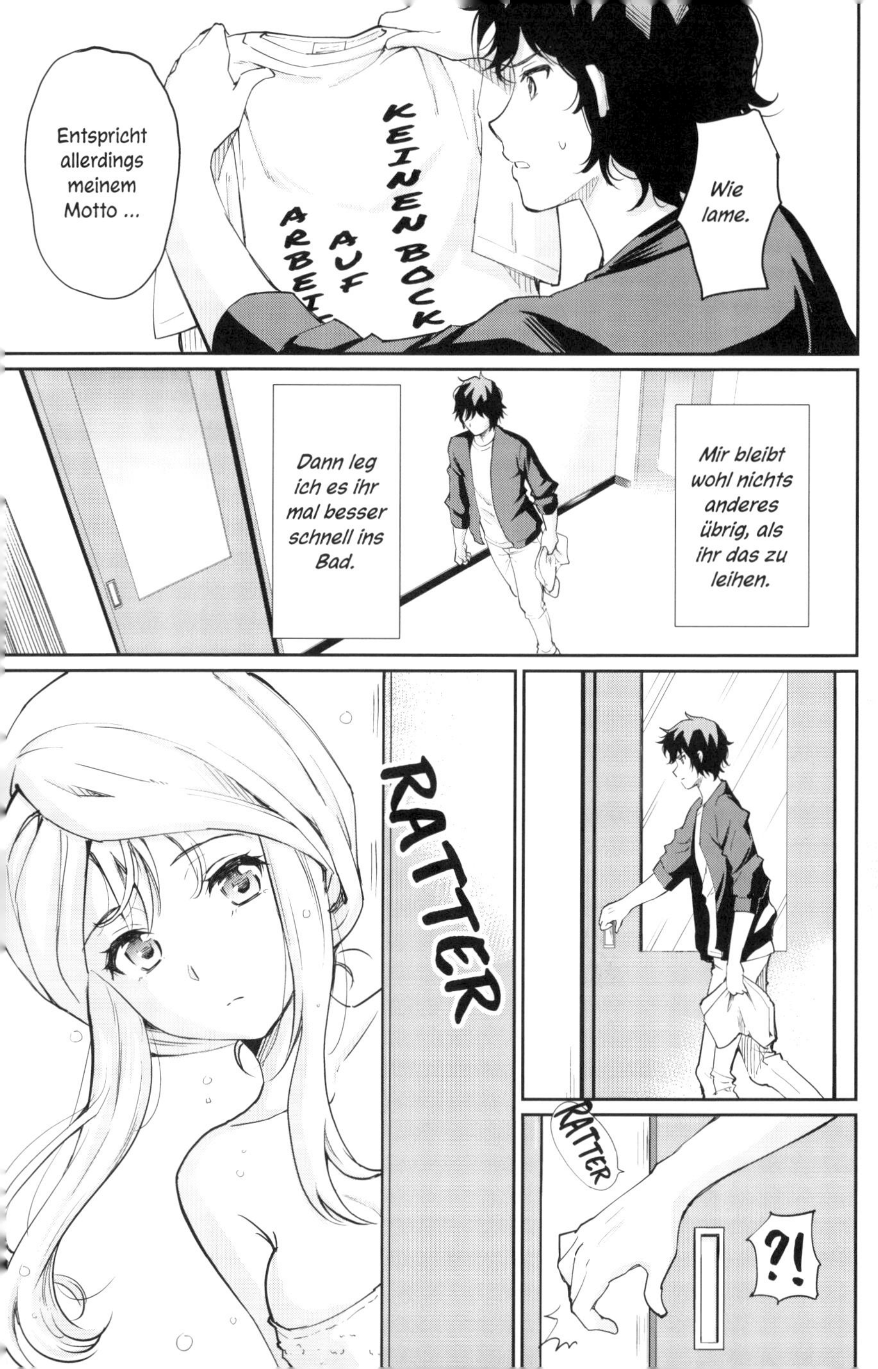
KEINEN BOCK
AUF
ARBEI
Wie lame.
Entspricht allerdings meinem Motto ...
Mir bleibt wohl nichts anderes übrig, als ihr das zu leihen.
Dann leg ich es ihr mal besser schnell ins Bad.
RATTER
?!
RATTER

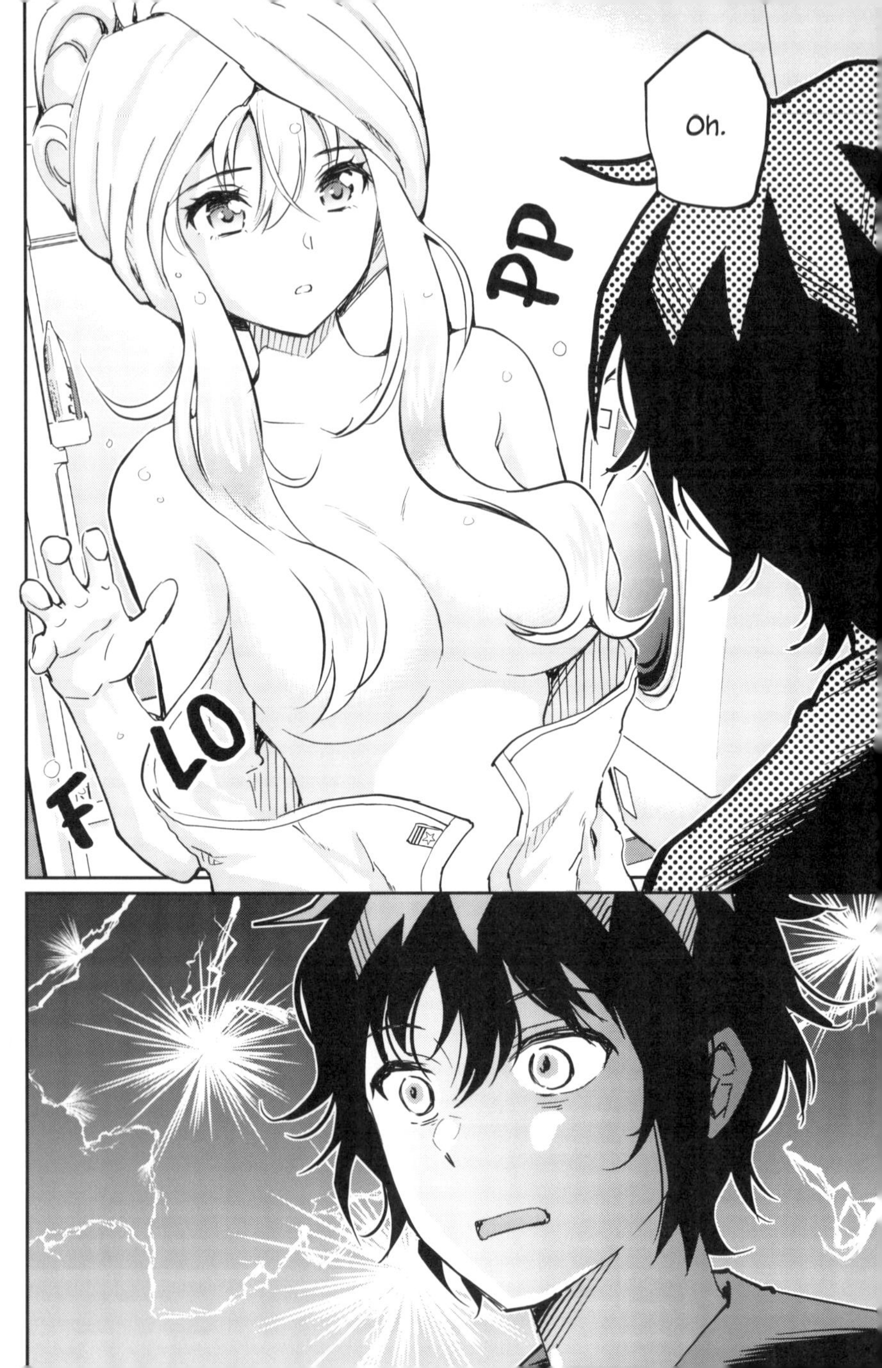
Oh.
FLOPP

Charakter-Profil

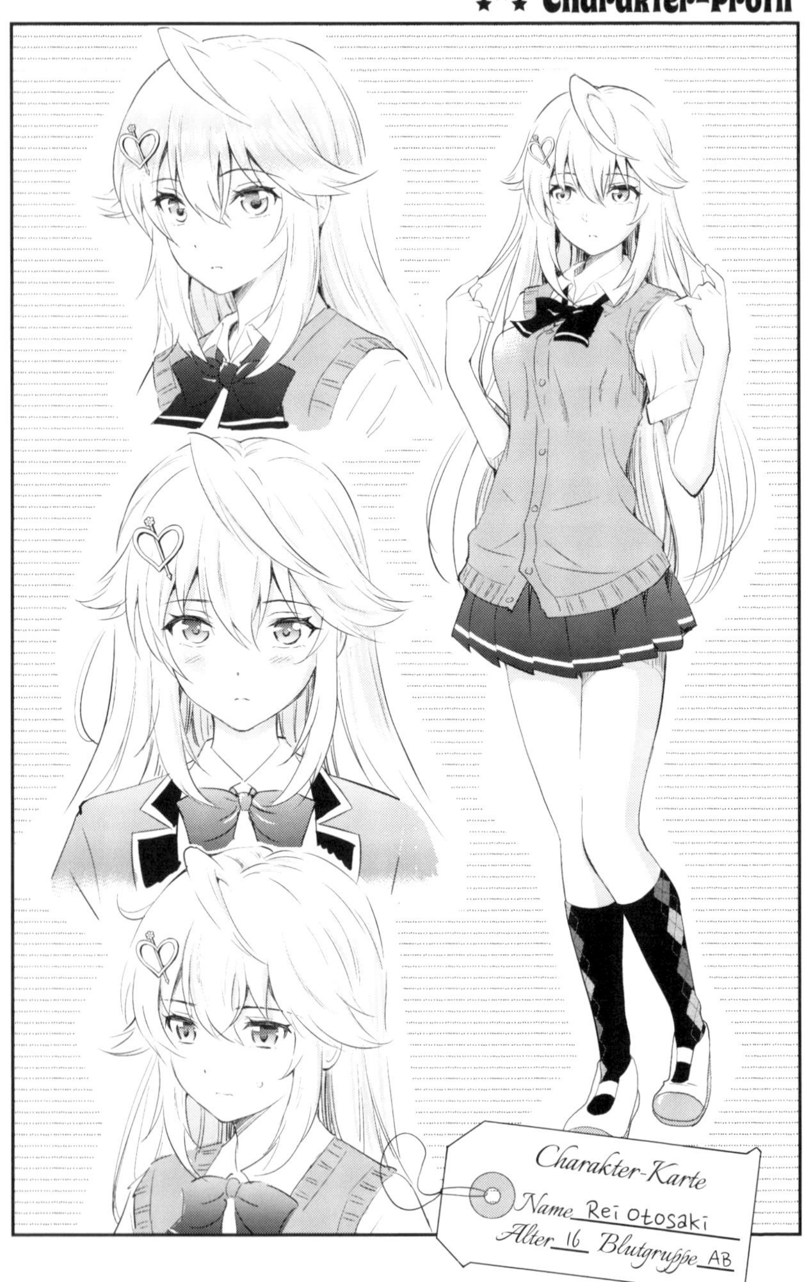

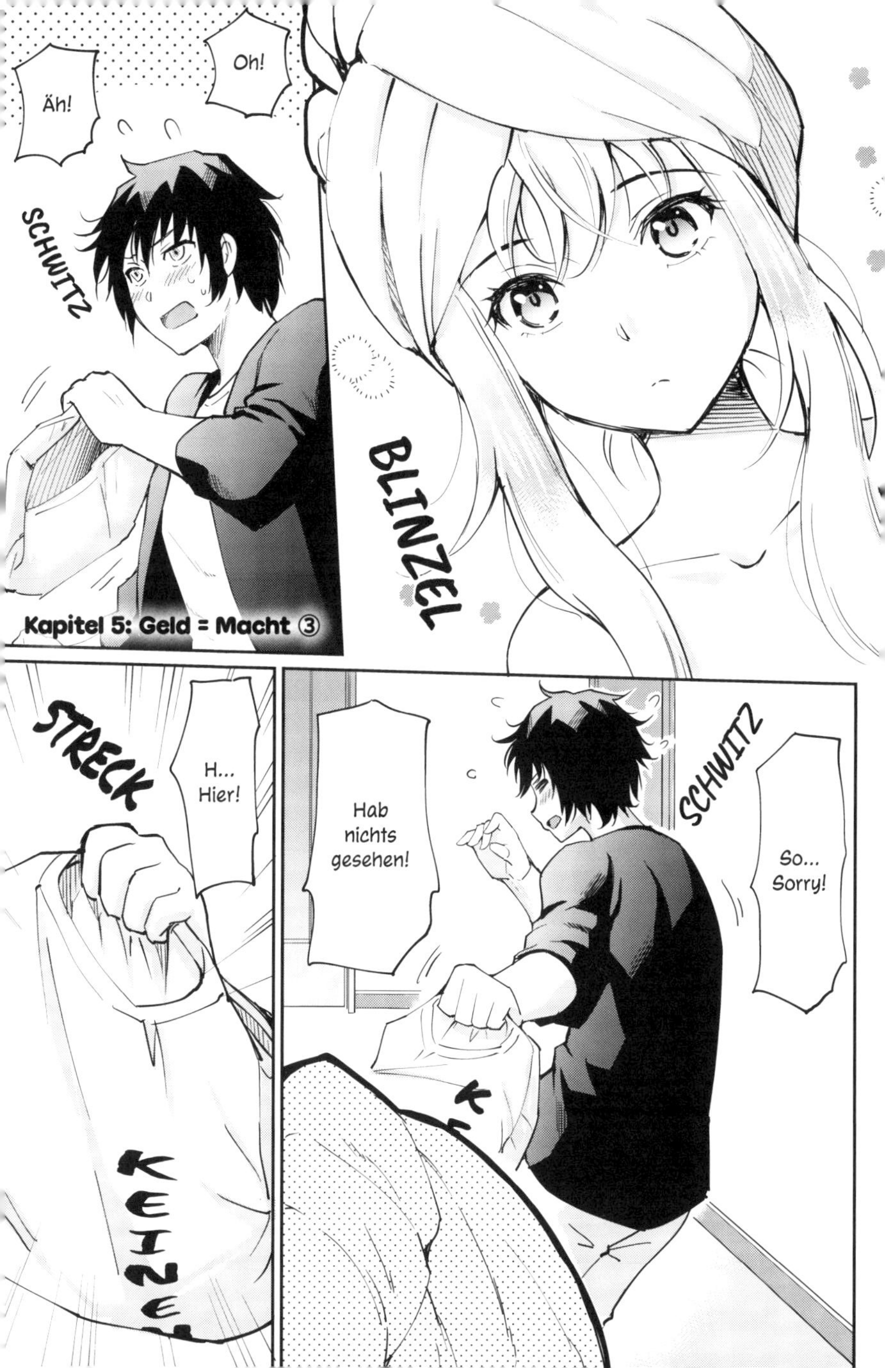
BLINZEL
Oh!
Äh!
SCHWITZ
Kapitel 5: Geld = Macht ③
SCHWITZ
So... Sorry!
Hab nichts gesehen!
H... Hier!
STRECK
KEINE

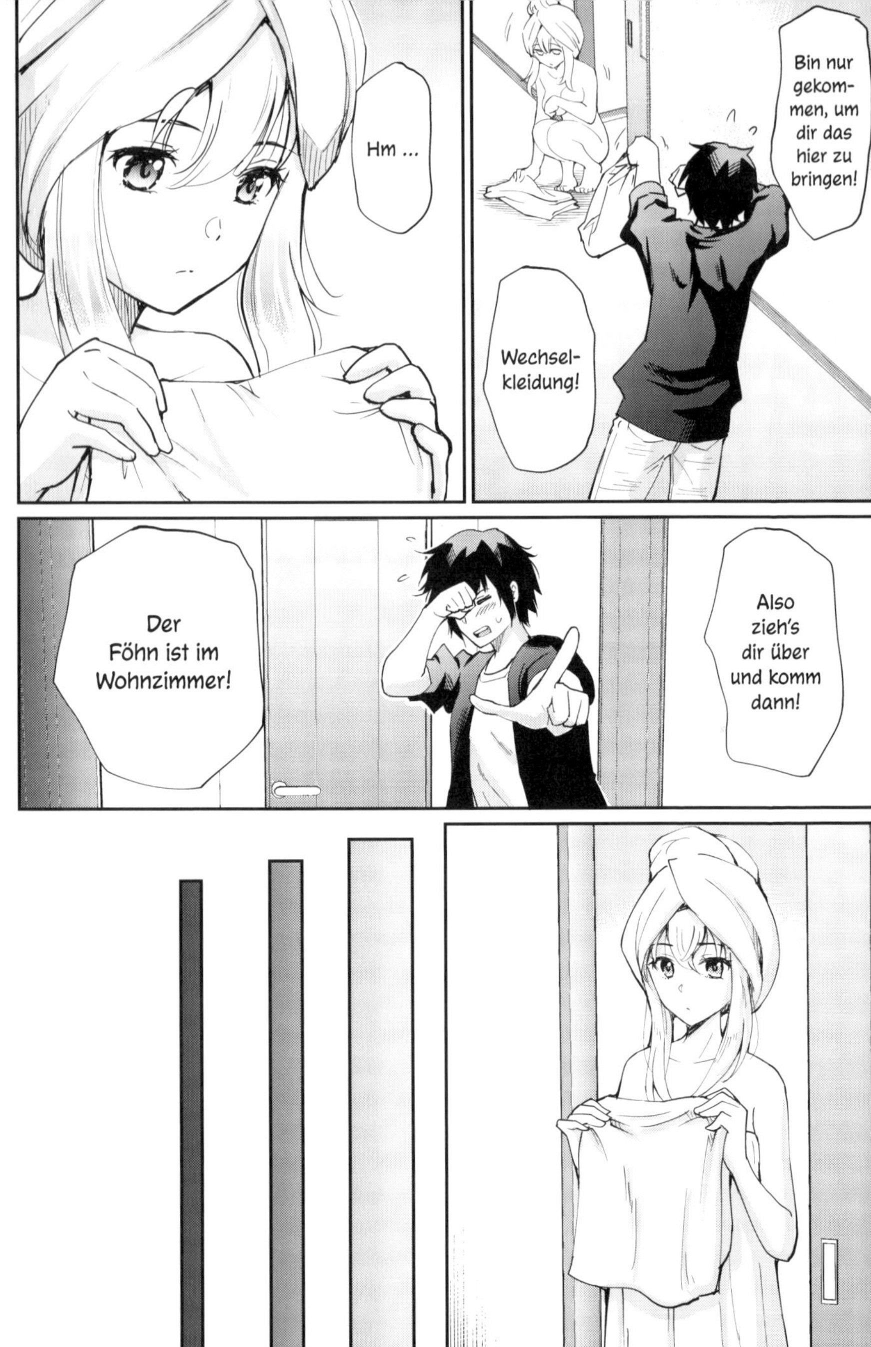
Bin nur gekommen, um dir das hier zu bringen!
Wechselkleidung!
Hm ...
Also zieh's dir über und komm dann!
Der Föhn ist im Wohnzimmer!

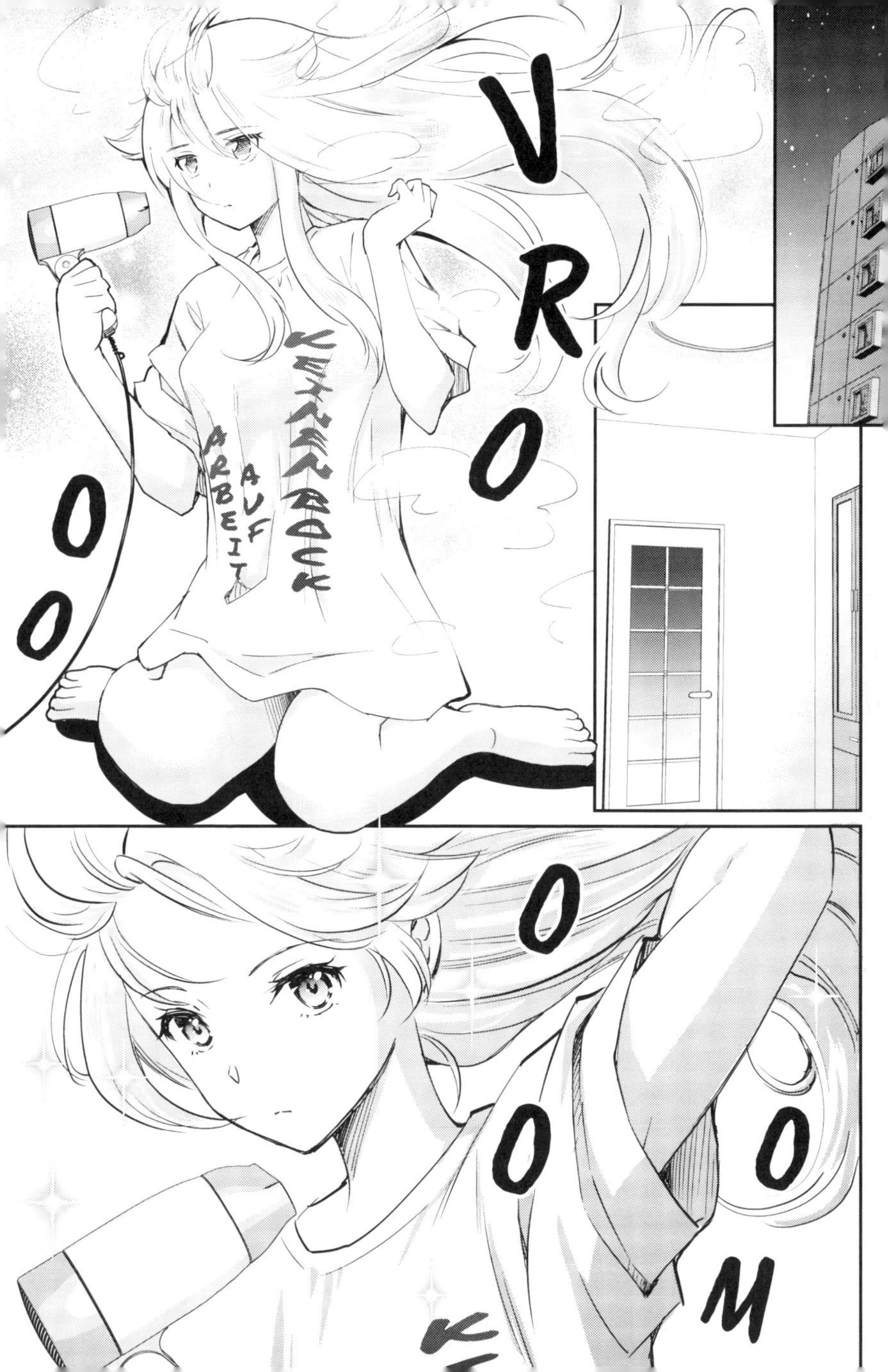
VROOOOOOM
KEINEN ROCK
ARBEIT AUF

...

Ein angenehmer Duft ...

Der Raum ist erfüllt vom Duft eines Mädchens.

FLATTER

FLATTER

Ich hab vorhin ...

... echt nichts gesehen.

Ich hab instinktiv weggeschaut.

Es war bloß ein Missgeschick.

FLUFF

Mach dir keinen Kopf.

FLUFF

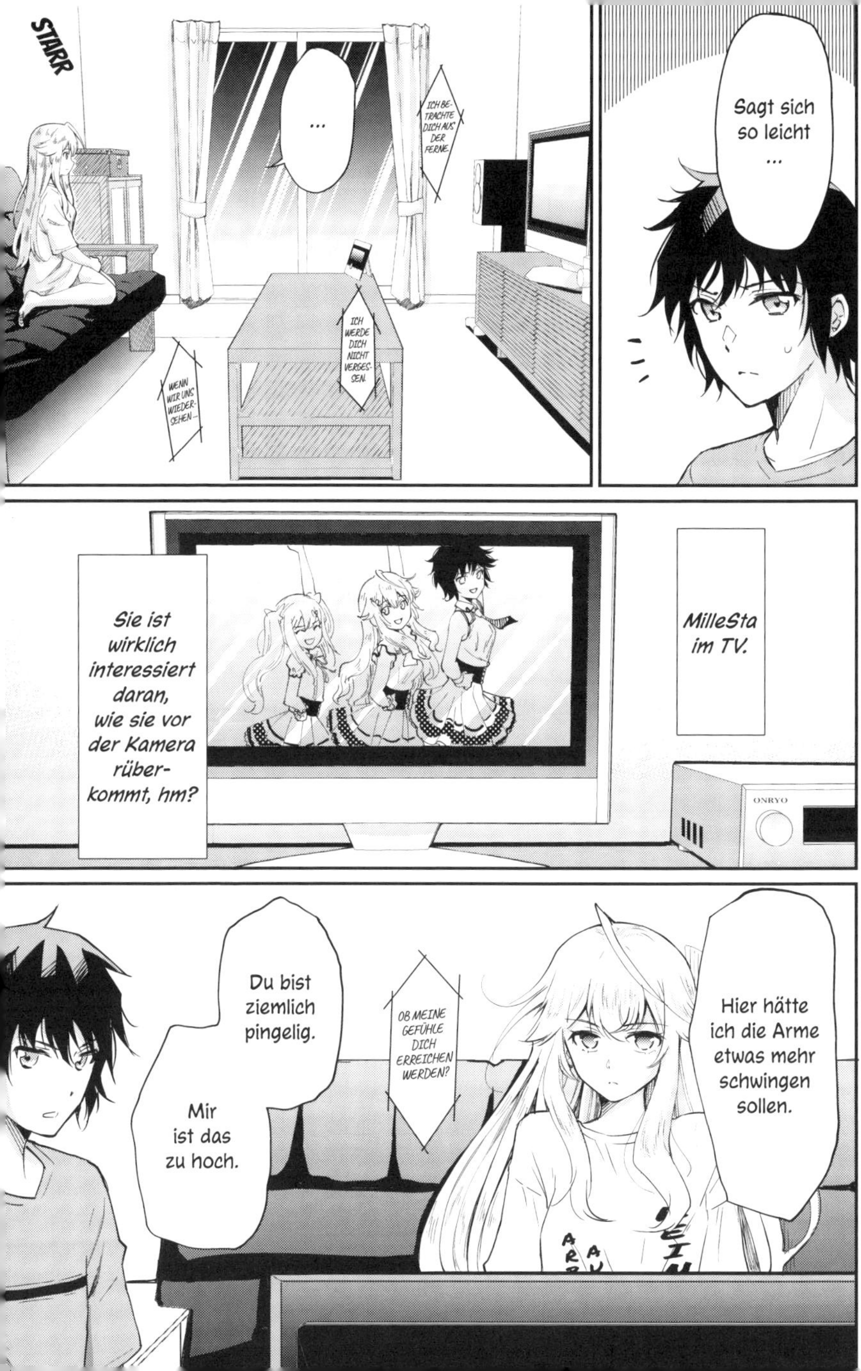

Sagt sich so leicht ...
ICH BETRACHTE DICH AUS DER FERNE.
...
ICH WERDE DICH NICHT VERGESSEN.
WENN WIR UNS WIEDERSEHEN ...
STARR

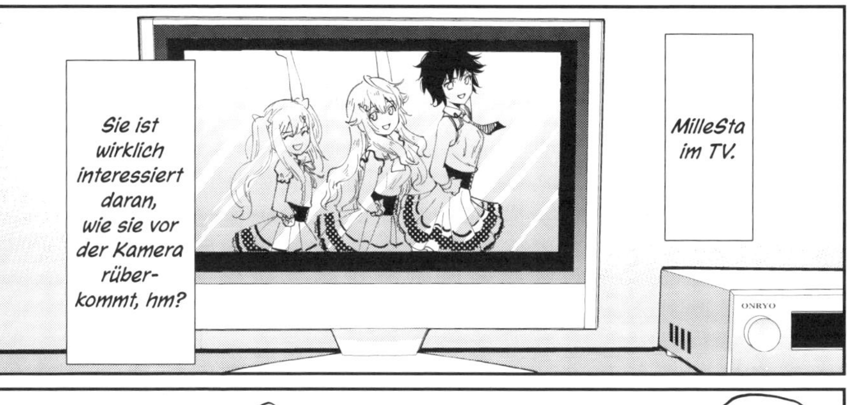

Hier hätte ich die Arme etwas mehr schwingen sollen.
OB MEINE GEFÜHLE DICH ERREICHEN WERDEN?
Du bist ziemlich pingelig.
Mir ist das zu hoch.

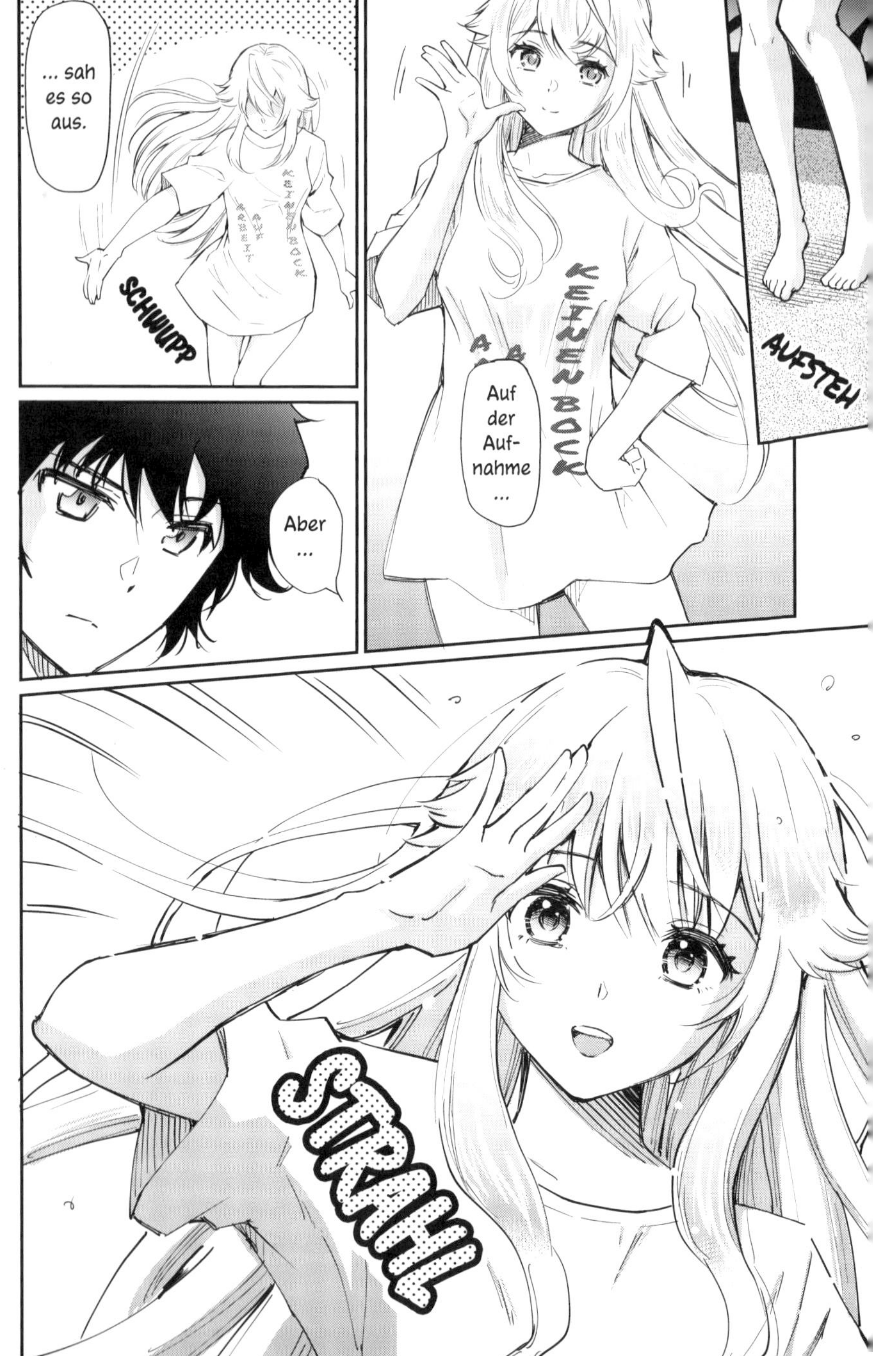
AUFSTEH
Auf der Auf-
nahme ...
KEINEN BOCK
... sah es so aus.
SCHWUPP
Aber ...
STRAHL

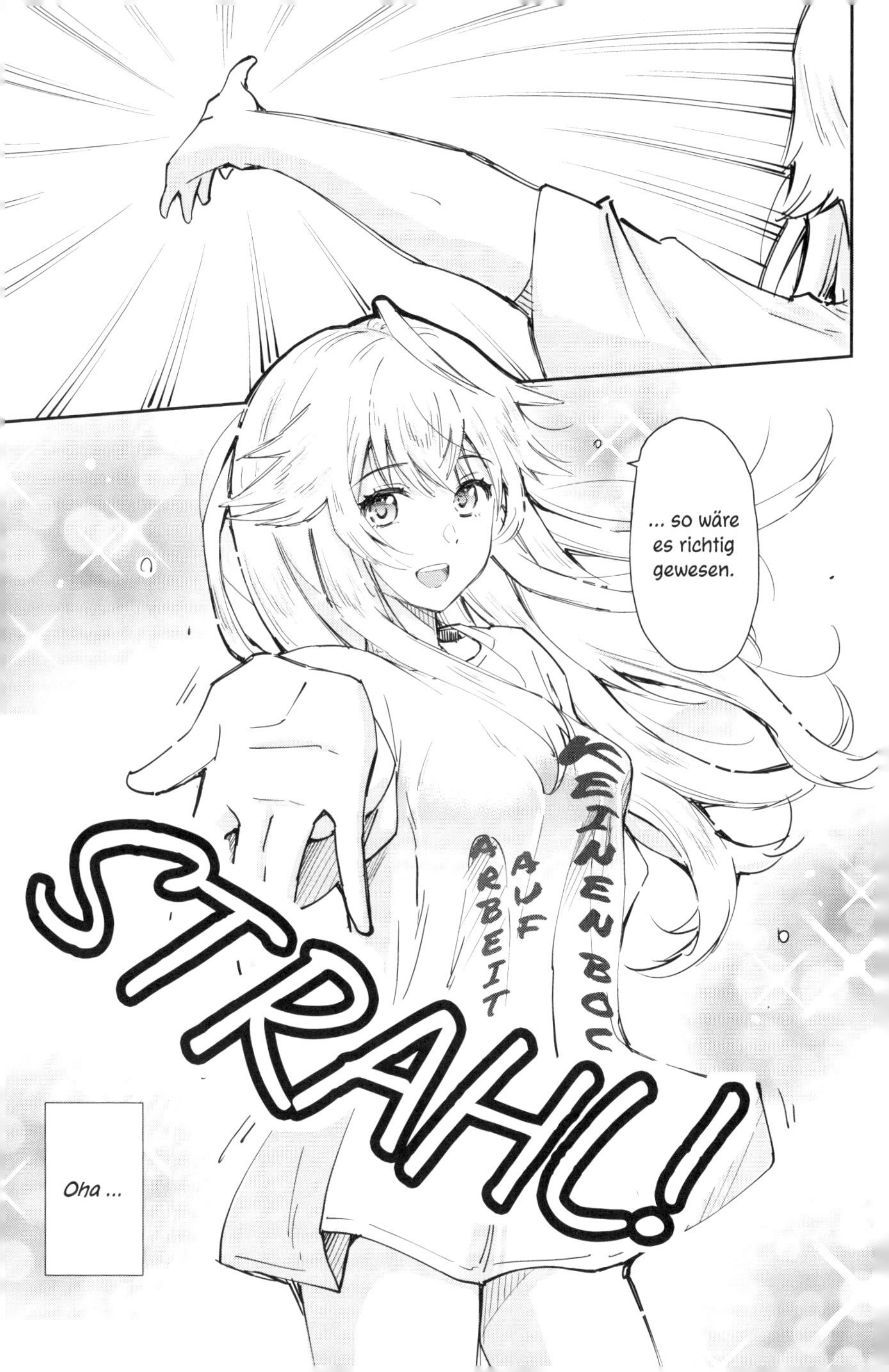
... so wäre es richtig gewesen.
KEINEN BOC
AUF
ARBEIT
STRAHL!
Oha ...

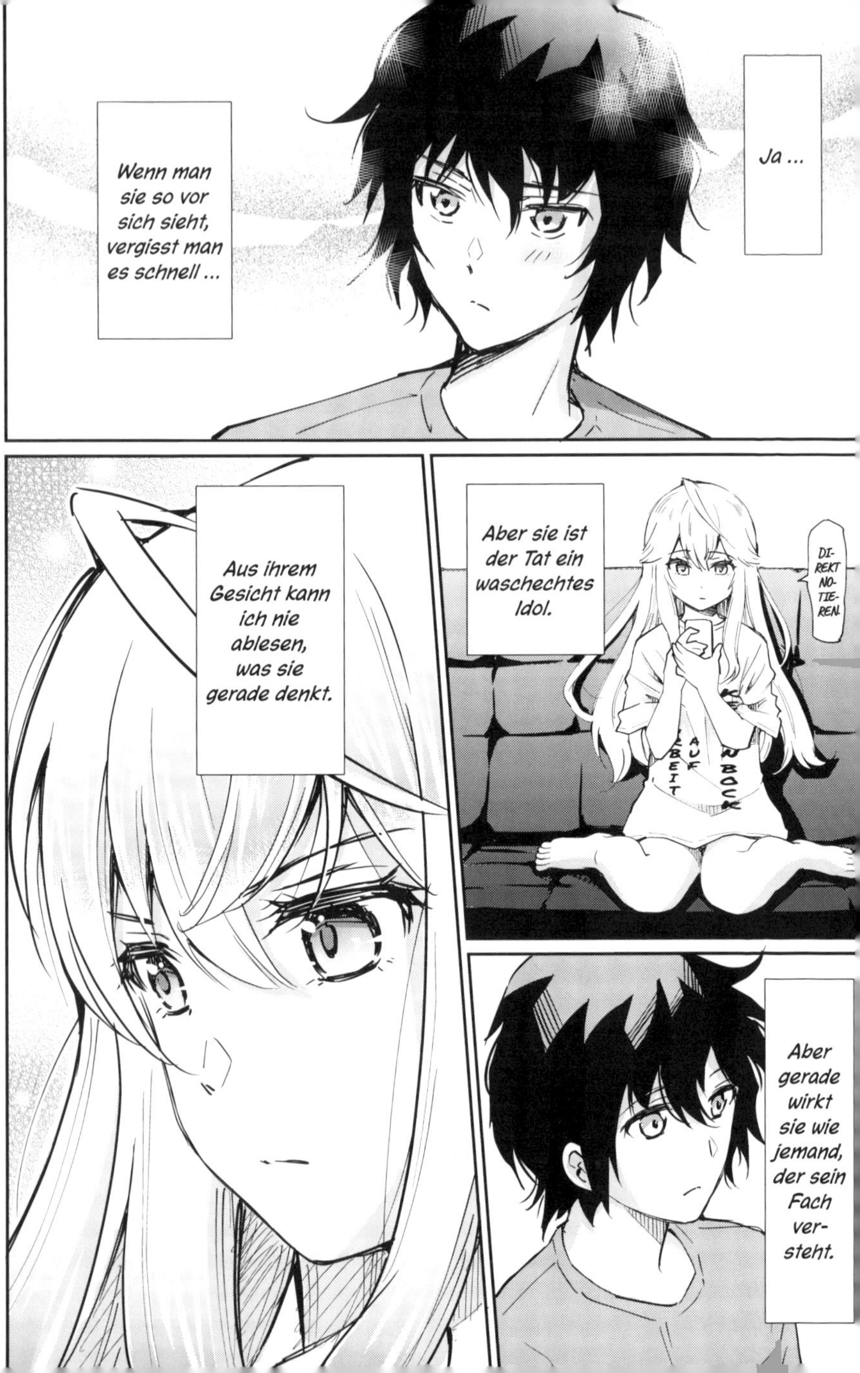

Ja ...

Wenn man sie so vor sich sieht, vergisst man es schnell ...

Aber sie ist der Tat ein waschechtes Idol.

DI-REKT NO-TIE-REN.

Aus ihrem Gesicht kann ich nie ablesen, was sie gerade denkt.

Aber gerade wirkt sie wie jemand, der sein Fach ver-steht.

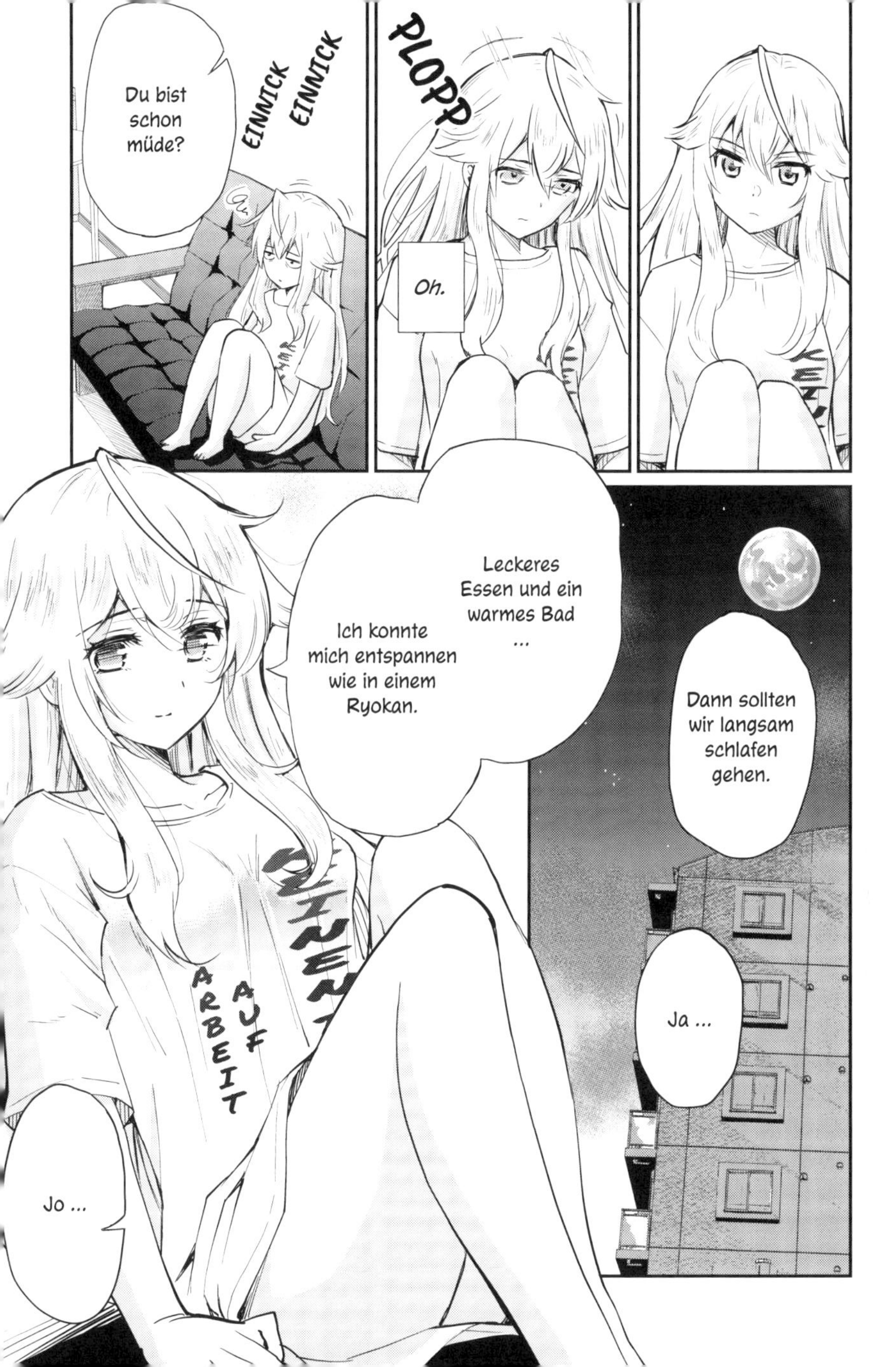
PLOPP
Oh.
EINNICK
EINNICK
Du bist schon müde?
Dann sollten wir langsam schlafen gehen.
Ja ...
Leckeres Essen und ein warmes Bad ...
Ich konnte mich entspannen wie in einem Ryokan.
ARBEIT AUF
Jo ...

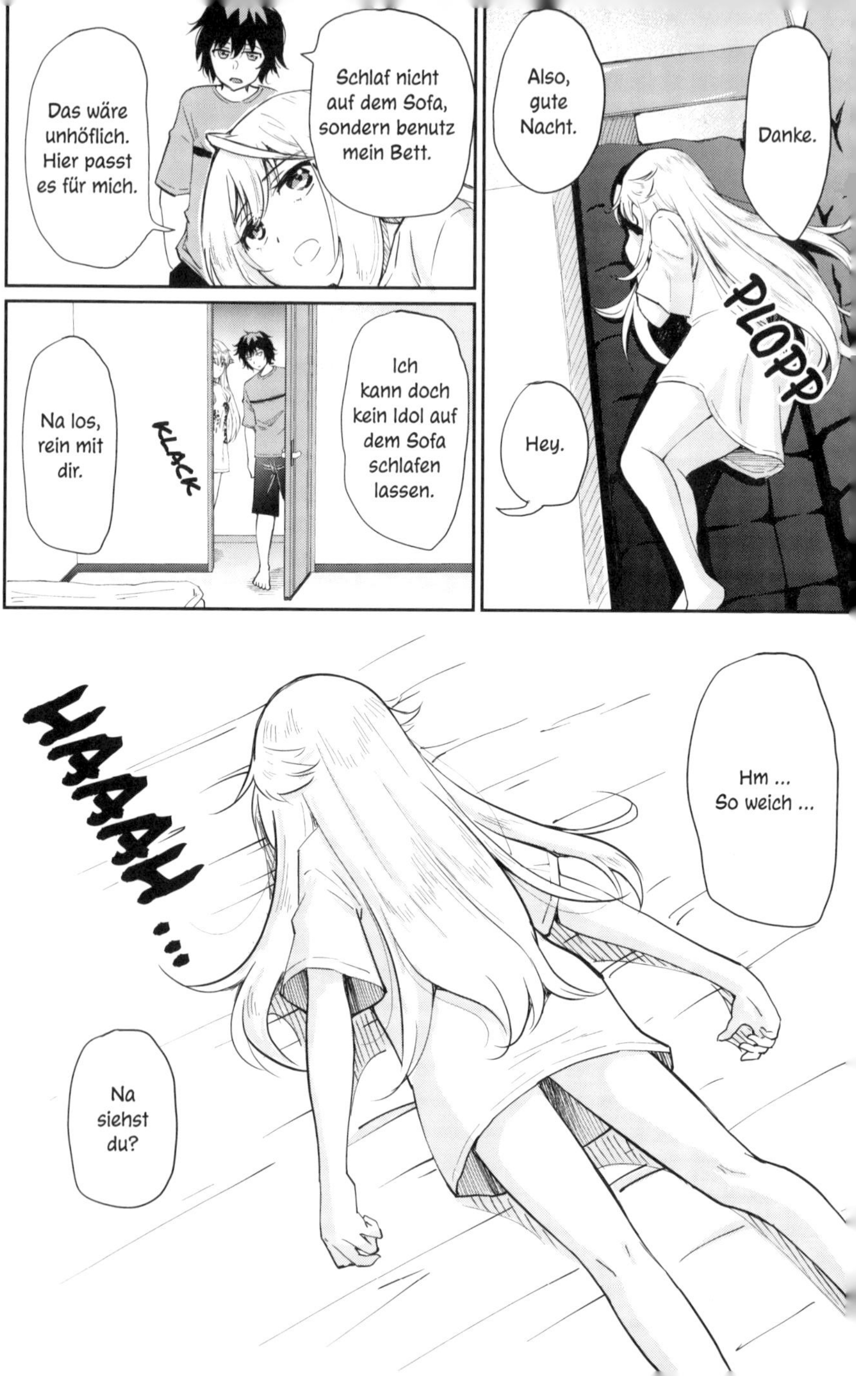

Schlaf nicht auf dem Sofa, sondern benutz mein Bett.
Das wäre unhöflich. Hier passt es für mich.
Ich kann doch kein Idol auf dem Sofa schlafen lassen.
KLACK
Na los, rein mit dir.
Danke.
Also, gute Nacht.
PLOPP
Hey.
HAAAAH ...
Hm ... So weich ...
Na siehst du?

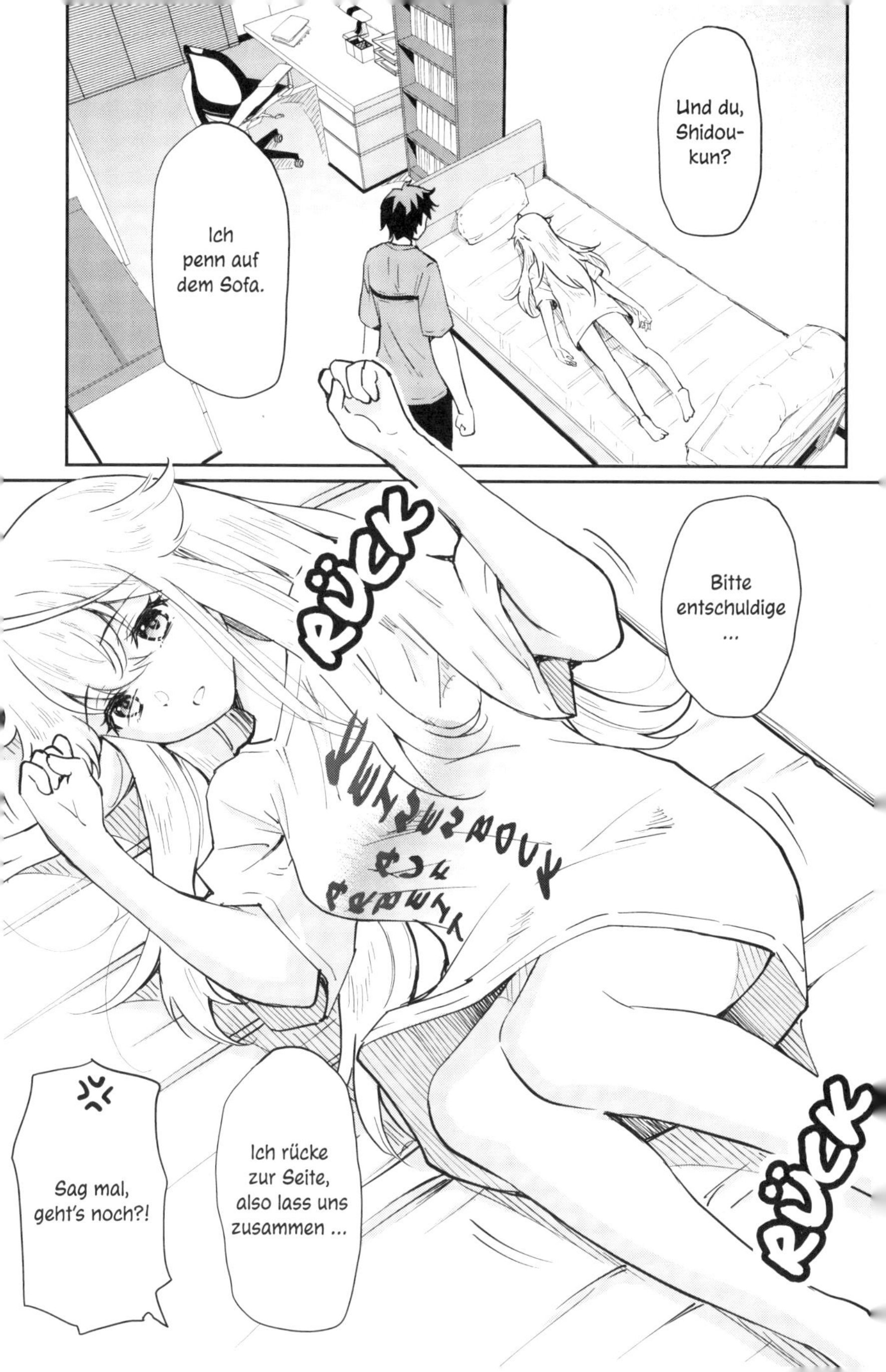
Und du, Shidou-kun?
Ich penn auf dem Sofa.
Bitte entschuldige ...
Rück
Rück
Ich rücke zur Seite, also lass uns zusammen ...
Sag mal, geht's noch?!

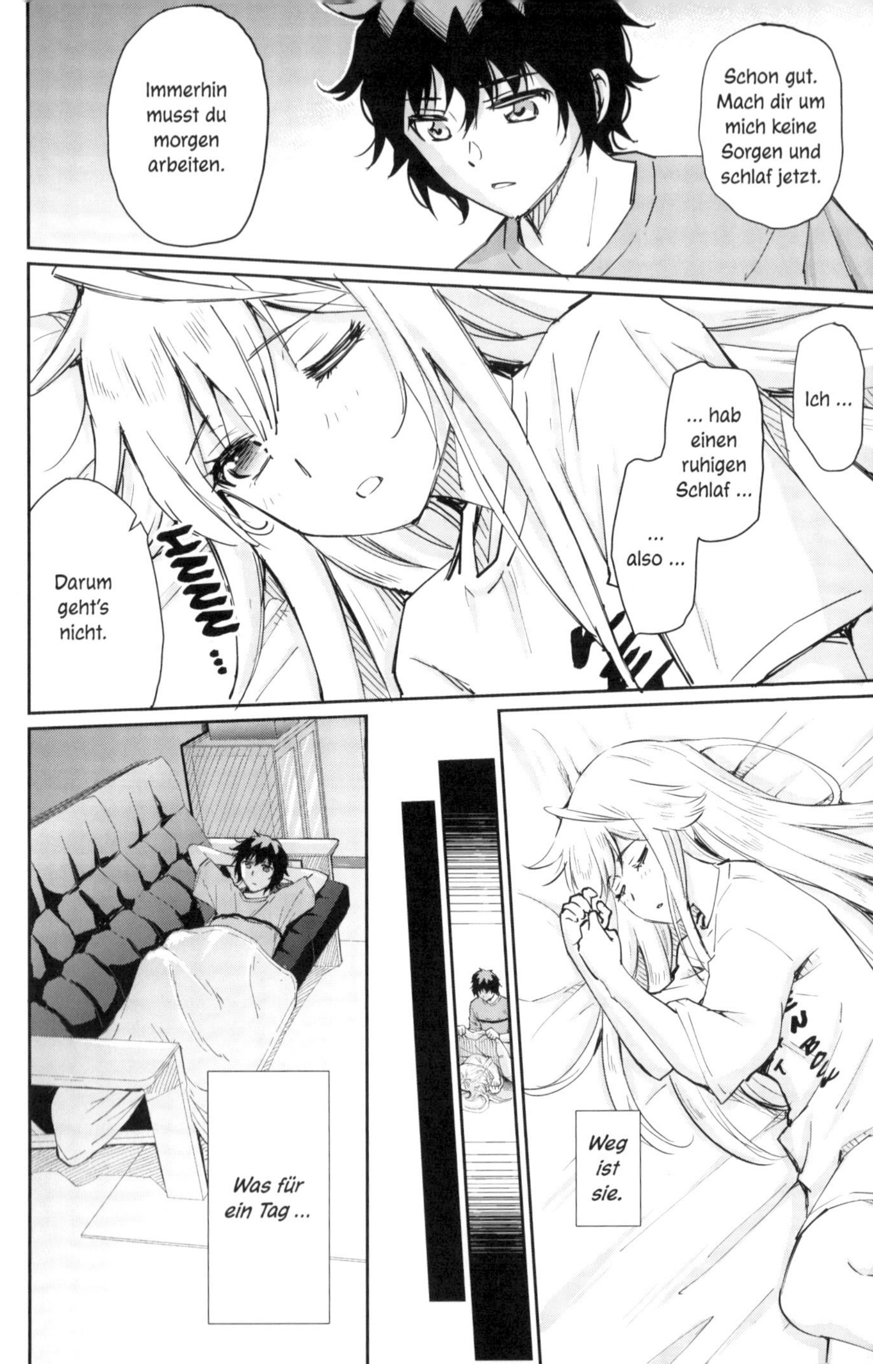
Schon gut. Mach dir um mich keine Sorgen und schlaf jetzt.
Immerhin musst du morgen arbeiten.
Ich ...
... hab einen ruhigen Schlaf ...
... also ...
Darum geht's nicht.
Weg ist sie.
Was für ein Tag ...

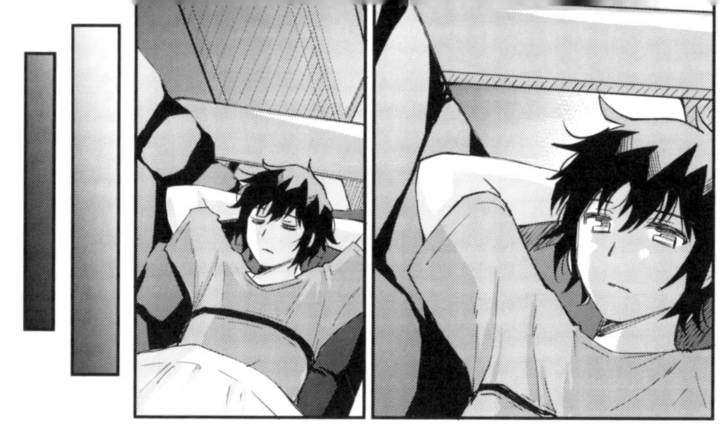

Mama ...

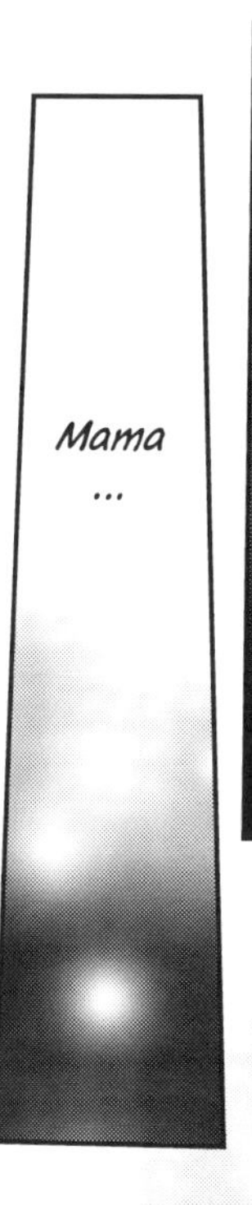
Mama ...

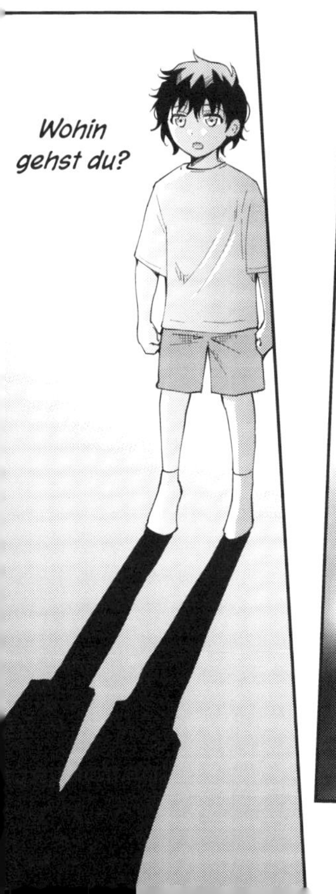
Wohin gehst du?

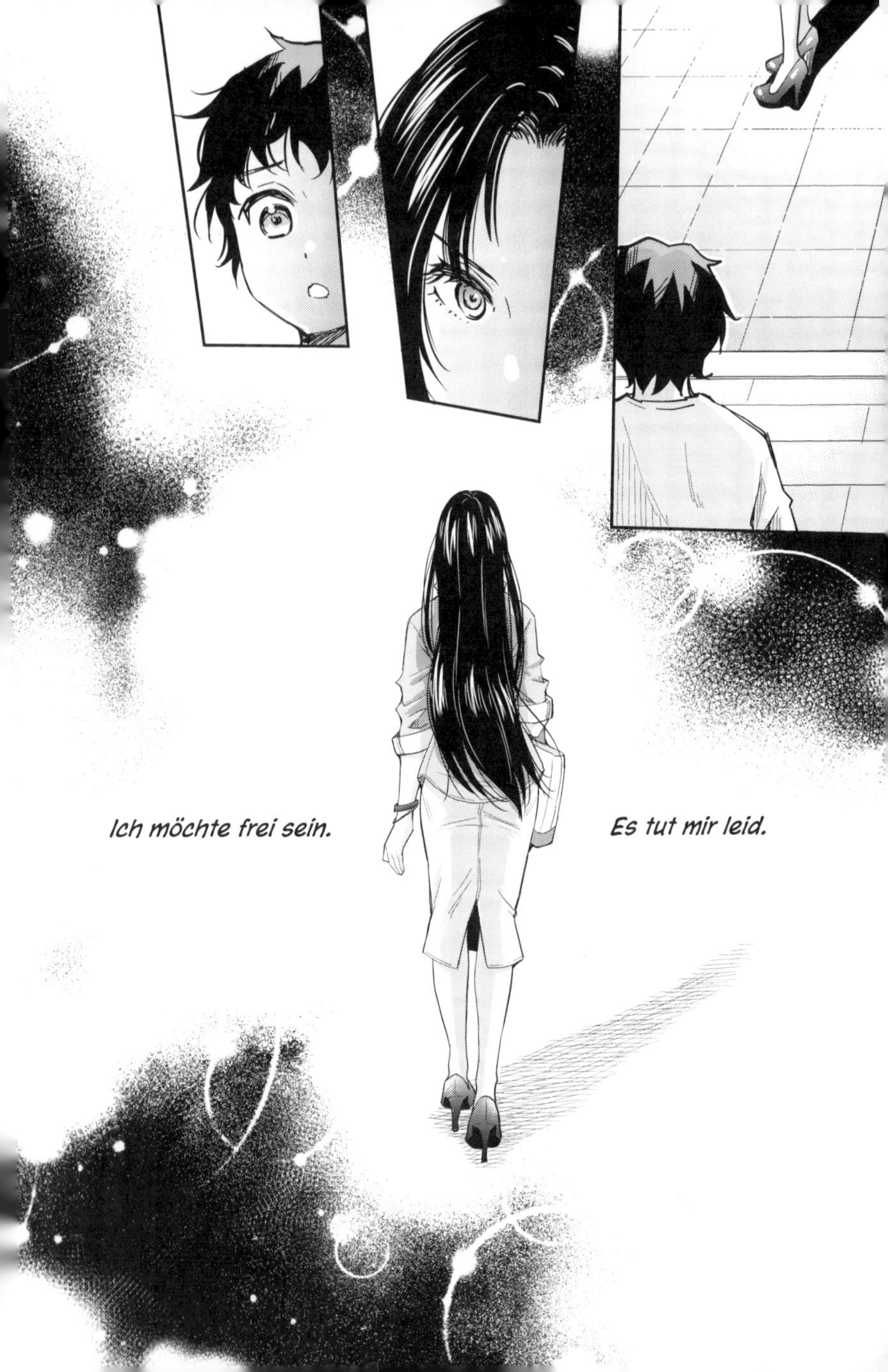
Es tut mir leid.
Ich möchte frei sein.

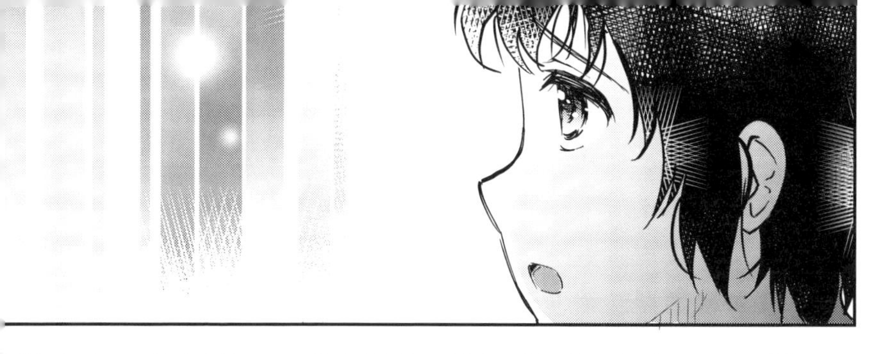

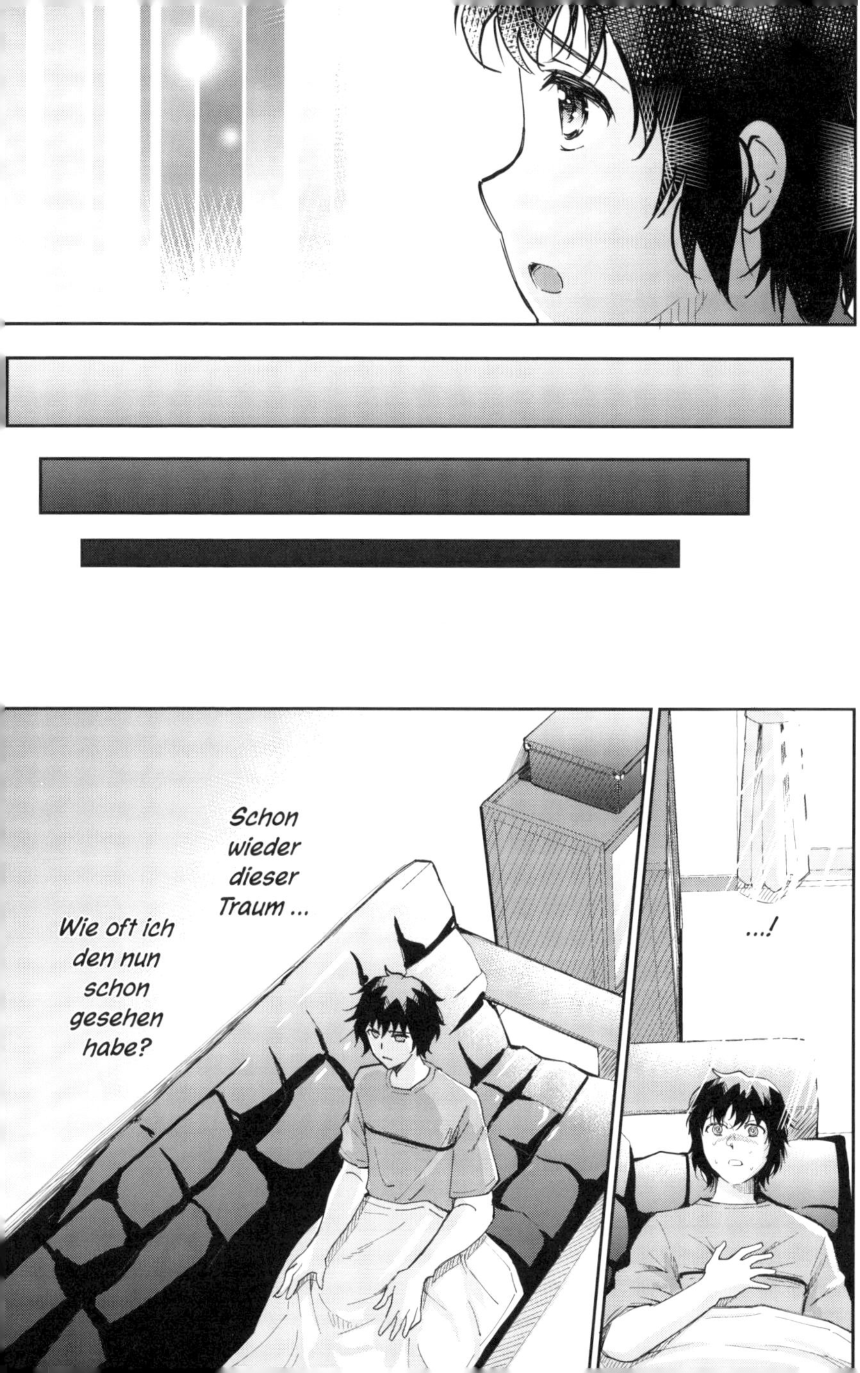

...!

Schon wieder dieser Traum ...

Wie oft ich den nun schon gesehen habe?

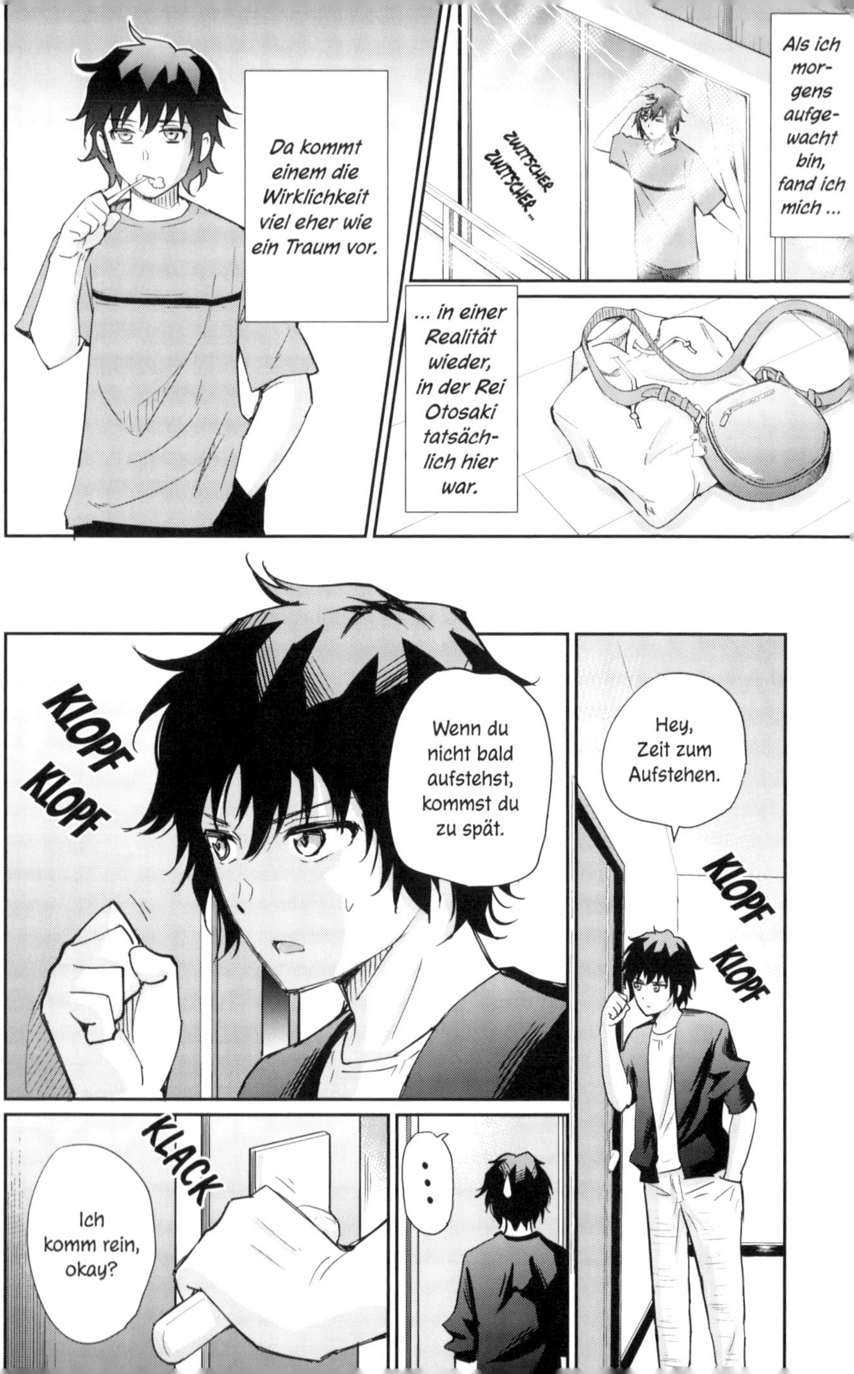

Als ich morgens aufgewacht bin, fand ich mich ...

ZWITSCHER ZWITSCHER ...

... in einer Realität wieder, in der Rei Otosaki tatsächlich hier war.

Da kommt einem die Wirklichkeit viel eher wie ein Traum vor.

Hey, Zeit zum Aufstehen.

KLOPF KLOPF

Wenn du nicht bald aufstehst, kommst du zu spät.

KLOPF KLOPF

...

KLACK

Ich komm rein, okay?

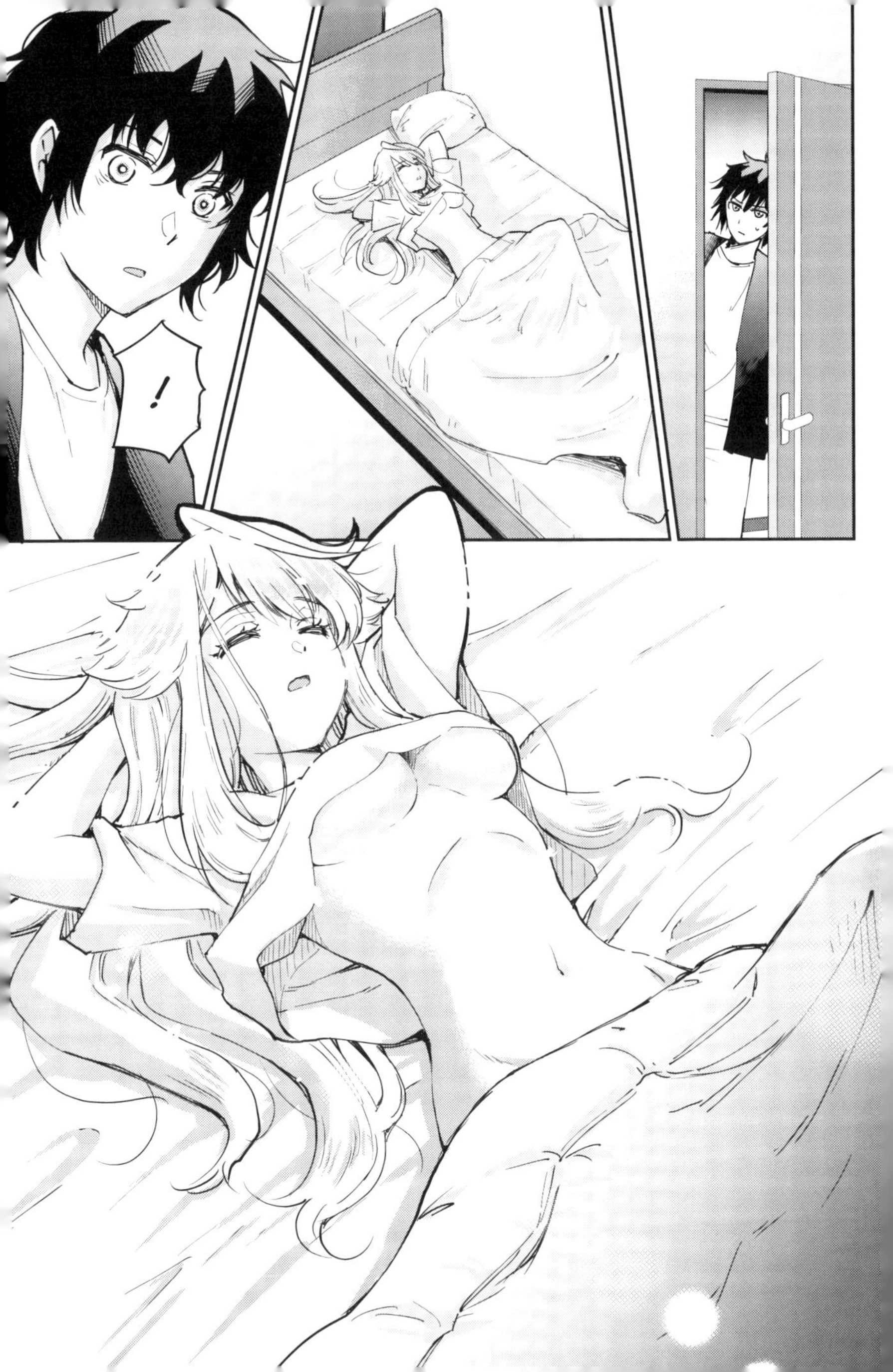

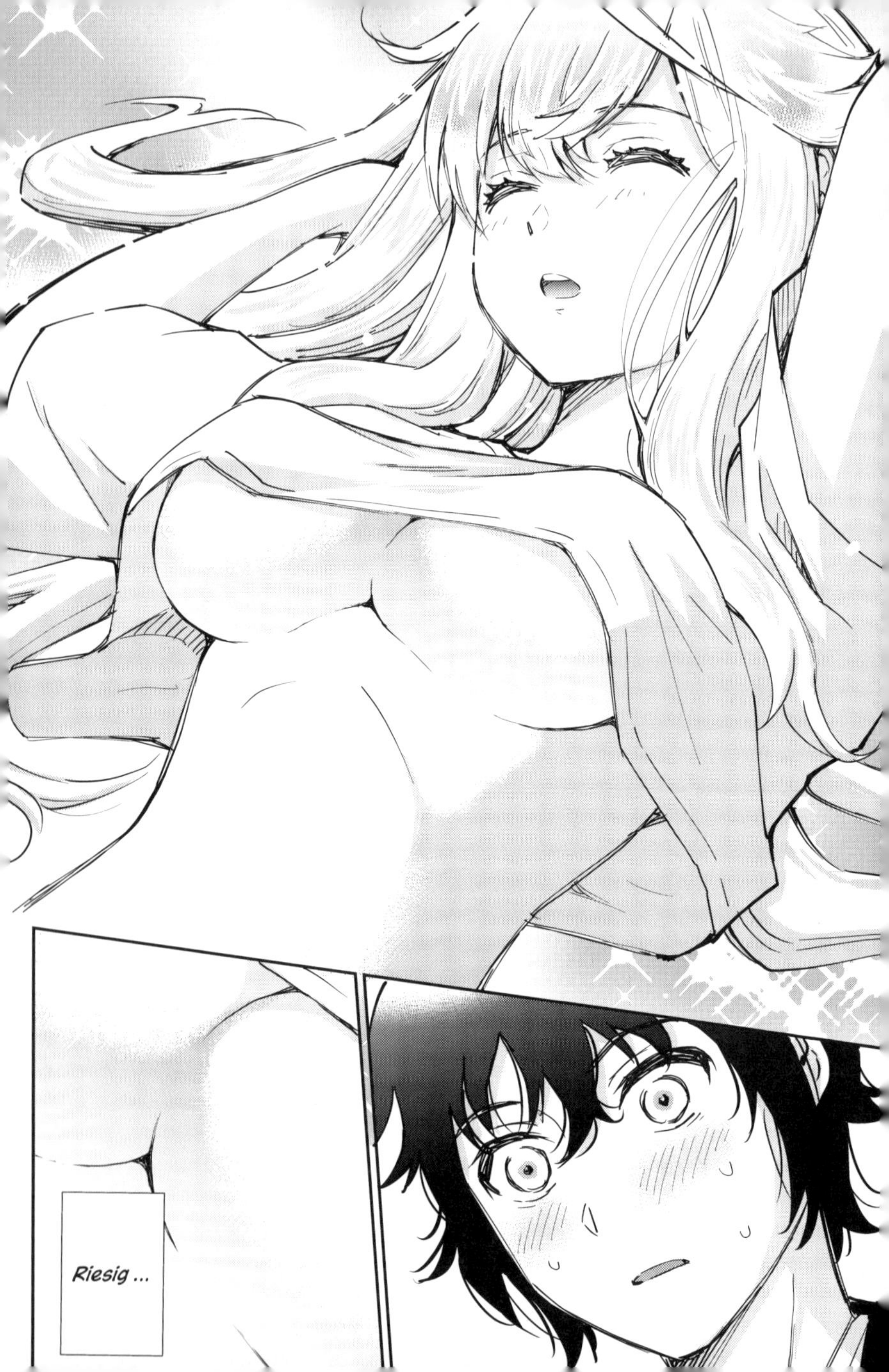
Riesig ...

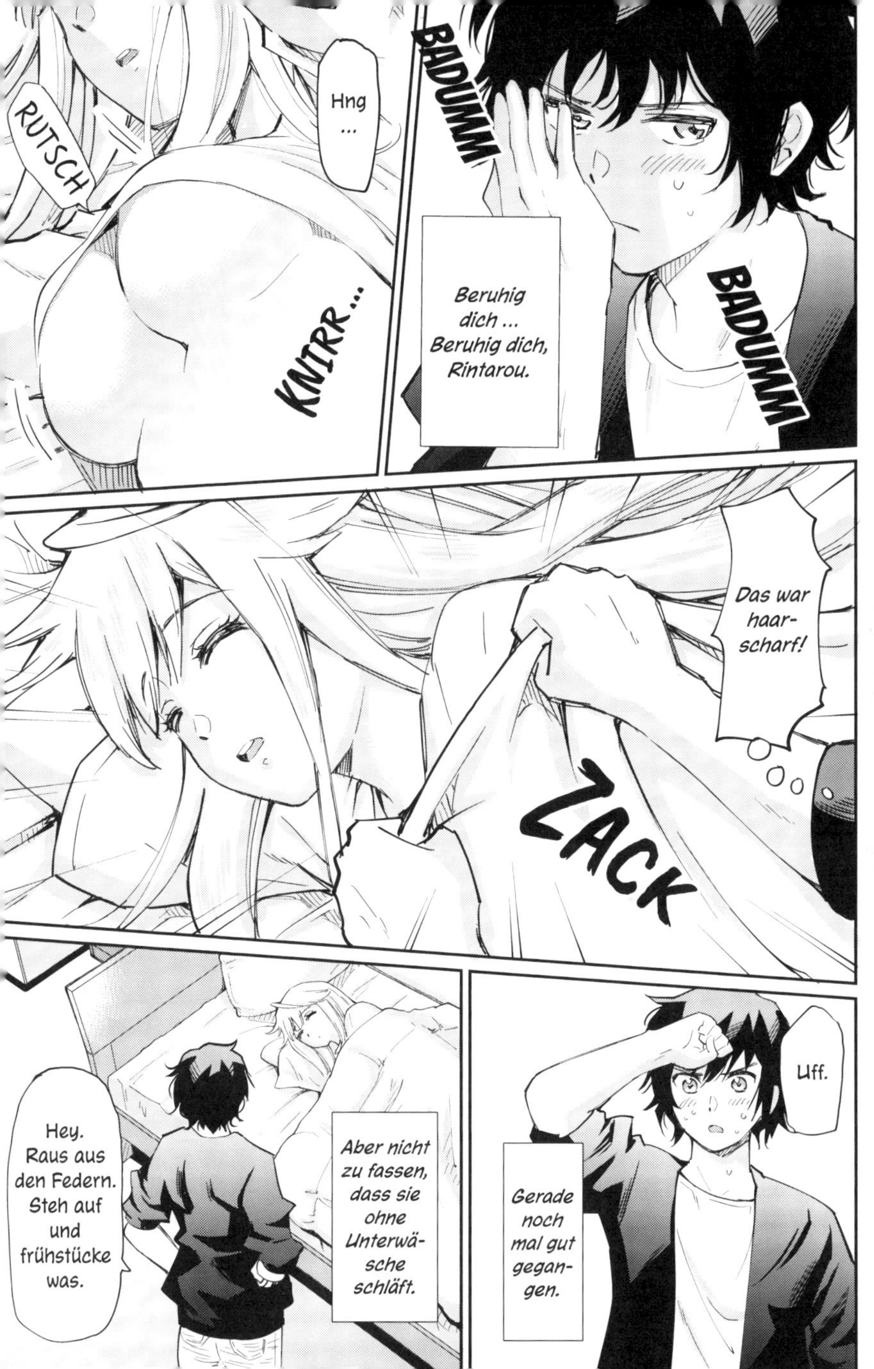
BADUMM
Beruhig dich ... Beruhig dich, Rintarou.
BADUMM
Hng ...
RUTSCH
KNIRR ...
Das war haar-scharf!
ZACK
Uff.
Gerade noch mal gut gegan-gen.
Aber nicht zu fassen, dass sie ohne Unterwä-sche schläft.
Hey. Raus aus den Federn. Steh auf und frühstücke was.

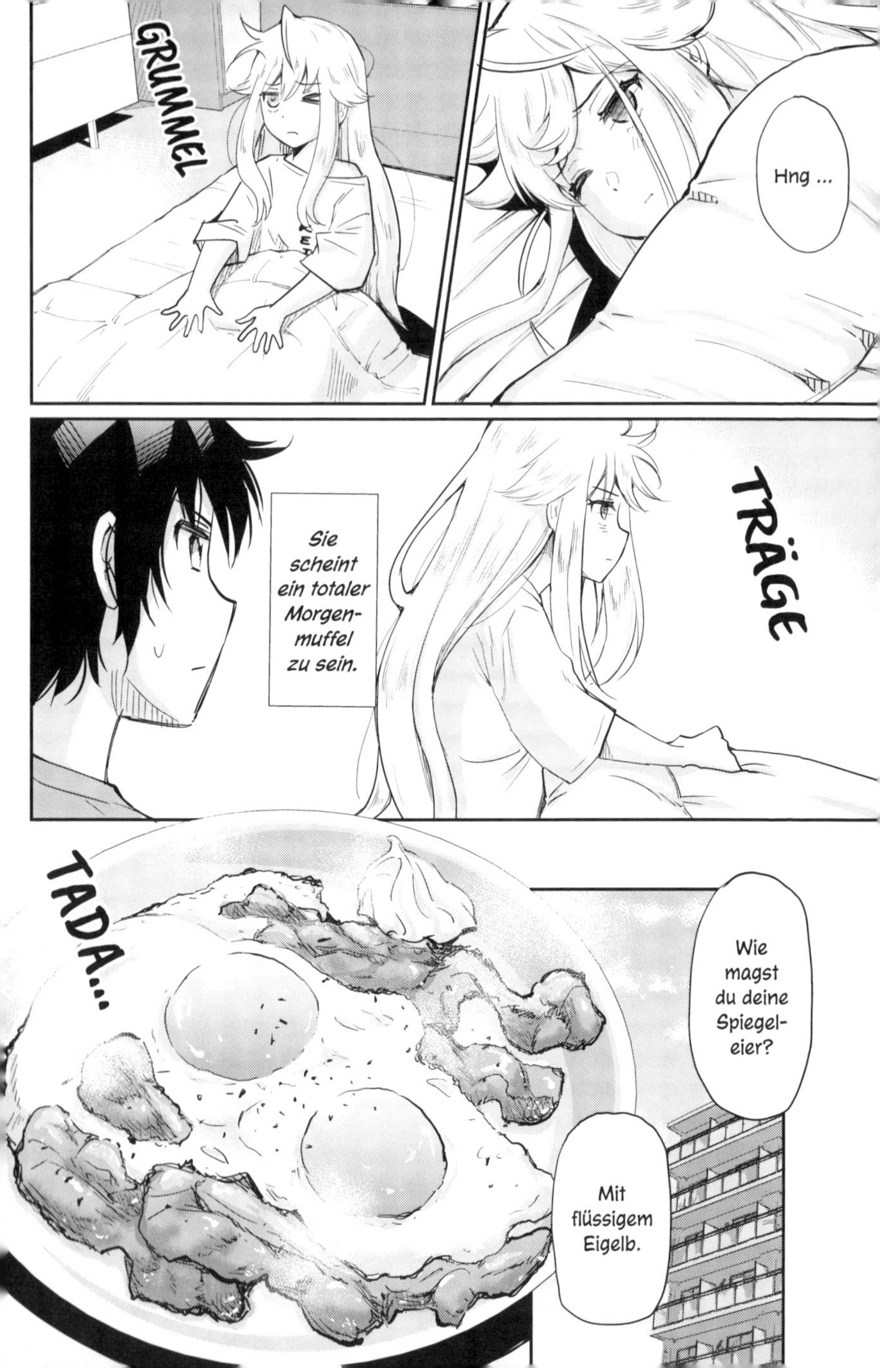
Hng ...
GRUMMEL
TRÄGE
Sie scheint ein totaler Morgen-muffel zu sein.
TADA...
Wie magst du deine Spiegel-eier?
Mit flüssigem Eigelb.

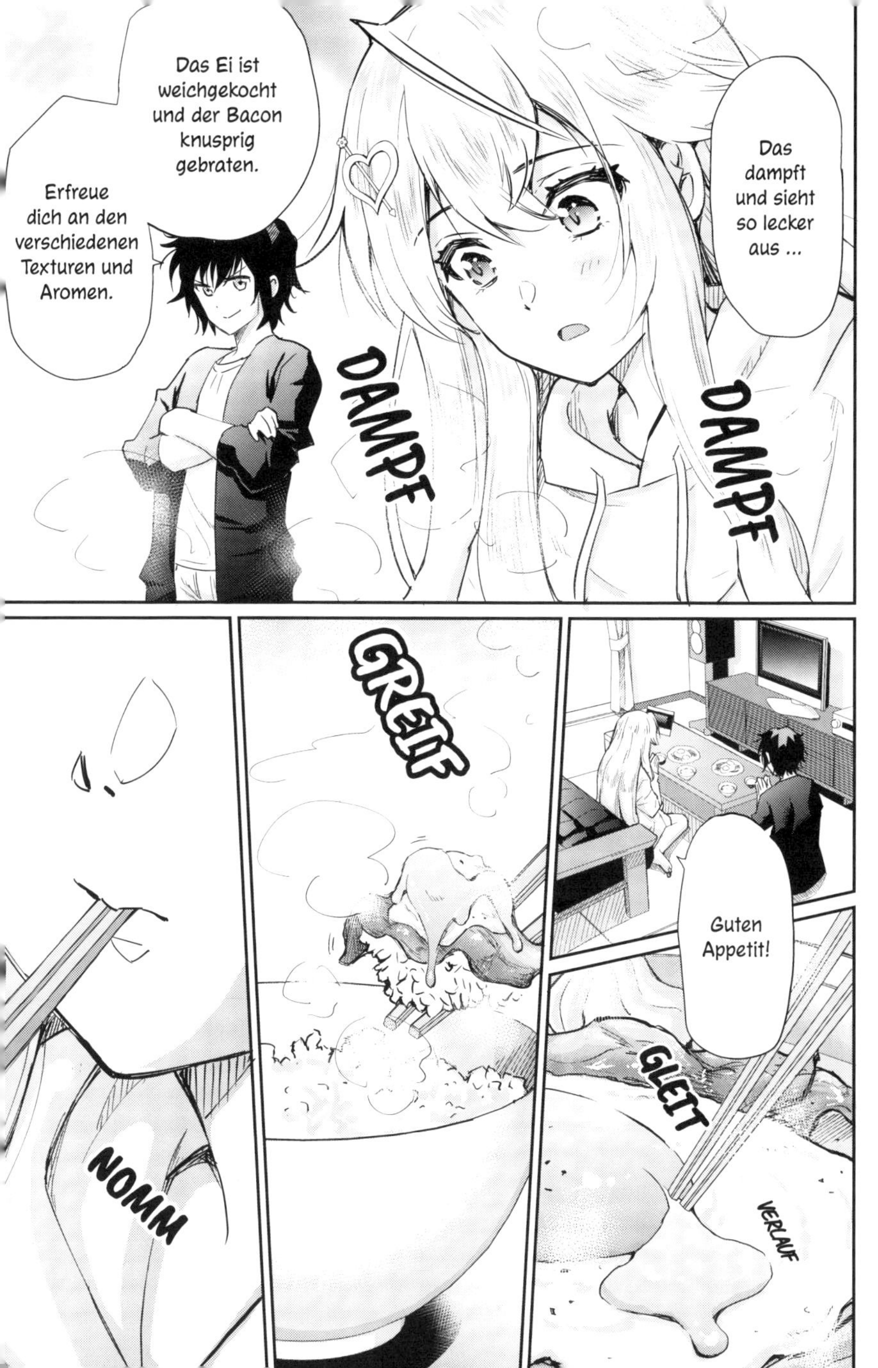
Das dampft und sieht so lecker aus ...
DAMPF
DAMPF
Das Ei ist weichgekocht und der Bacon knusprig gebraten.
Erfreue dich an den verschiedenen Texturen und Aromen.
Guten Appetit!
GREIF
NOMM
GLEIT
VERLAUF

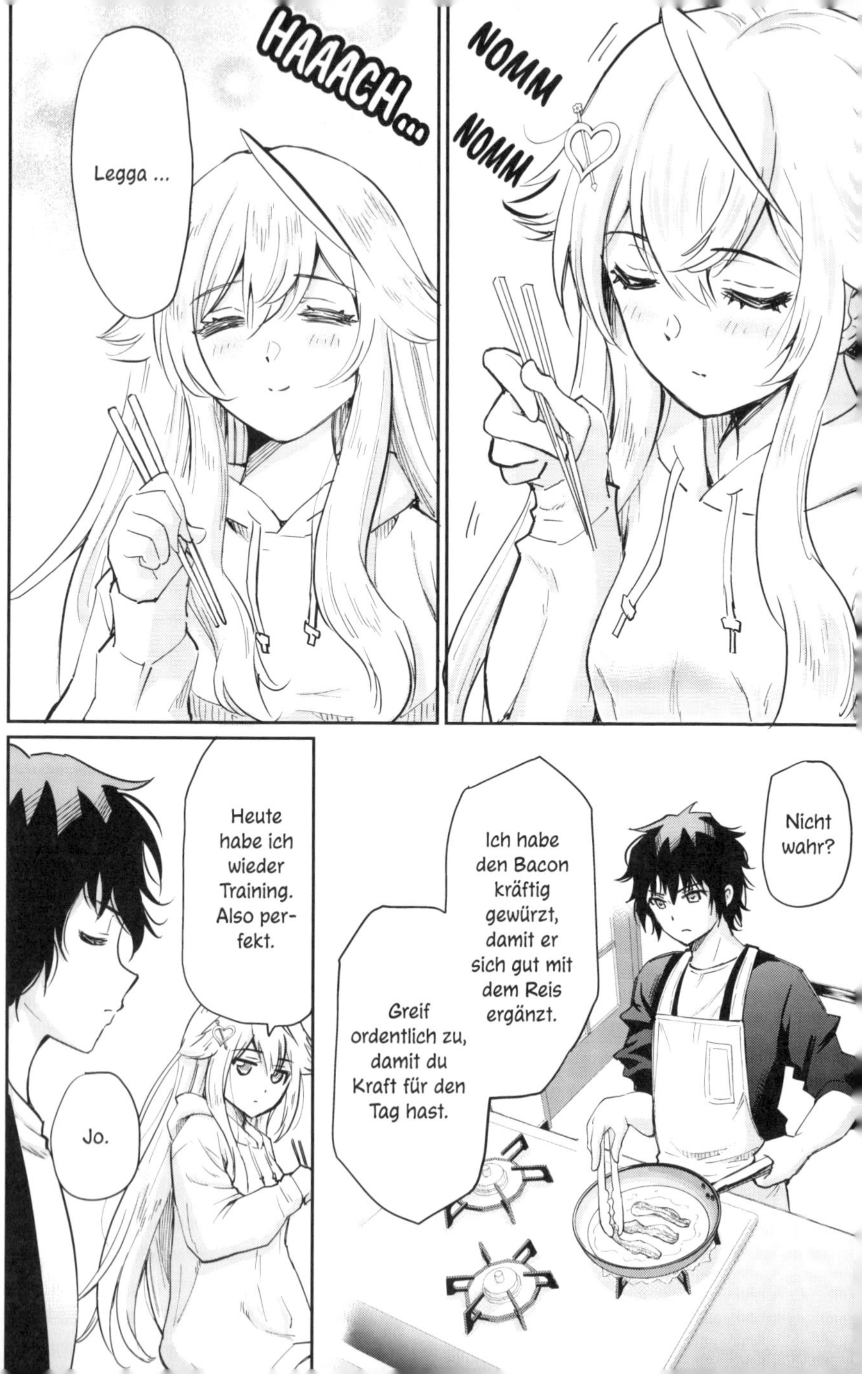

NOMM NOMM

HAAACH …

Legga …

Nicht wahr?

Ich habe den Bacon kräftig gewürzt, damit er sich gut mit dem Reis ergänzt.

Greif ordentlich zu, damit du Kraft für den Tag hast.

Heute habe ich wieder Training. Also perfekt.

Jo.

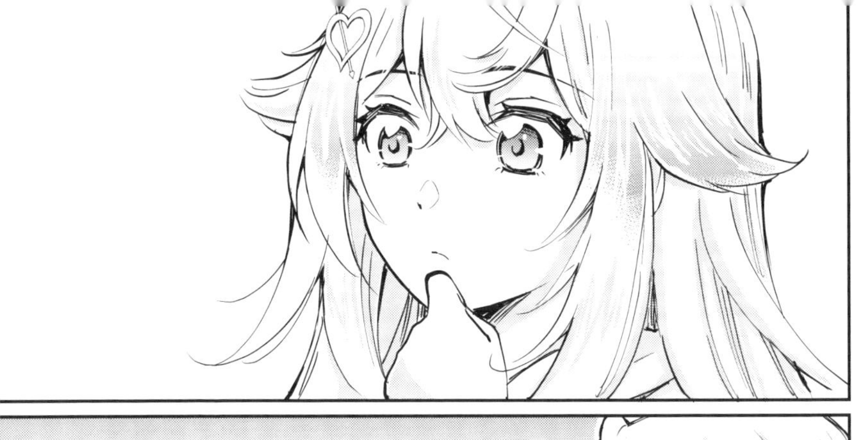

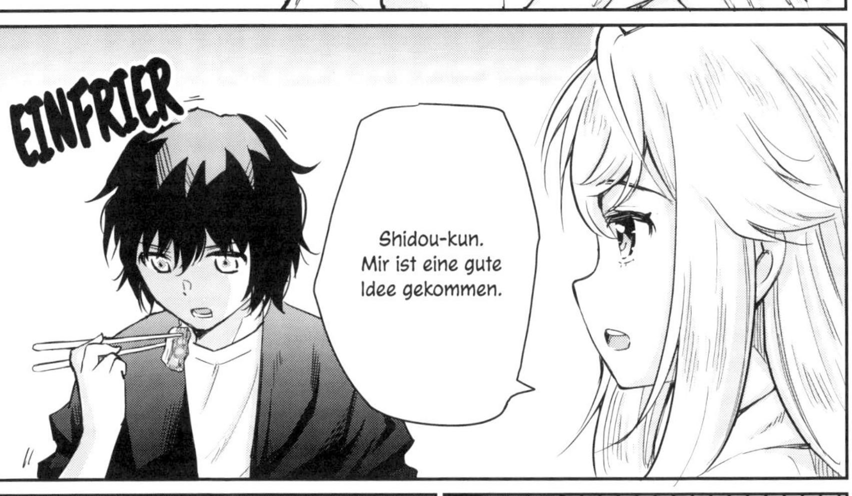
Shidou-kun.
Mir ist eine gute
Idee gekommen.
EINFRIER

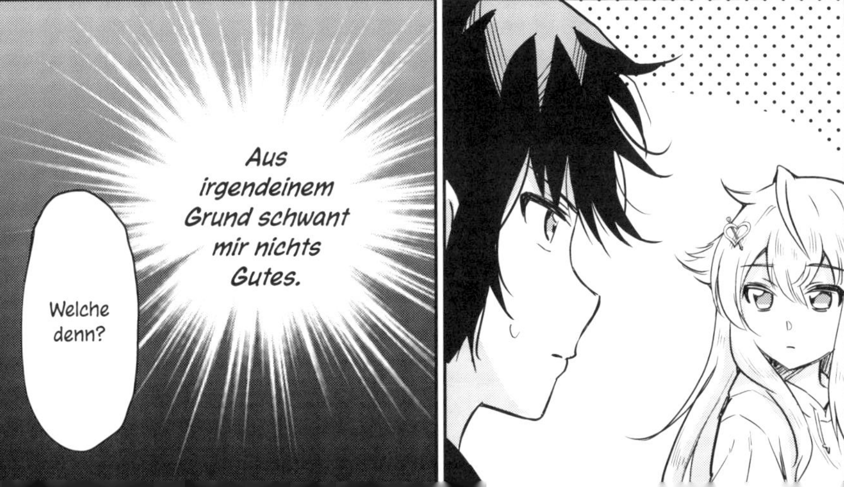
Aus irgendeinem Grund schwant mir nichts Gutes.
Welche denn?

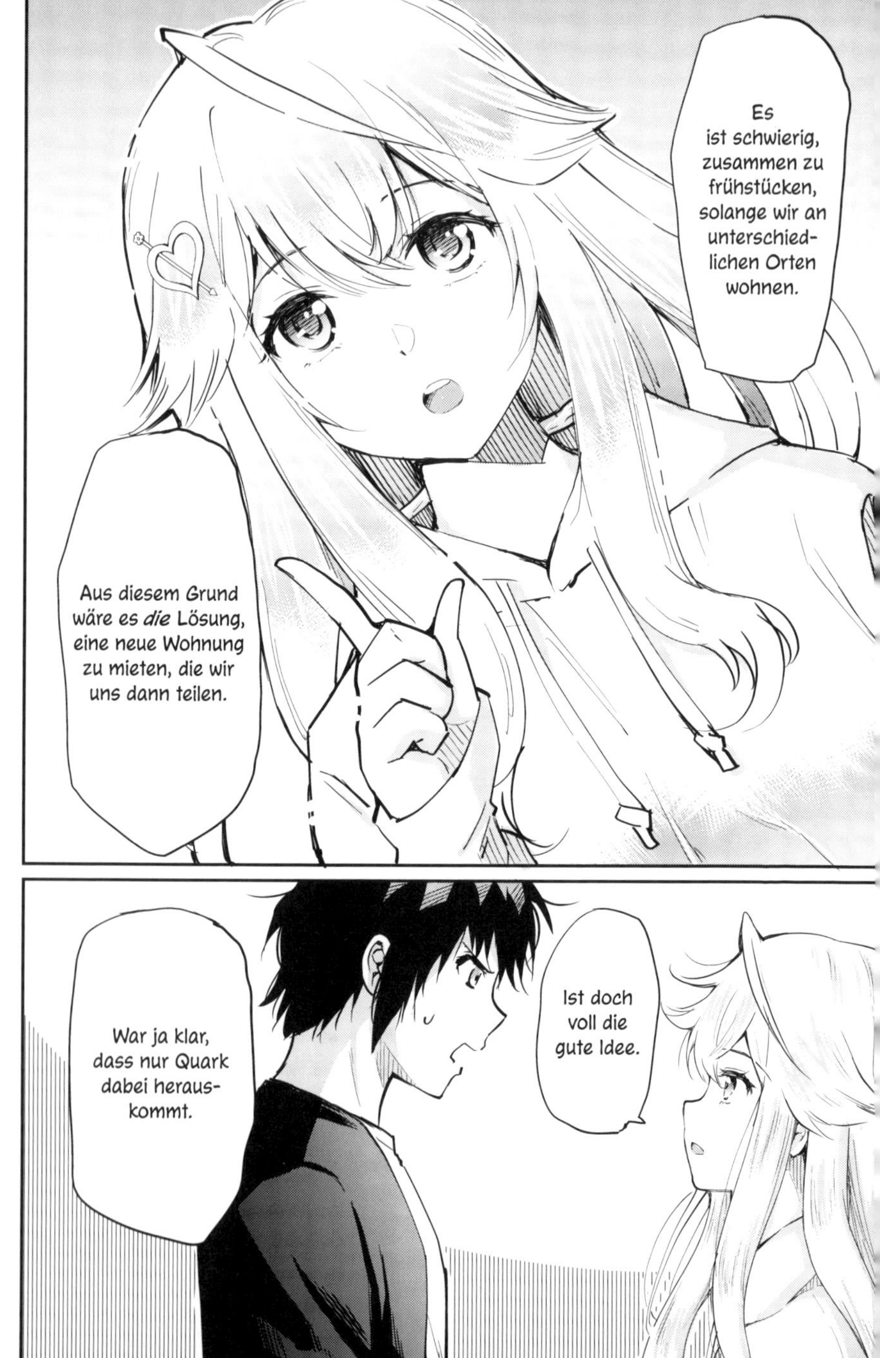
Es ist schwierig, zusammen zu frühstücken, solange wir an unterschiedlichen Orten wohnen.
Aus diesem Grund wäre es *die* Lösung, eine neue Wohnung zu mieten, die wir uns dann teilen.
Ist doch voll die gute Idee.
War ja klar, dass nur Quark dabei herauskommt.

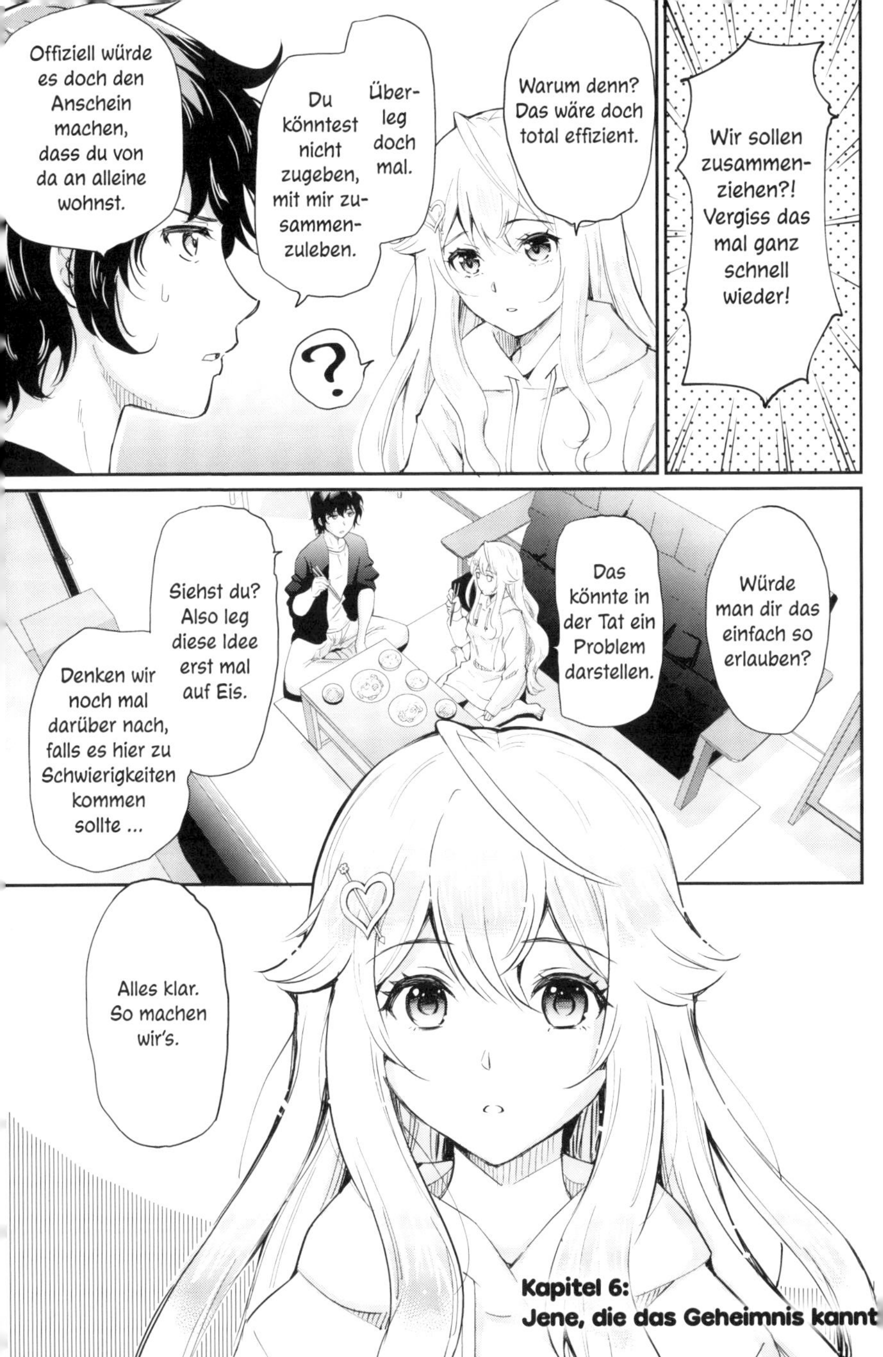
Wir sollen zusammenziehen?! Vergiss das mal ganz schnell wieder!
Warum denn? Das wäre doch total effizient.
Überleg doch mal.
Du könntest nicht zugeben, mit mir zusammenzuleben.
Offiziell würde es doch den Anschein machen, dass du von da an alleine wohnst.
?
Würde man dir das einfach so erlauben?
Das könnte in der Tat ein Problem darstellen.
Siehst du? Also leg diese Idee erst mal auf Eis.
Denken wir noch mal darüber nach, falls es hier zu Schwierigkeiten kommen sollte ...
Alles klar. So machen wir's.
Kapitel 6:
Jene, die das Geheimnis kannt

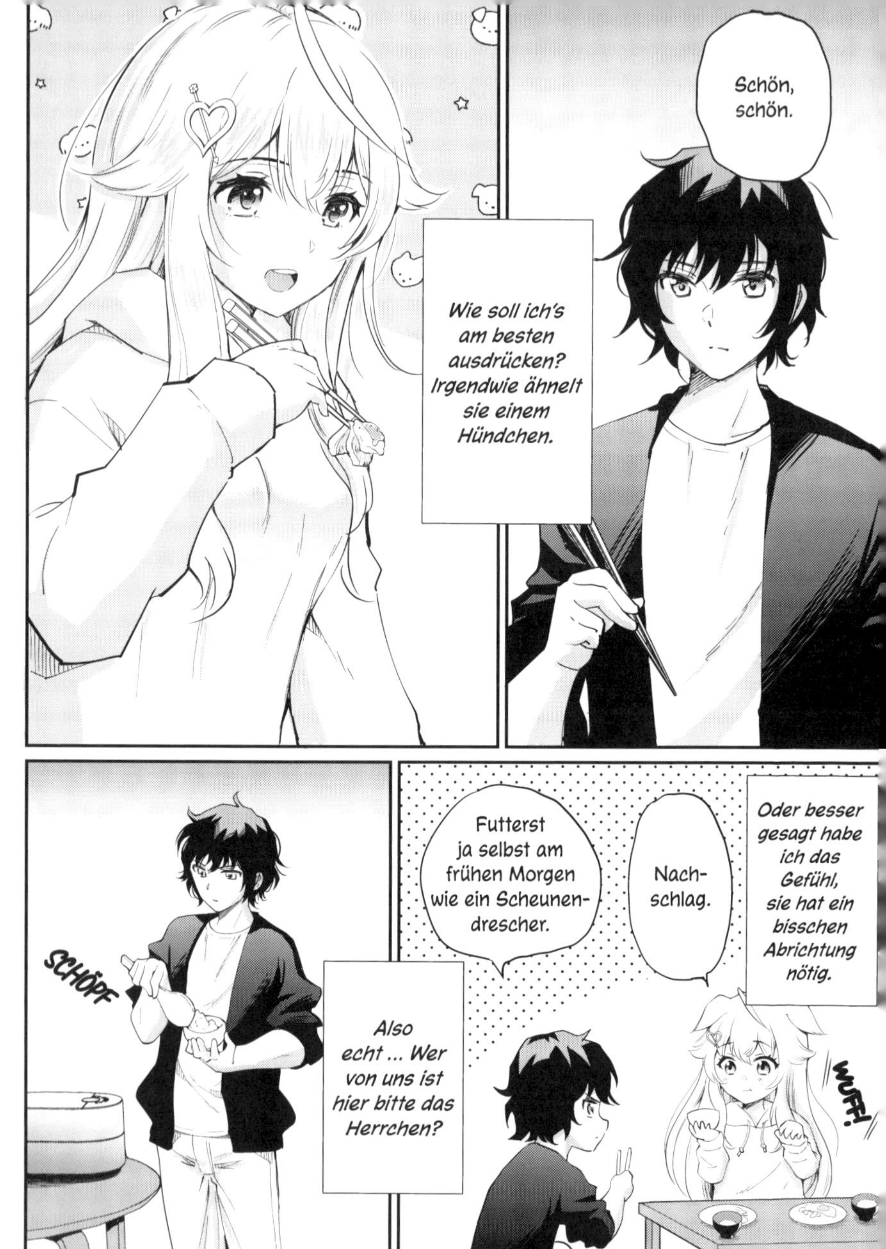
Schön, schön.
Wie soll ich's am besten ausdrücken? Irgendwie ähnelt sie einem Hündchen.
Oder besser gesagt habe ich das Gefühl, sie hat ein bisschen Abrichtung nötig.
Nach-schlag.
WUFF!
Futterst ja selbst am frühen Morgen wie ein Scheunen-drescher.
SCHÖPF
Also echt ... Wer von uns ist hier bitte das Herrchen?

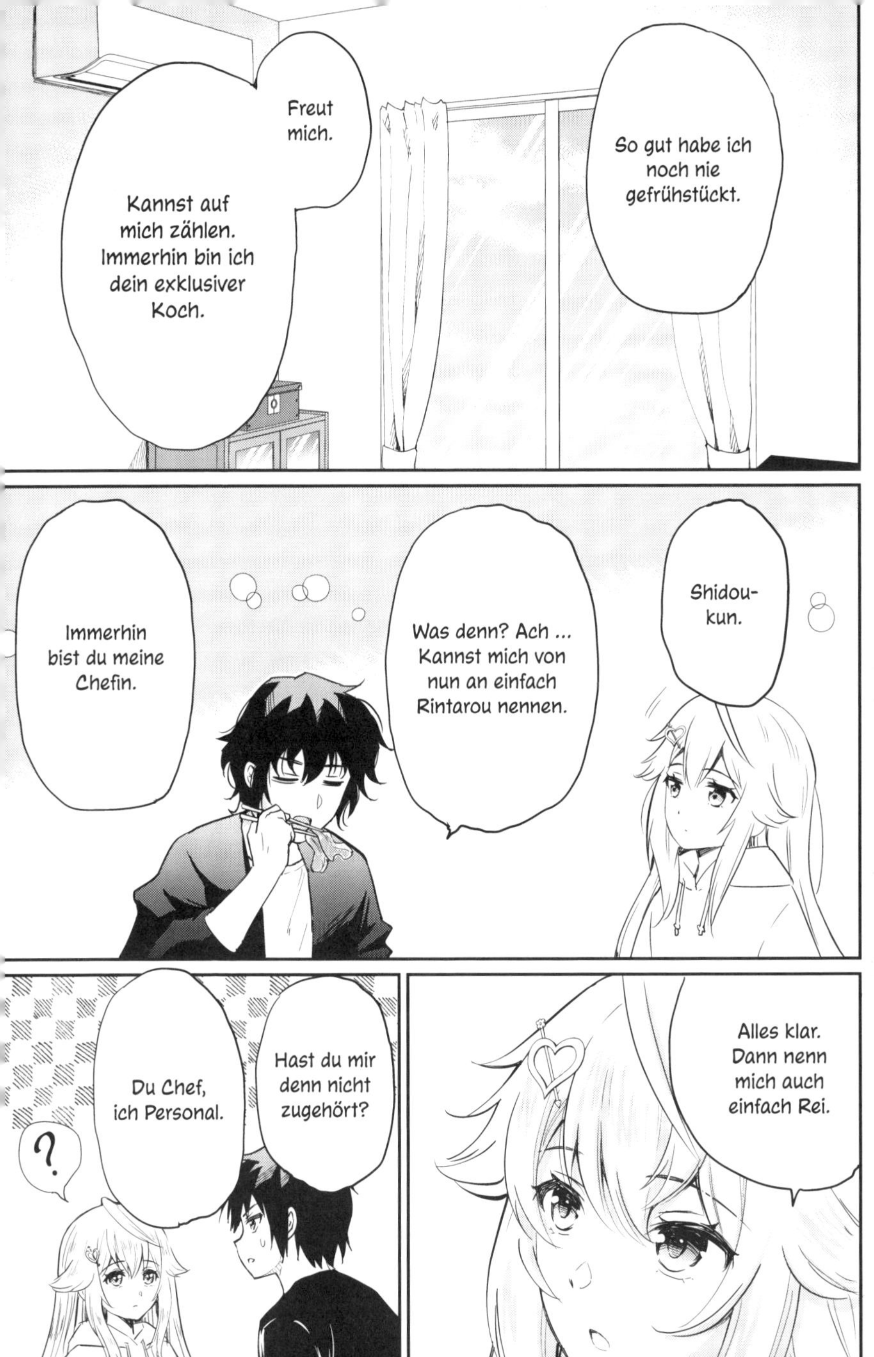
So gut habe ich noch nie gefrühstückt.
Freut mich.
Kannst auf mich zählen. Immerhin bin ich dein exklusiver Koch.
Shidou-kun.
Was denn? Ach ... Kannst mich von nun an einfach Rintarou nennen.
Immerhin bist du meine Chefin.
Alles klar. Dann nenn mich auch einfach Rei.
Hast du mir denn nicht zugehört?
Du Chef, ich Personal.
?

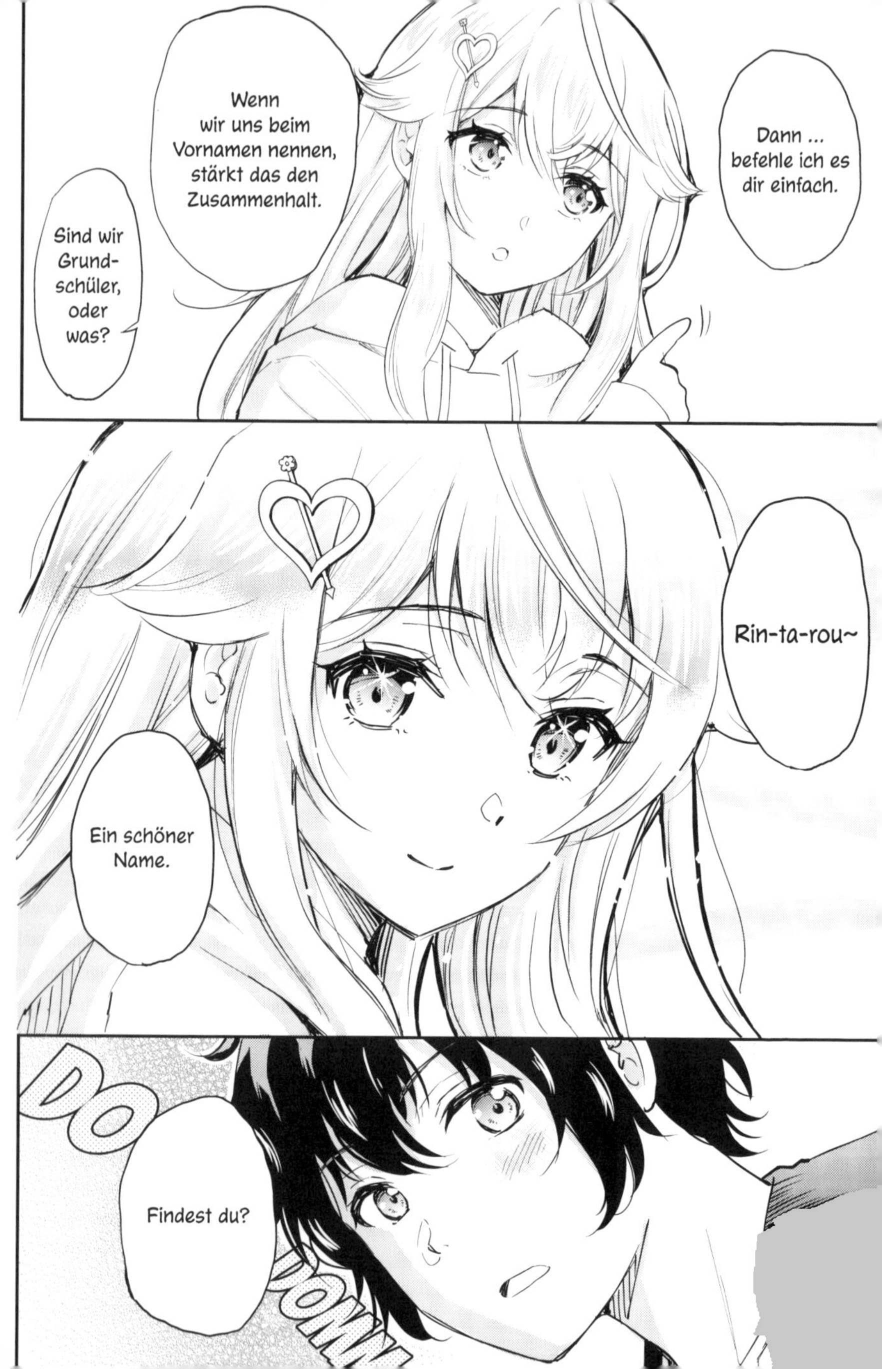
Wenn wir uns beim Vornamen nennen, stärkt das den Zusammenhalt.
Sind wir Grund-schüler, oder was?
Dann ... befehle ich es dir einfach.
Rin-ta-rou~
Ein schöner Name.
DO
Findest du?
DOMM

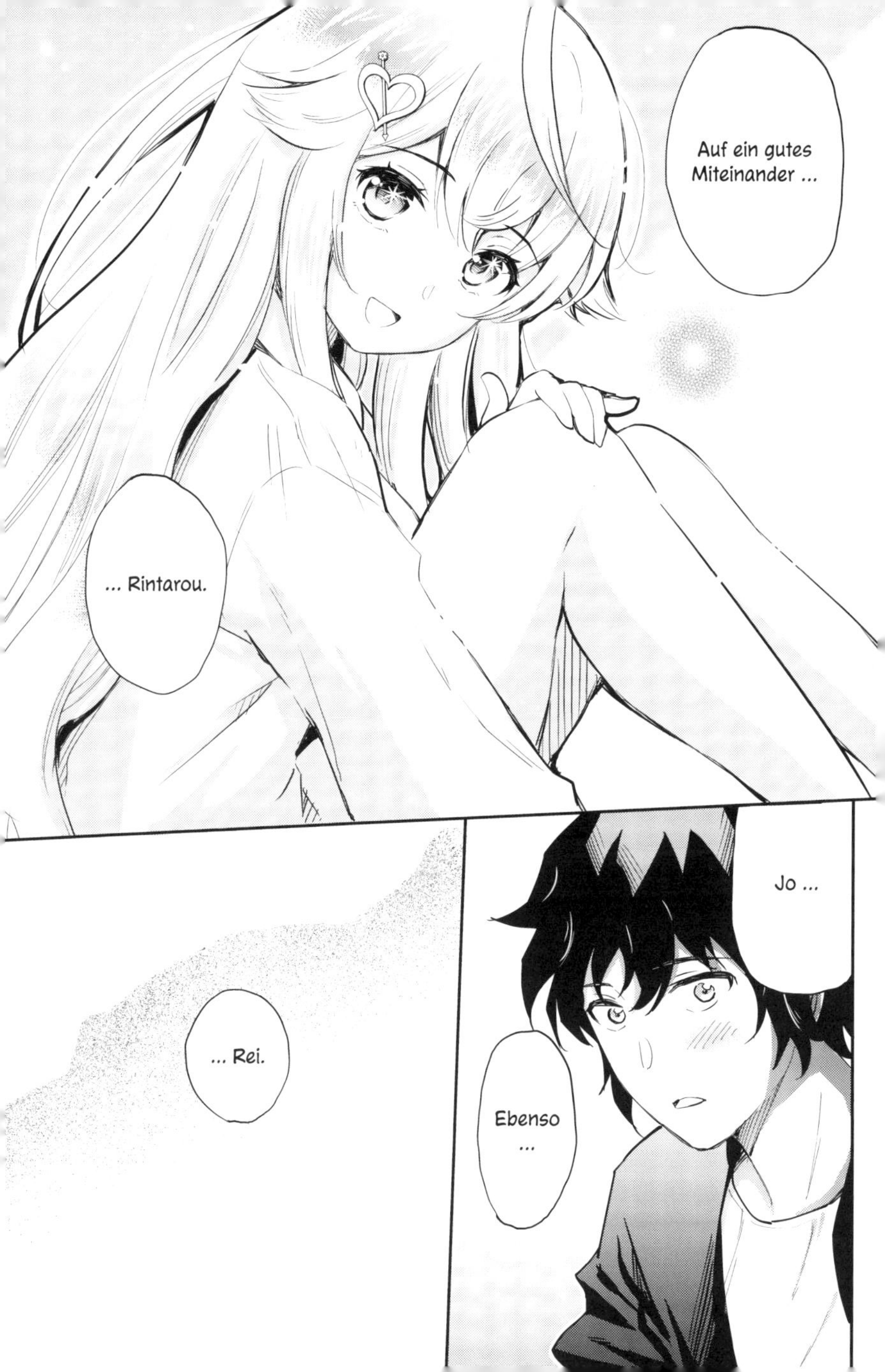
Auf ein gutes Miteinander ...
... Rintarou.
Jo ...
Ebenso ...
... Rei.

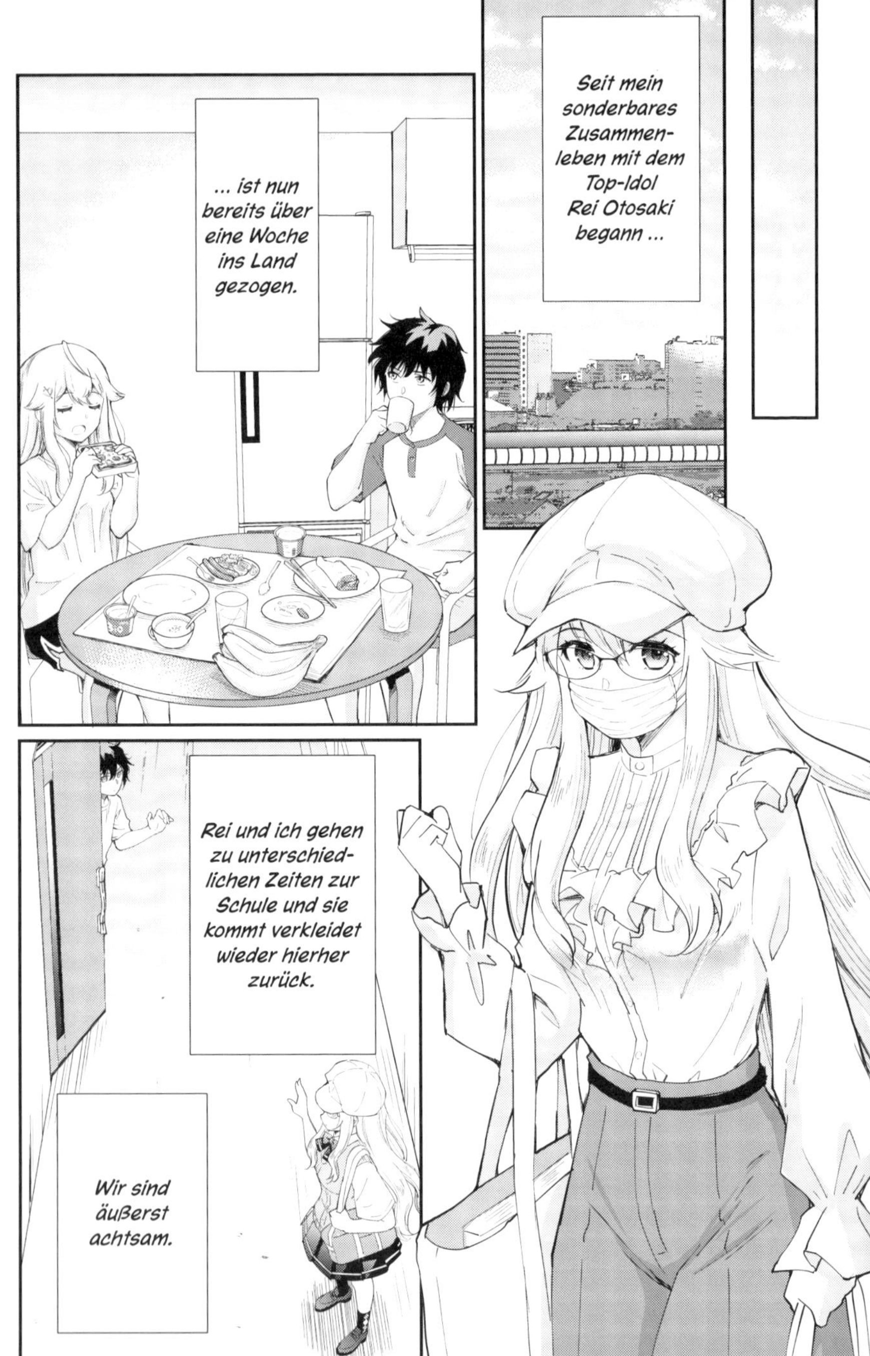
Seit mein sonderbares Zusammen-leben mit dem Top-Idol Rei Otosaki begann ...
... ist nun bereits über eine Woche ins Land gezogen.
Rei und ich gehen zu unterschied-lichen Zeiten zur Schule und sie kommt verkleidet wieder hierher zurück.
Wir sind äußerst achtsam.

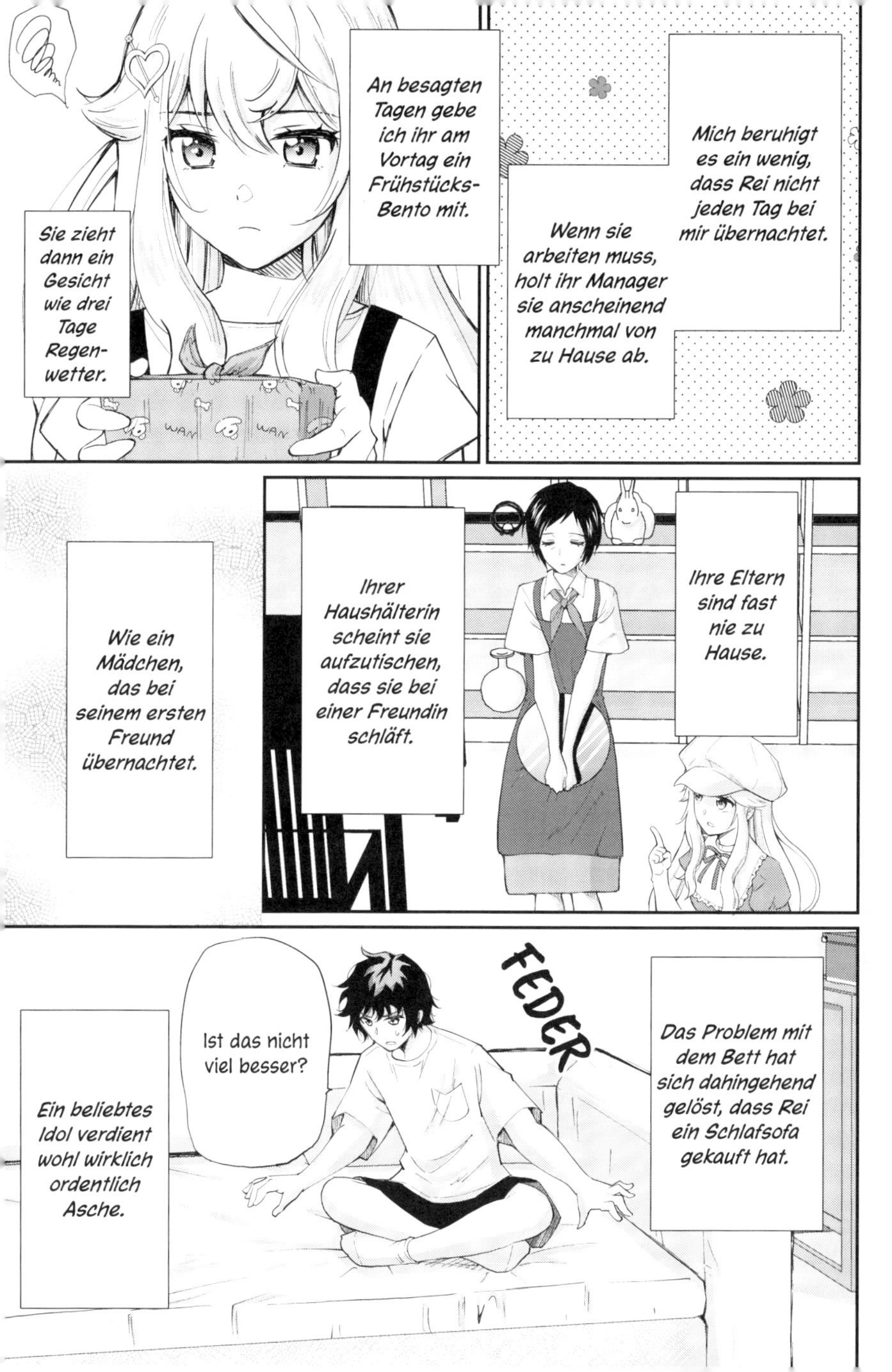

Mich beruhigt es ein wenig, dass Rei nicht jeden Tag bei mir übernachtet.

Wenn sie arbeiten muss, holt ihr Manager sie anscheinend manchmal von zu Hause ab.

An besagten Tagen gebe ich ihr am Vortag ein Frühstücks-Bento mit.

Sie zieht dann ein Gesicht wie drei Tage Regenwetter.

Ihre Eltern sind fast nie zu Hause.

Ihrer Haushälterin scheint sie aufzutischen, dass sie bei einer Freundin schläft.

Wie ein Mädchen, das bei seinem ersten Freund übernachtet.

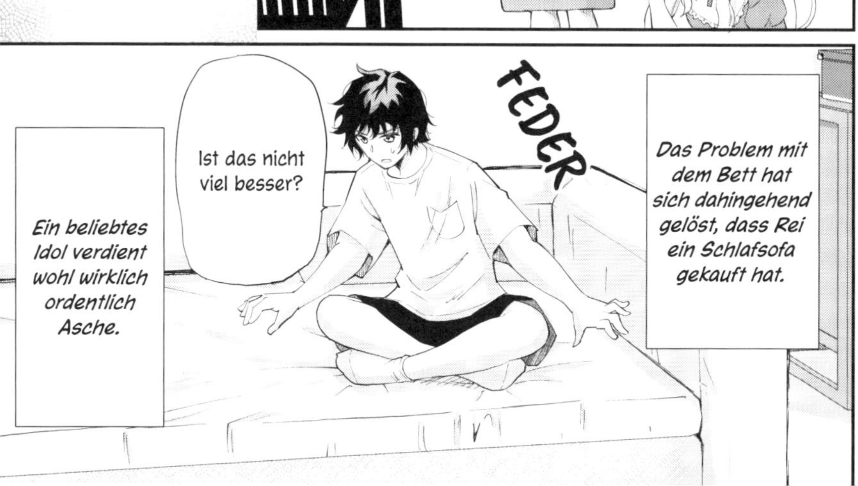

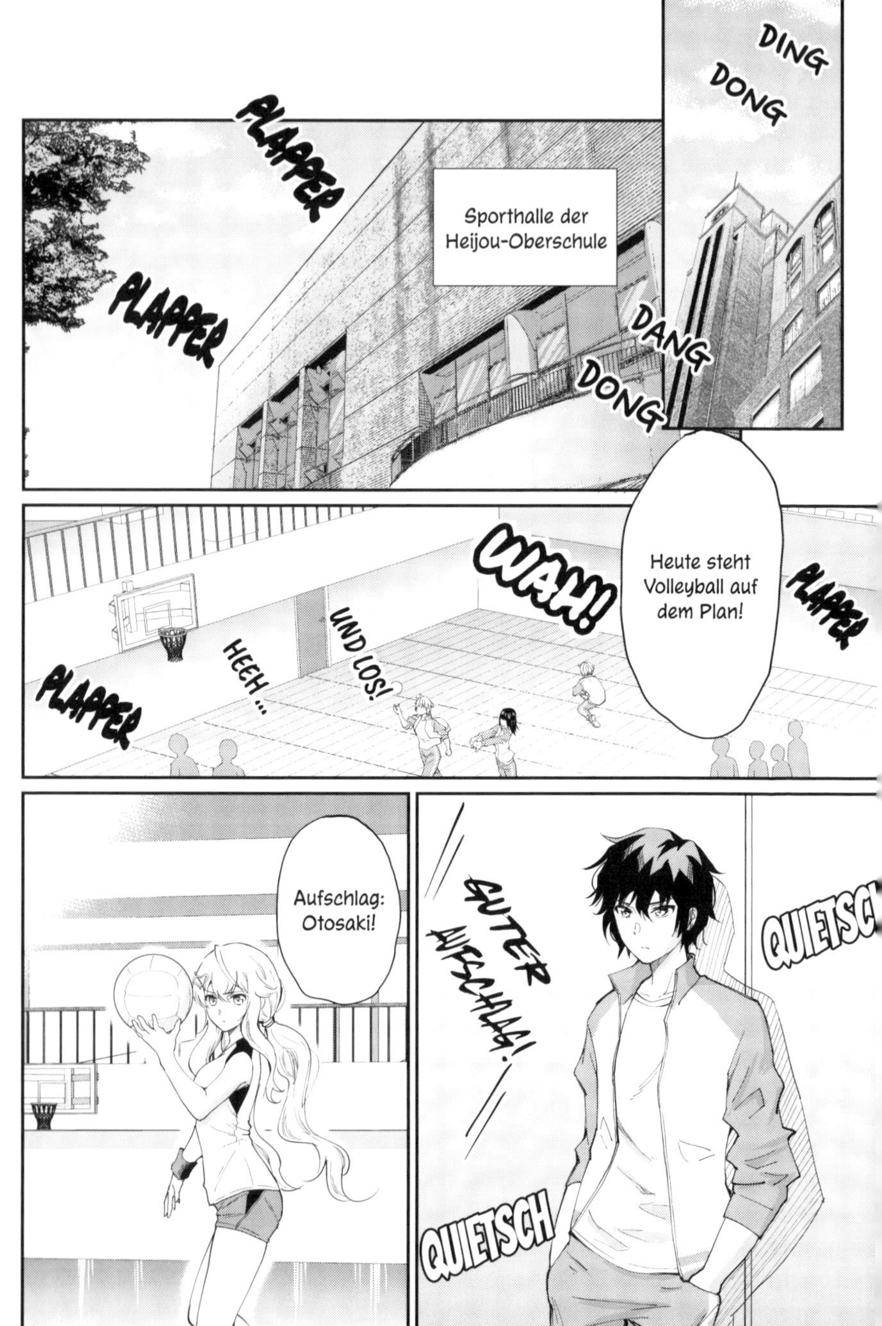
DING
DONG
DANG
DONG
Sporthalle der Heijou-Oberschule
PLAPPER
PLAPPER
Heute steht Volleyball auf dem Plan!
PLAPPER
WAH!
UND LOS!
HEEH ...
PLAPPER
QUIETSC
GUTER AUFSCHLAG!
QUIETSCH
Aufschlag: Otosaki!

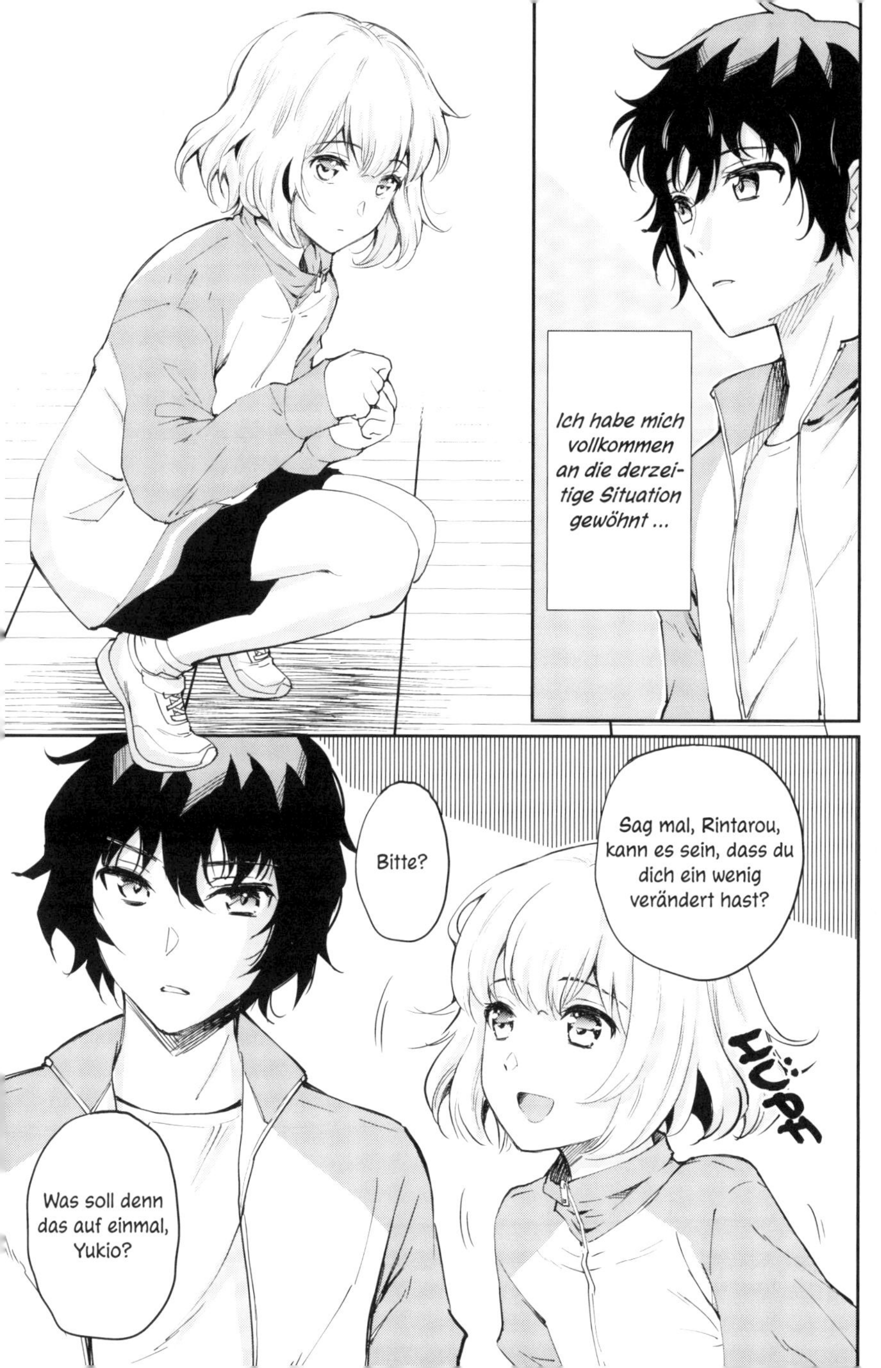
Ich habe mich vollkommen an die derzeitige Situation gewöhnt ...
Sag mal, Rintarou, kann es sein, dass du dich ein wenig verändert hast?
HÜPF
Bitte?
Was soll denn das auf einmal, Yukio?

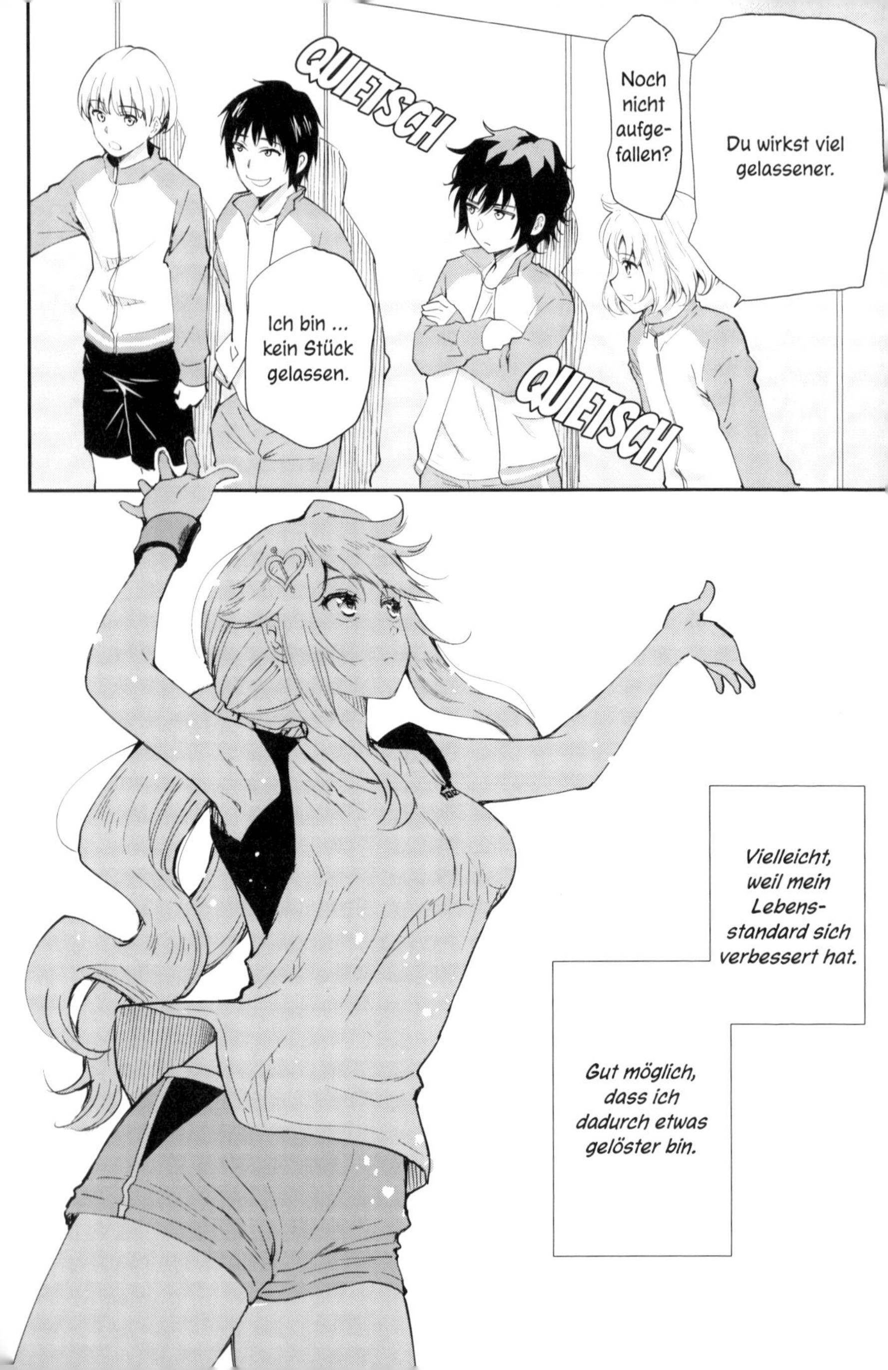
Du wirkst viel gelassener.
Noch nicht aufgefallen?
QUIETSCH
Ich bin … kein Stück gelassen.
QUIETSCH
Vielleicht, weil mein Lebensstandard sich verbessert hat.
Gut möglich, dass ich dadurch etwas gelöster bin.

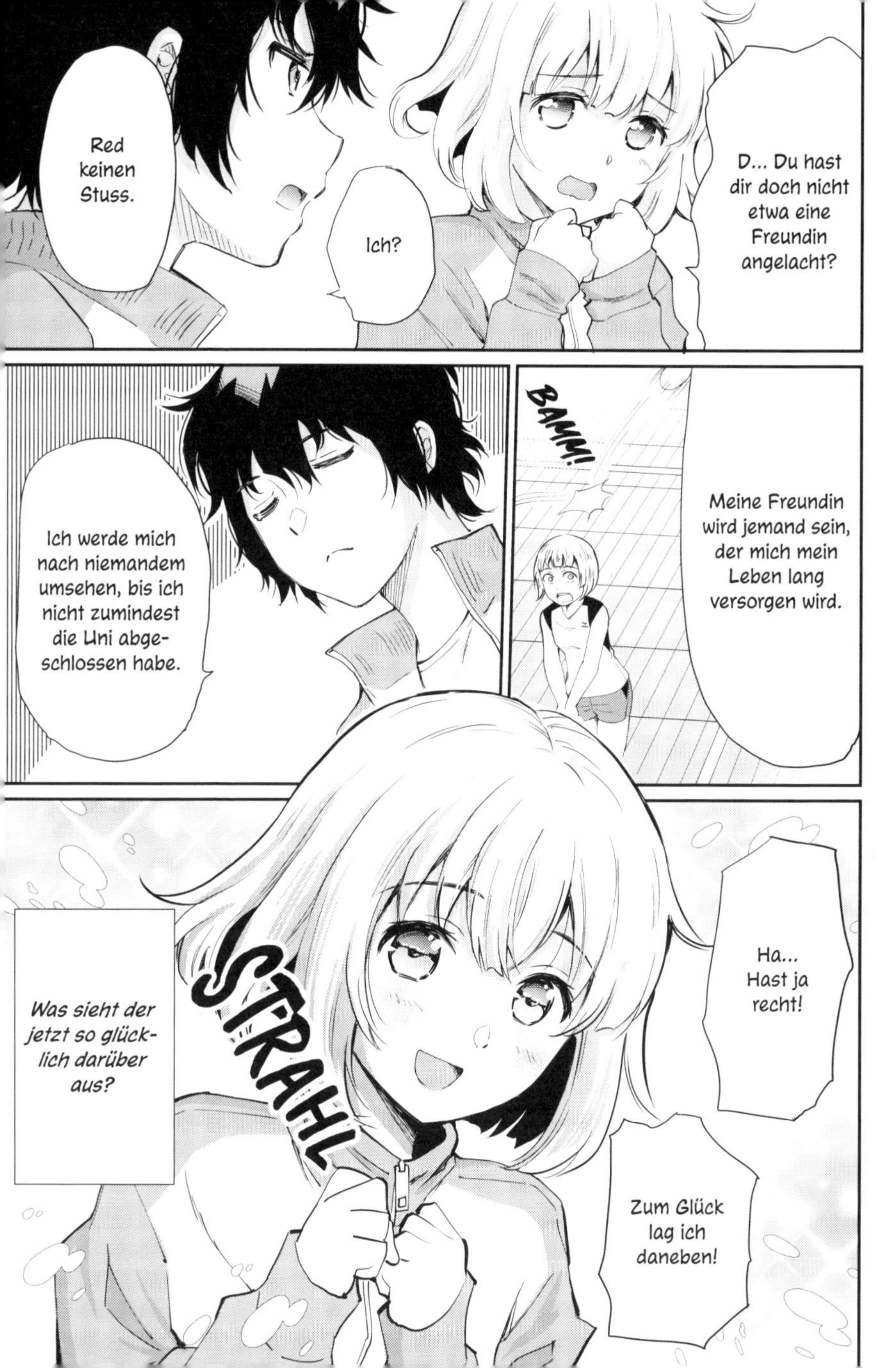
D... Du hast dir doch nicht etwa eine Freundin angelacht?
Ich?
Red keinen Stuss.
BAMM!
Meine Freundin wird jemand sein, der mich mein Leben lang versorgen wird.
Ich werde mich nach niemandem umsehen, bis ich nicht zumindest die Uni abgeschlossen habe.
Ha... Hast ja recht!
Zum Glück lag ich daneben!
STRAHL
Was sieht der jetzt so glücklich darüber aus?

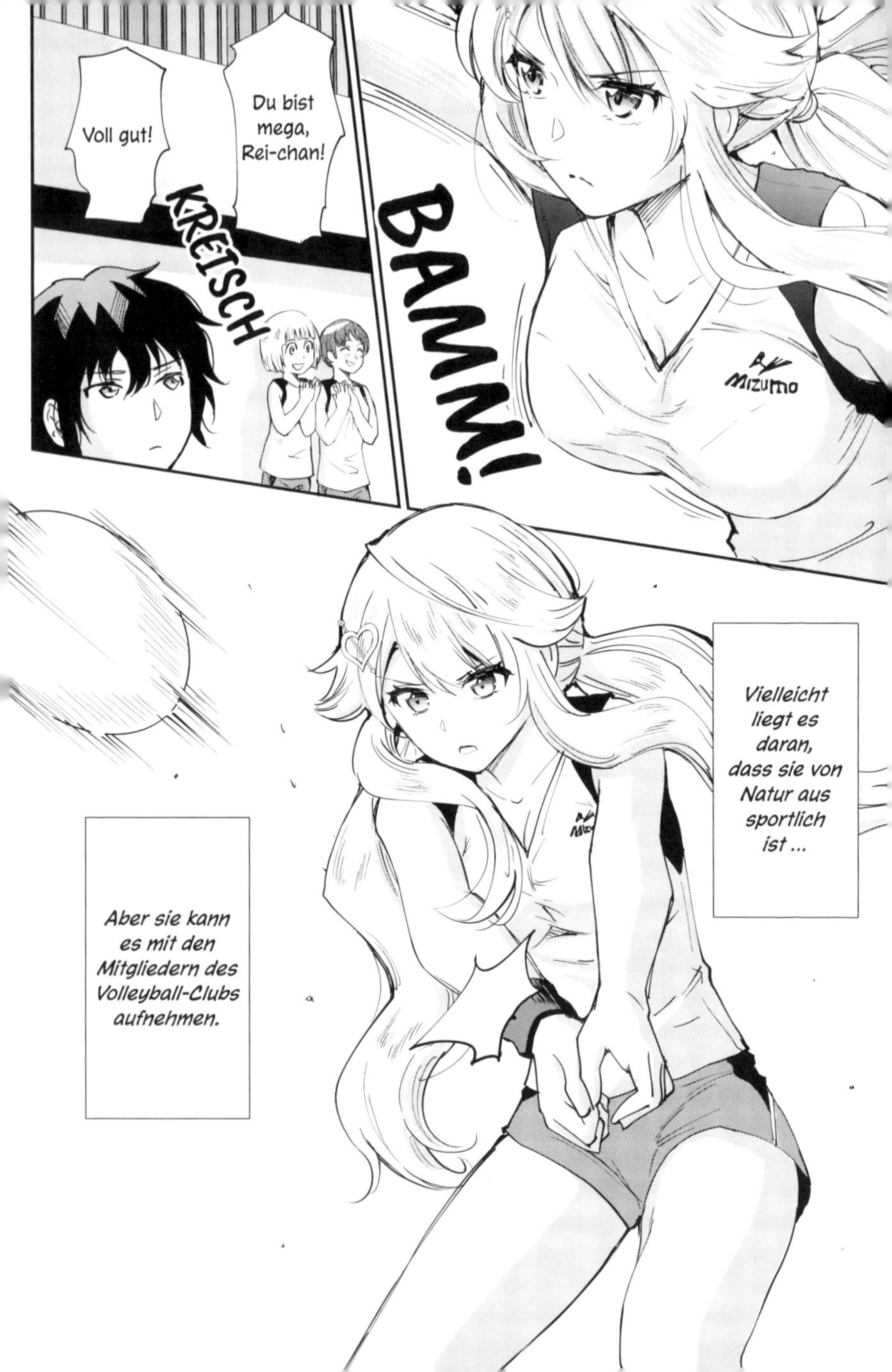
BAMM!
Du bist mega, Rei-chan!
Voll gut!
KREISCH
Vielleicht liegt es daran, dass sie von Natur aus sportlich ist …
Aber sie kann es mit den Mitgliedern des Volleyball-Clubs aufnehmen.

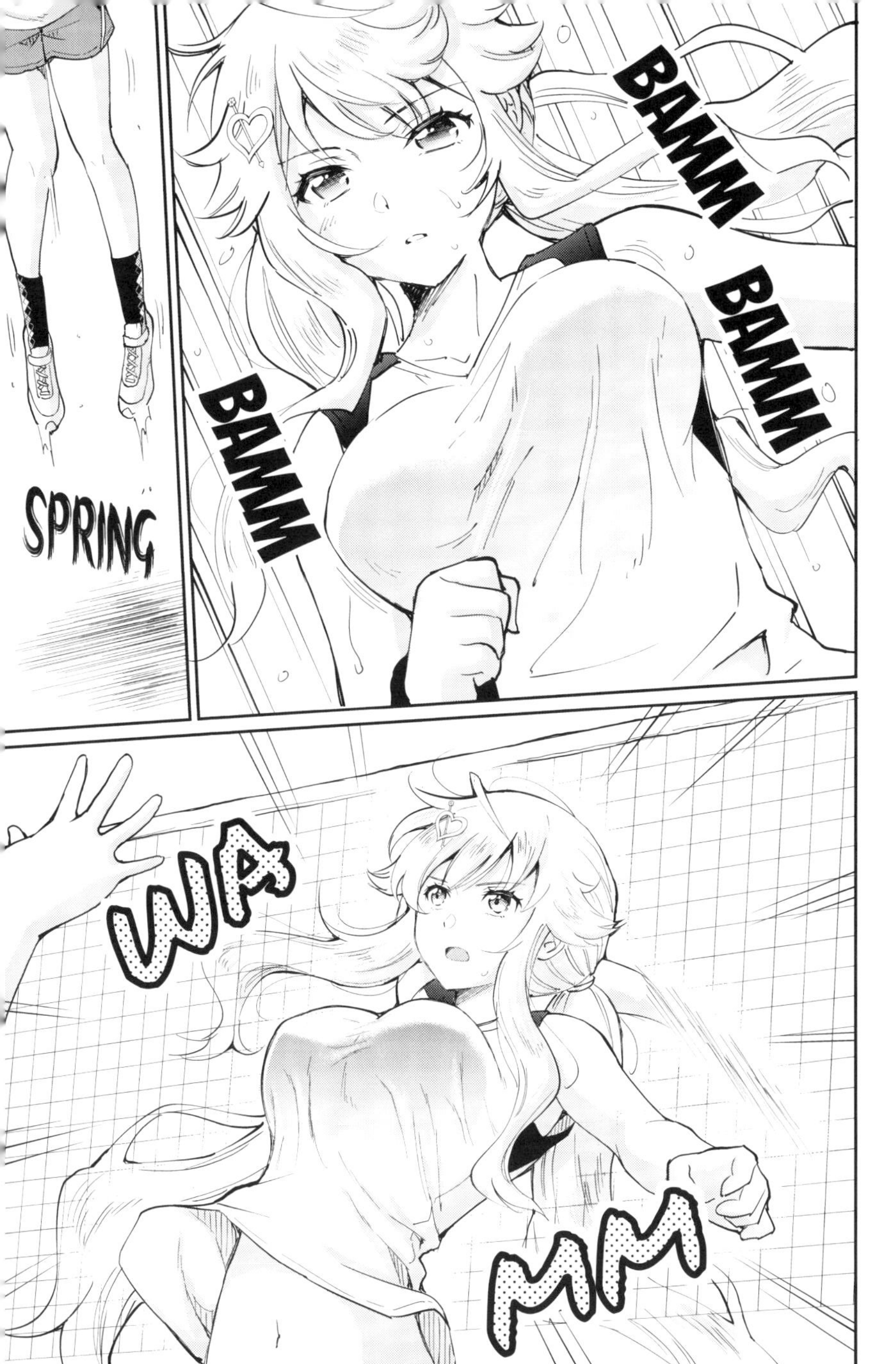
BAMM
BAMM
BAMM
SPRING
WA
MM

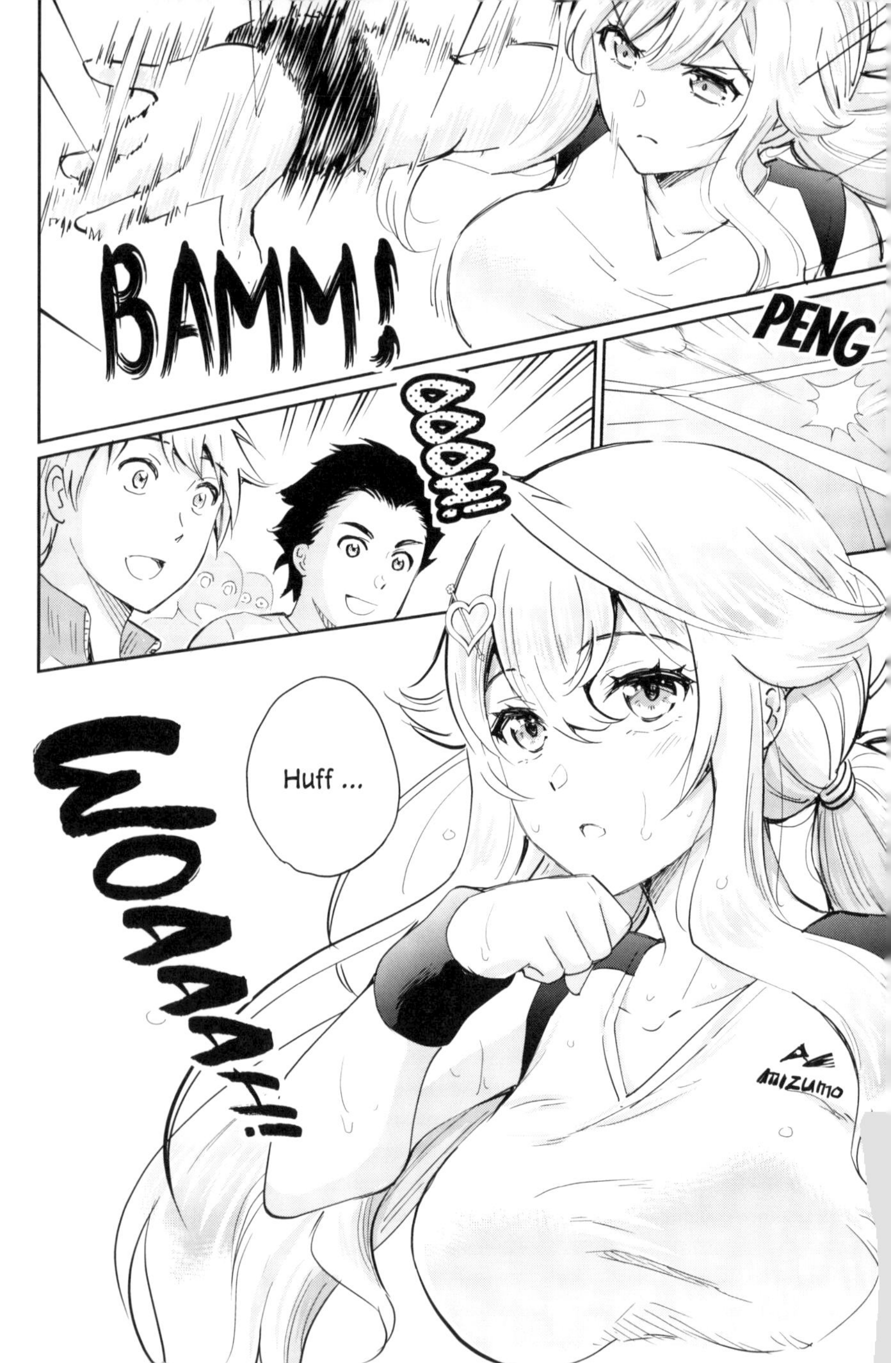
BAMM!
PENG
DOOOM!
Huff ...
WOAAAH!
MIZUMO

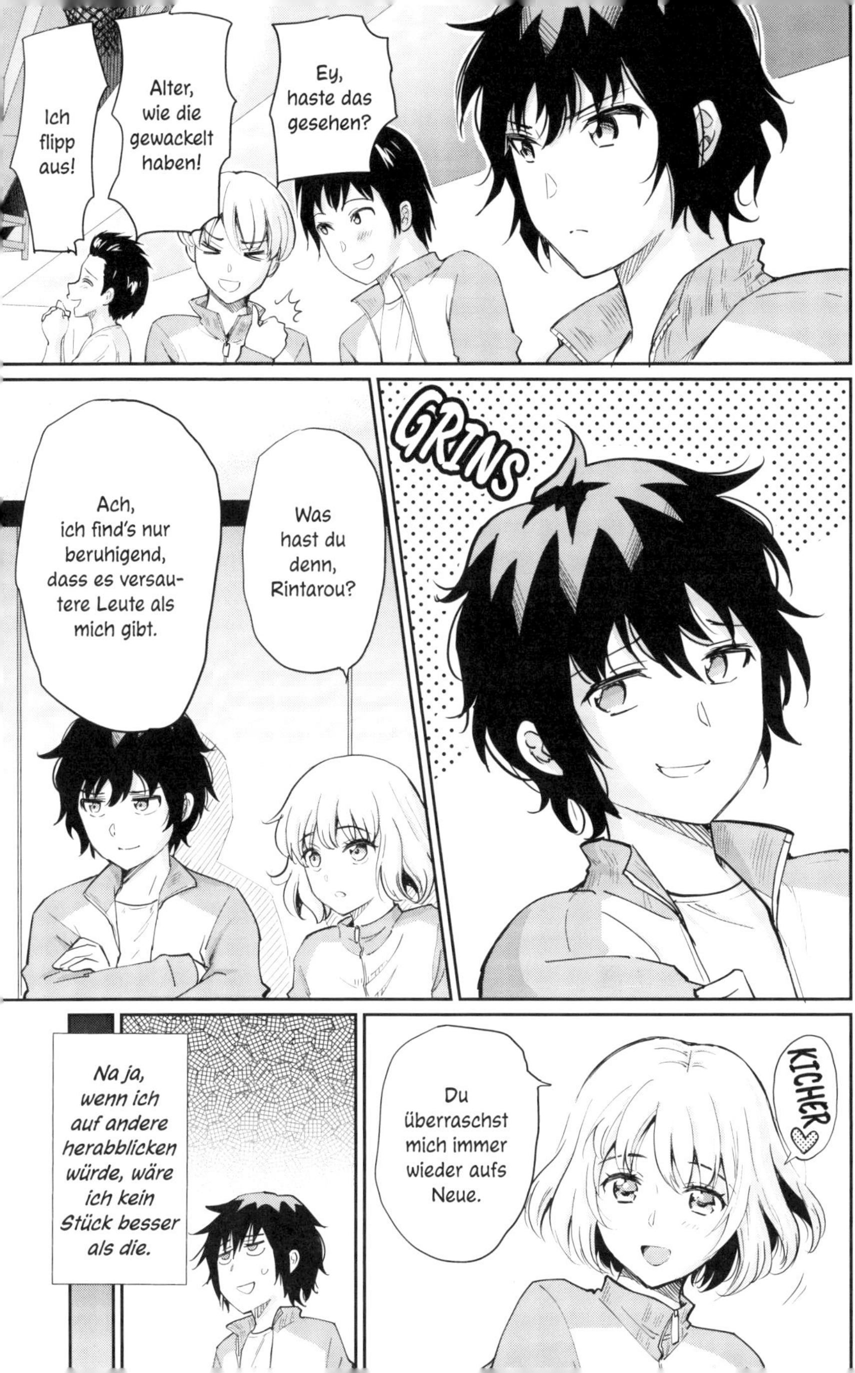

Ey, haste das gesehen?
Alter, wie die gewackelt haben!
Ich flipp aus!
GRINS
Was hast du denn, Rintarou?
Ach, ich find's nur beruhigend, dass es versautere Leute als mich gibt.

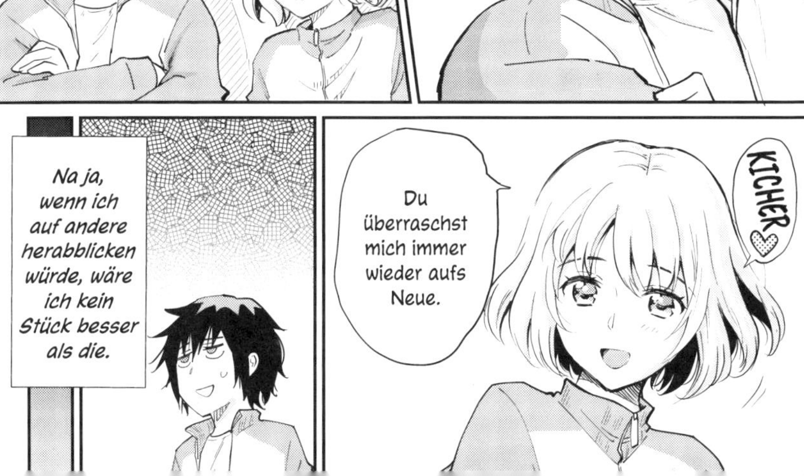

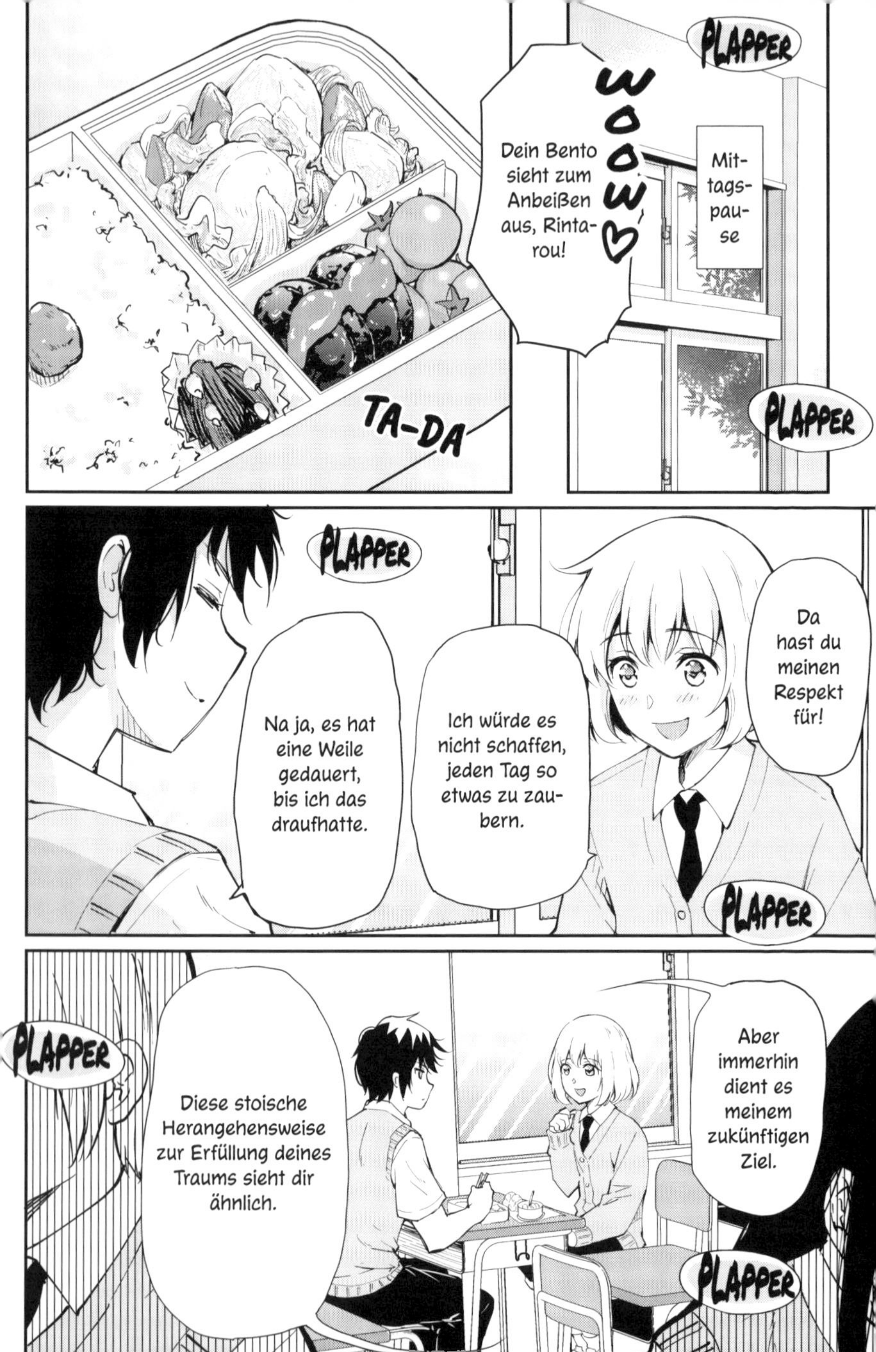
PLAPPER
Mit-tags-pau-se
PLAPPER
WOOOW
Dein Bento sieht zum Anbeißen aus, Rinta-rou!
TA-DA
Da hast du meinen Respekt für!
PLAPPER
Ich würde es nicht schaffen, jeden Tag so etwas zu zau-bern.
Na ja, es hat eine Weile gedauert, bis ich das draufhatte.
PLAPPER
Aber immerhin dient es meinem zukünftigen Ziel.
PLAPPER
Diese stoische Herangehensweise zur Erfüllung deines Traums sieht dir ähnlich.
PLAPPER

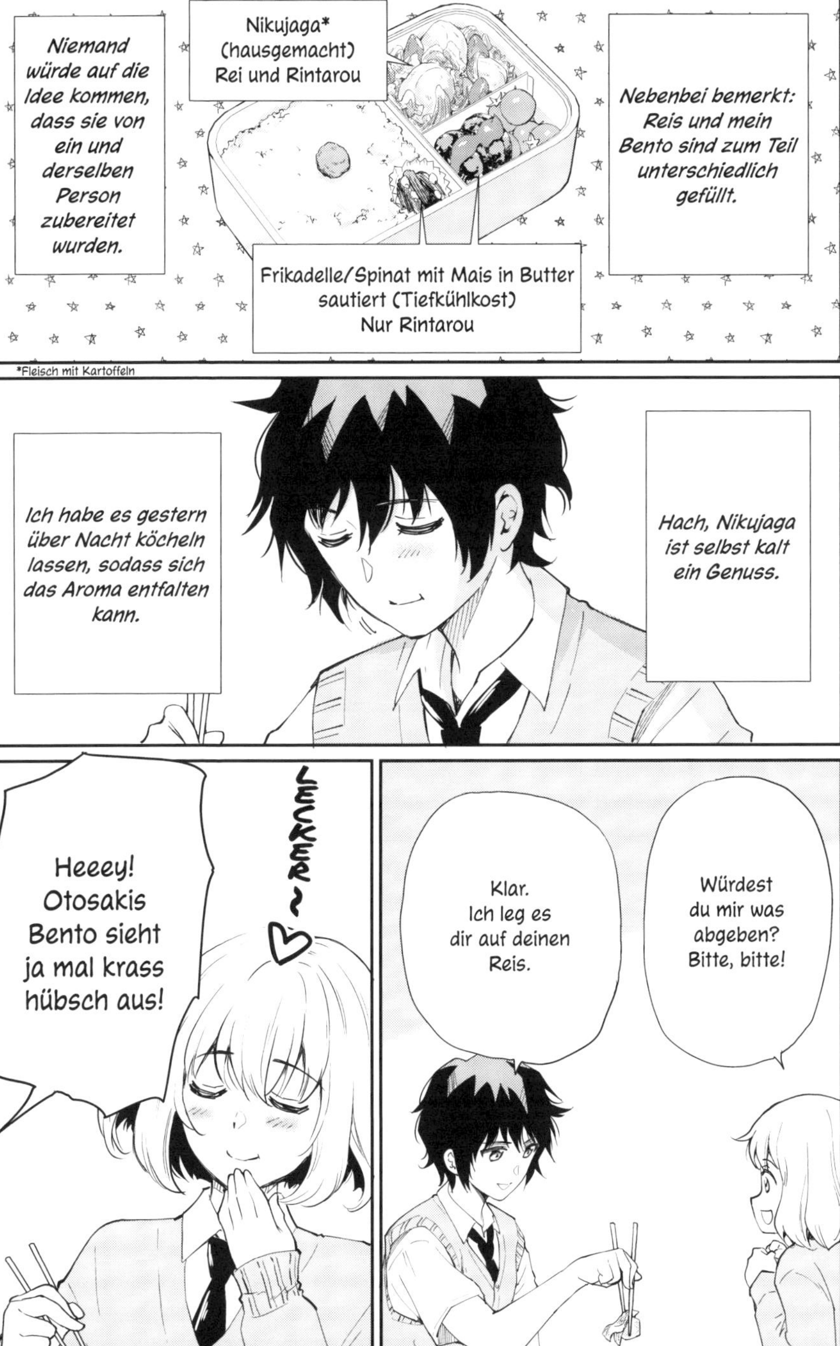

*Fleisch mit Kartoffeln

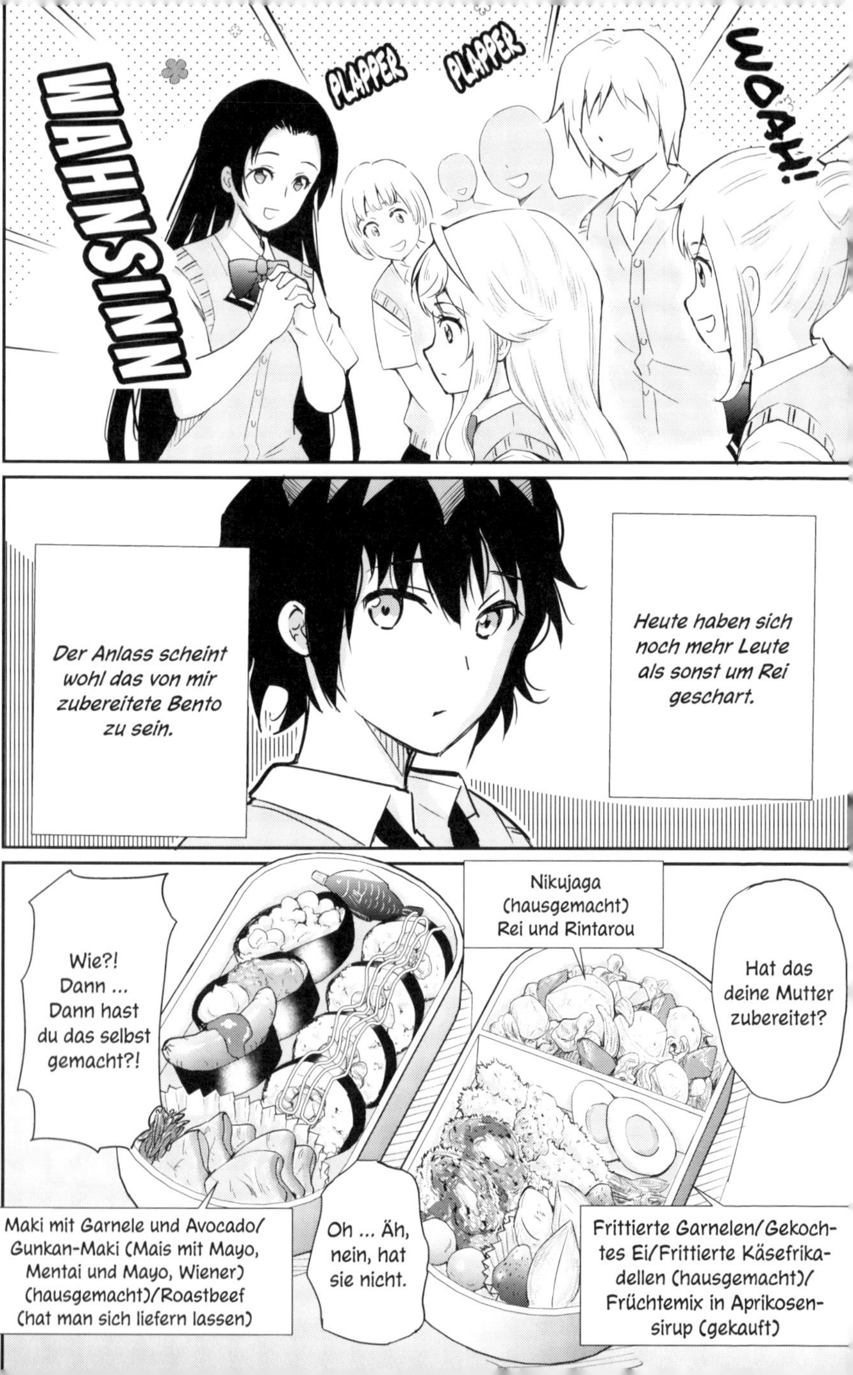

WOAH!
PLAPPER
PLAPPER
WAHNSINN

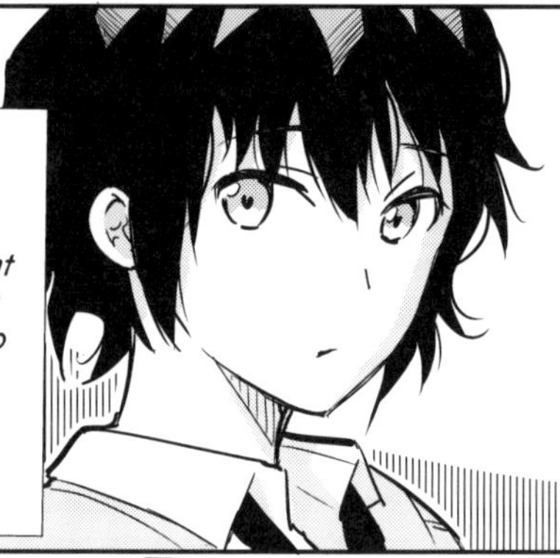

Hat das deine Mutter zubereitet?

Nikujaga (hausgemacht) Rei und Rintarou

Wie?! Dann ... Dann hast du das selbst gemacht?!

Frittierte Garnelen/Gekochtes Ei/Frittierte Käsefrikadellen (hausgemacht)/Früchtemix in Aprikosensirup (gekauft)

Oh ... Äh, nein, hat sie nicht.

Maki mit Garnele und Avocado/Gunkan-Maki (Mais mit Mayo, Mentai und Mayo, Wiener) (hausgemacht)/Roastbeef (hat man sich liefern lassen)

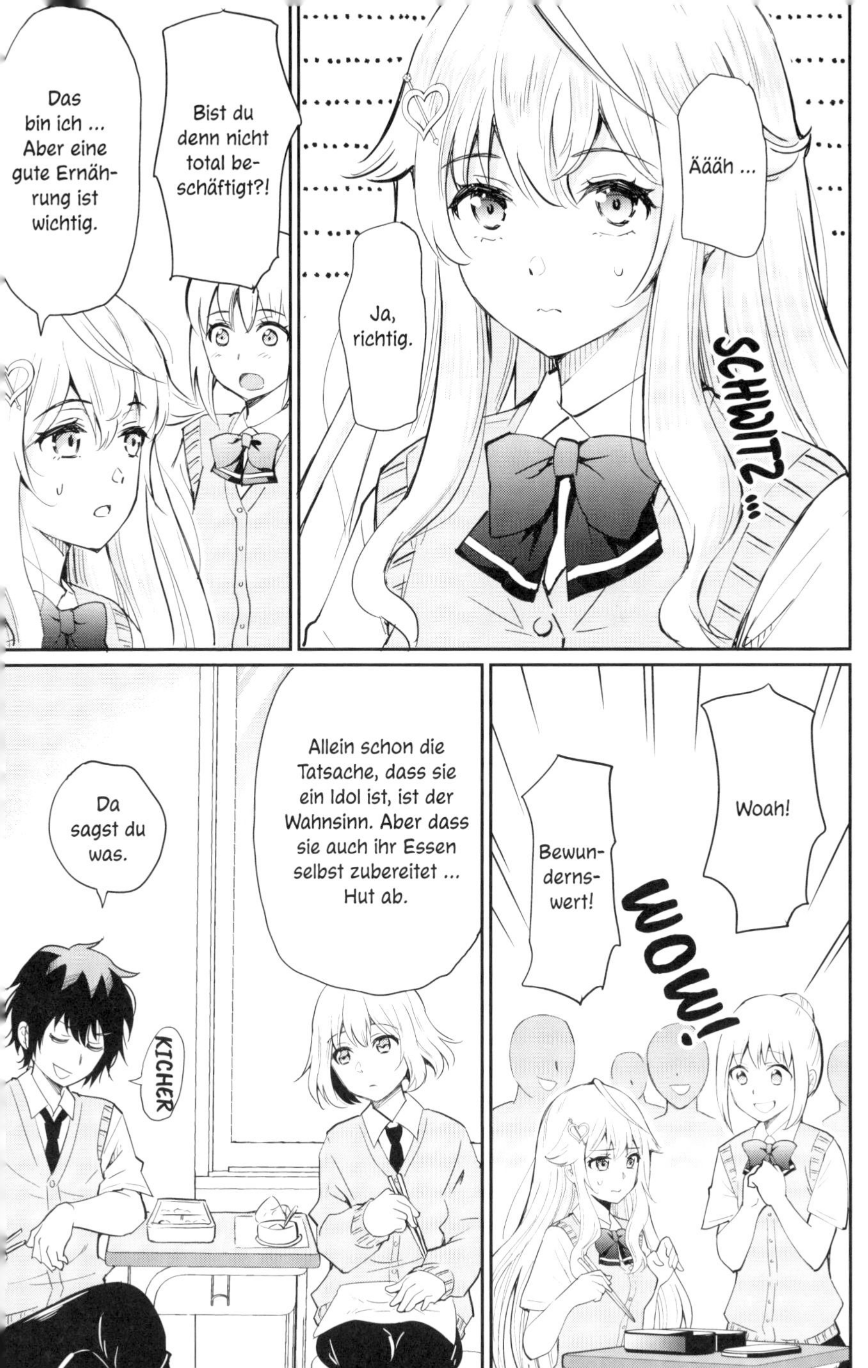

Äääh ...
Ja, richtig.
SCHWITZ ...
Bist du denn nicht total beschäftigt?!
Das bin ich ... Aber eine gute Ernährung ist wichtig.
Woah!
Bewundernswert!
WOW!
Allein schon die Tatsache, dass sie ein Idol ist, ist der Wahnsinn. Aber dass sie auch ihr Essen selbst zubereitet ... Hut ab.
Da sagst du was.
KICHER

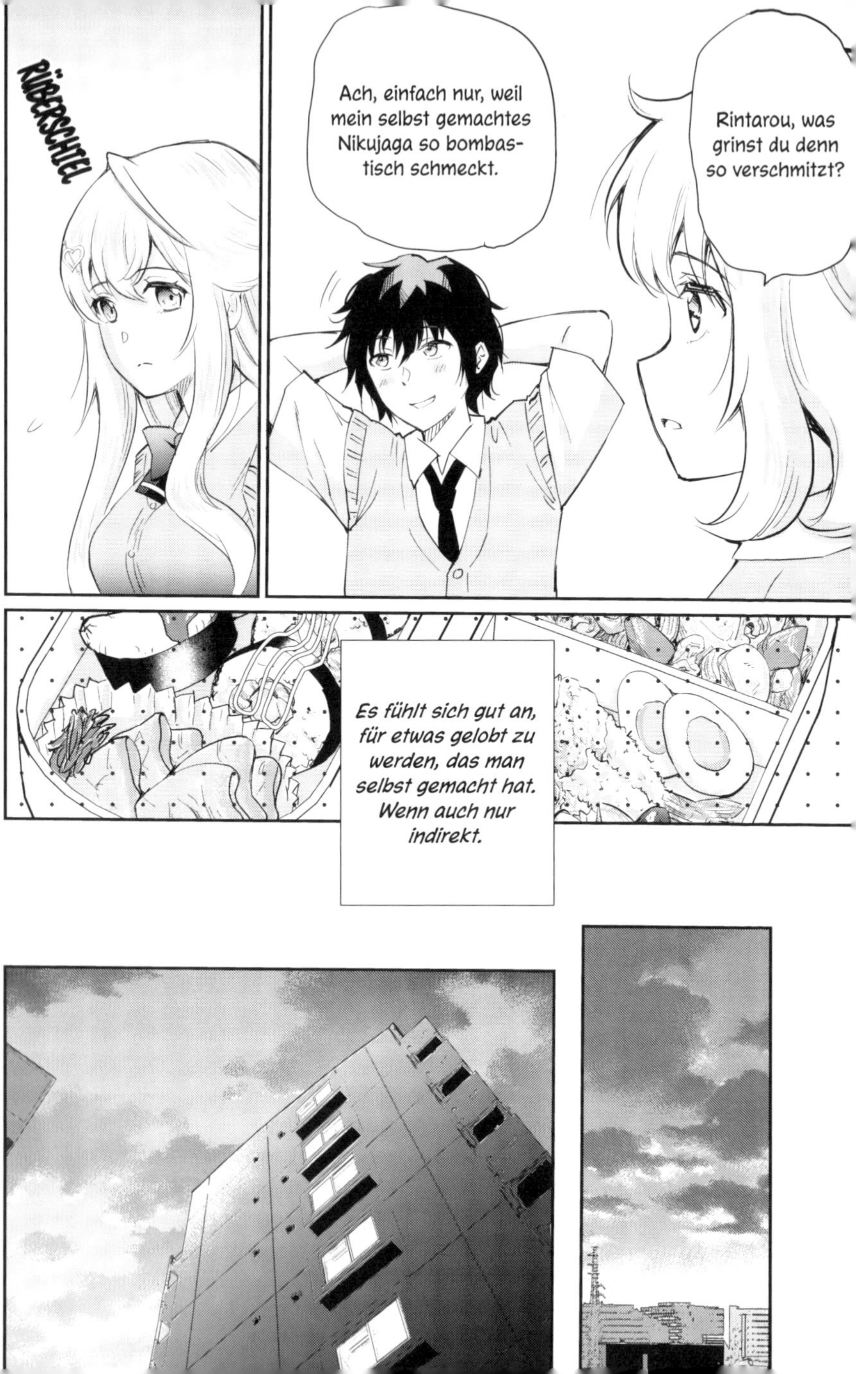

Rintarou, was grinst du denn so verschmitzt?

Ach, einfach nur, weil mein selbst gemachtes Nikujaga so bombastisch schmeckt.

RÜBERSCHIEL

Es fühlt sich gut an, für etwas gelobt zu werden, das man selbst gemacht hat. Wenn auch nur indirekt.

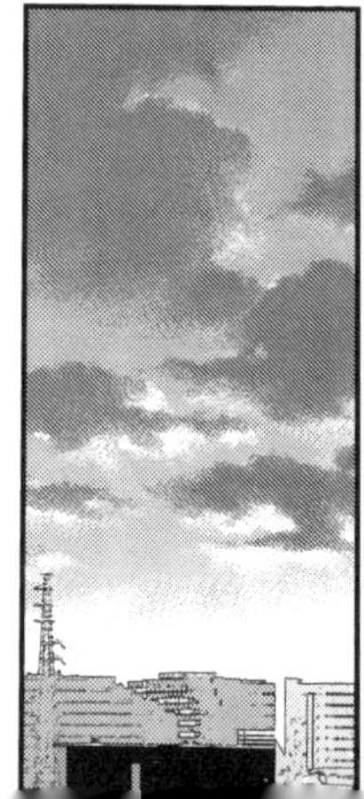

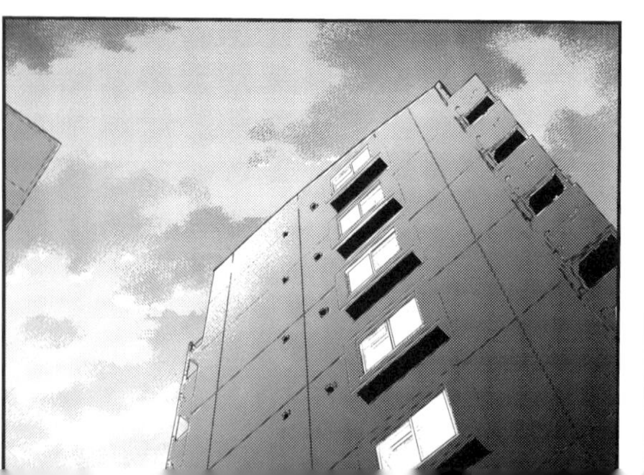

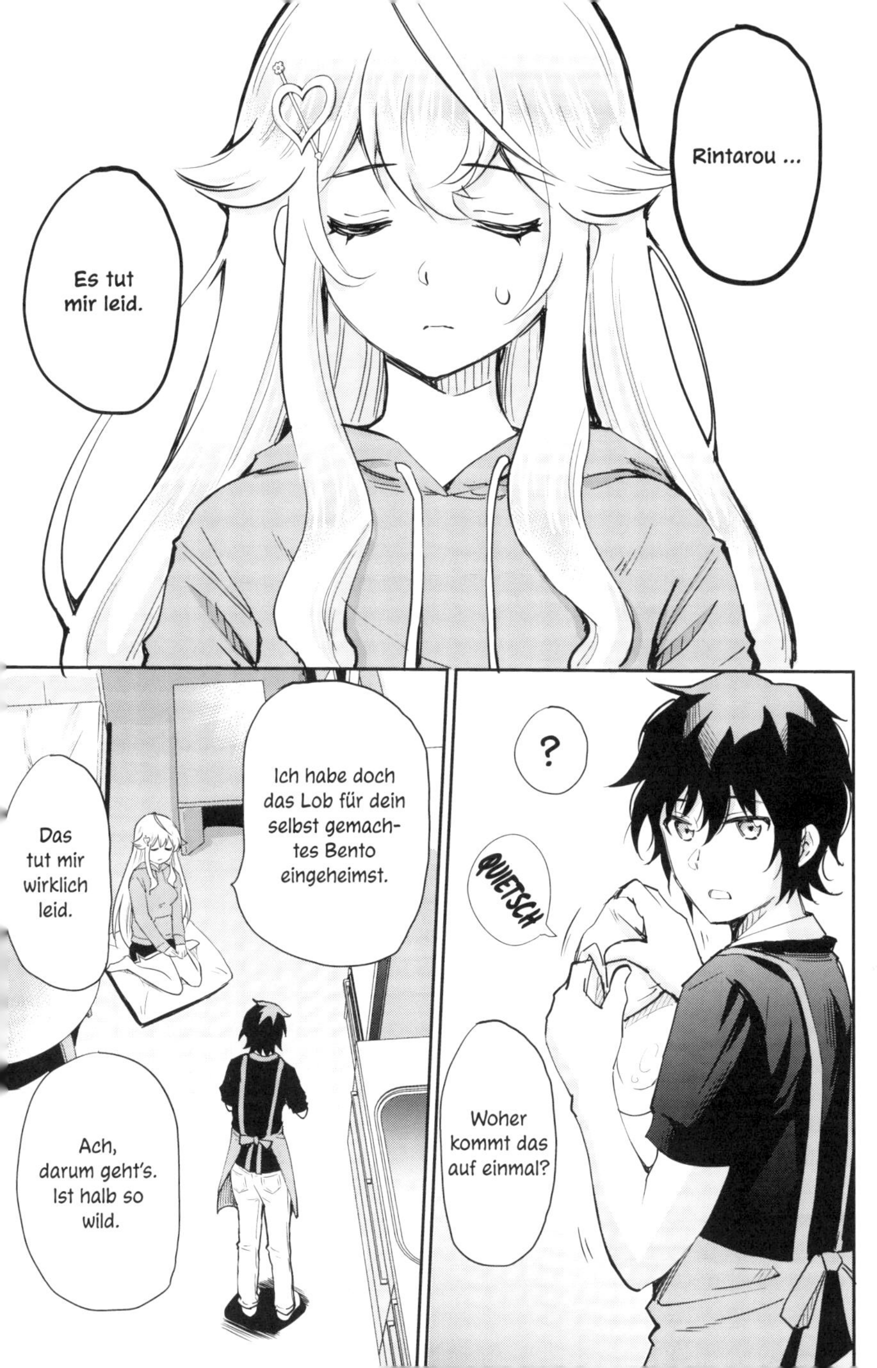
Rintarou ...
Es tut mir leid.
?
QUIETSCH
Woher kommt das auf einmal?
Ich habe doch das Lob für dein selbst gemachtes Bento eingeheimst.
Das tut mir wirklich leid.
Ach, darum geht's. Ist halb so wild.

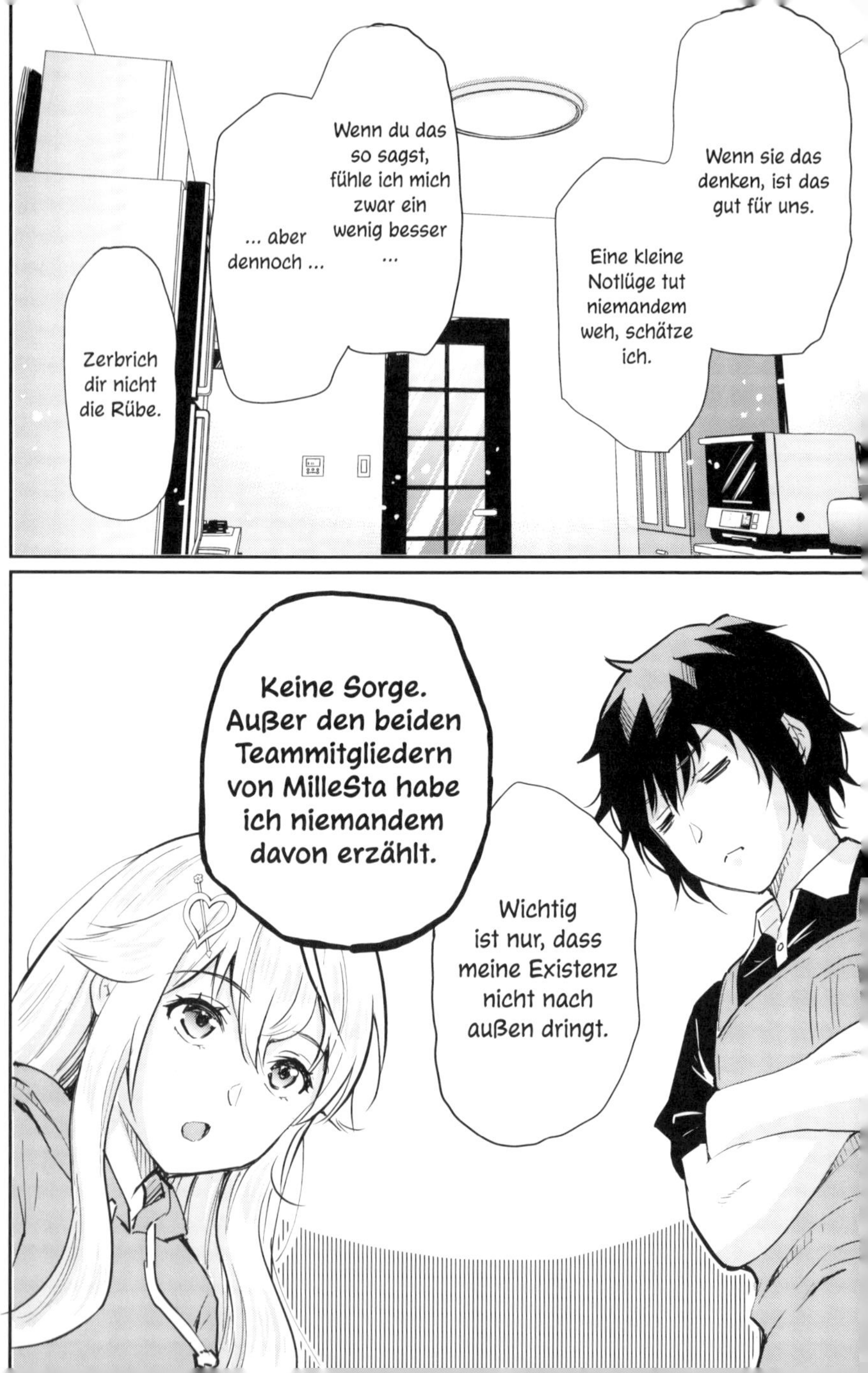

Wenn sie das denken, ist das gut für uns.

Eine kleine Notlüge tut niemandem weh, schätze ich.

Wenn du das so sagst, fühle ich mich zwar ein wenig besser ...

... aber dennoch ...

Zerbrich dir nicht die Rübe.

Wichtig ist nur, dass meine Existenz nicht nach außen dringt.

Keine Sorge. Außer den beiden Teammitgliedern von MilleSta habe ich niemandem davon erzählt.

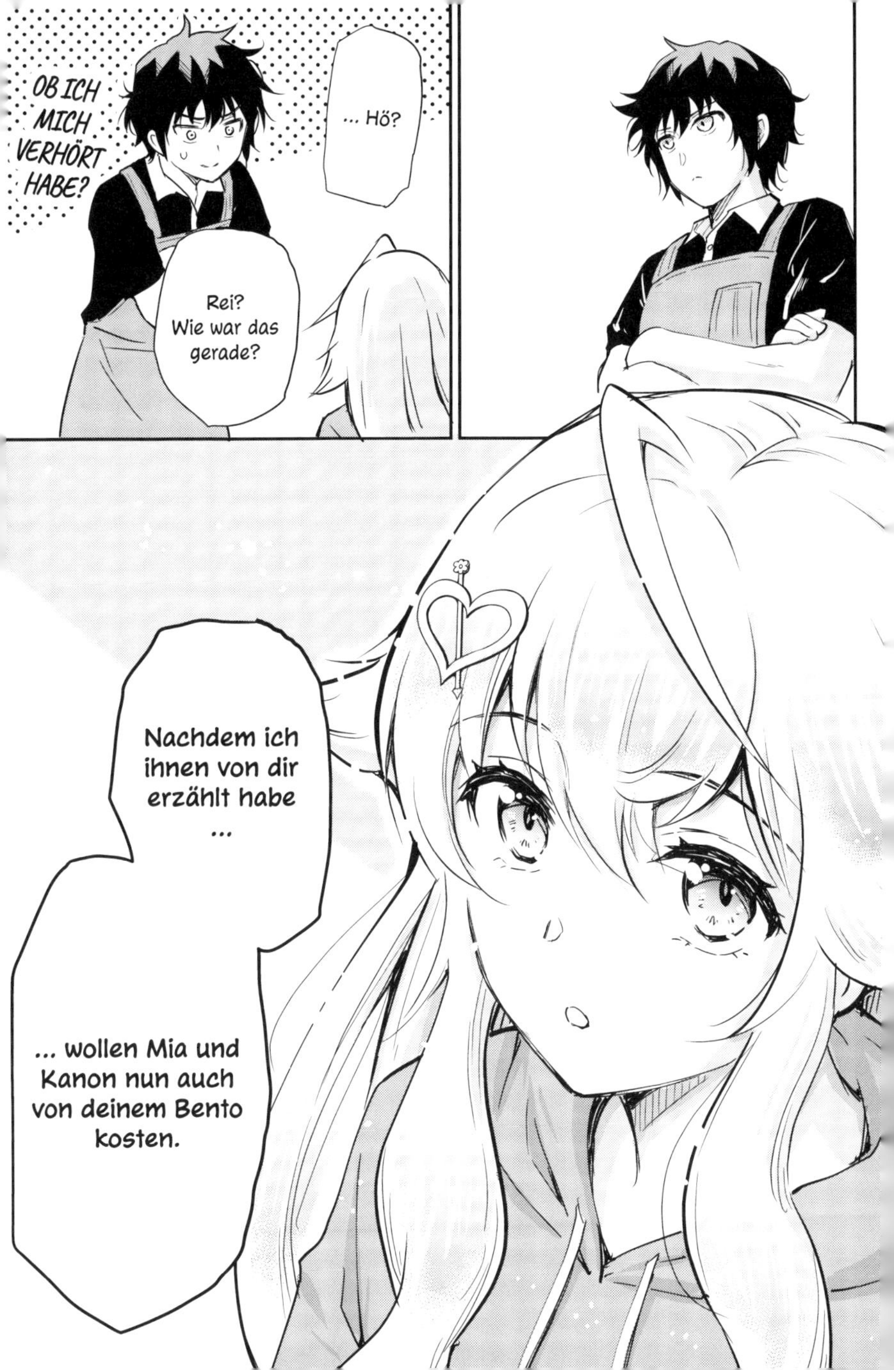
... Hö?
OB ICH MICH VERHÖRT HABE?
Rei? Wie war das gerade?
Nachdem ich ihnen von dir erzählt habe ...
... wollen Mia und Kanon nun auch von deinem Bento kosten.

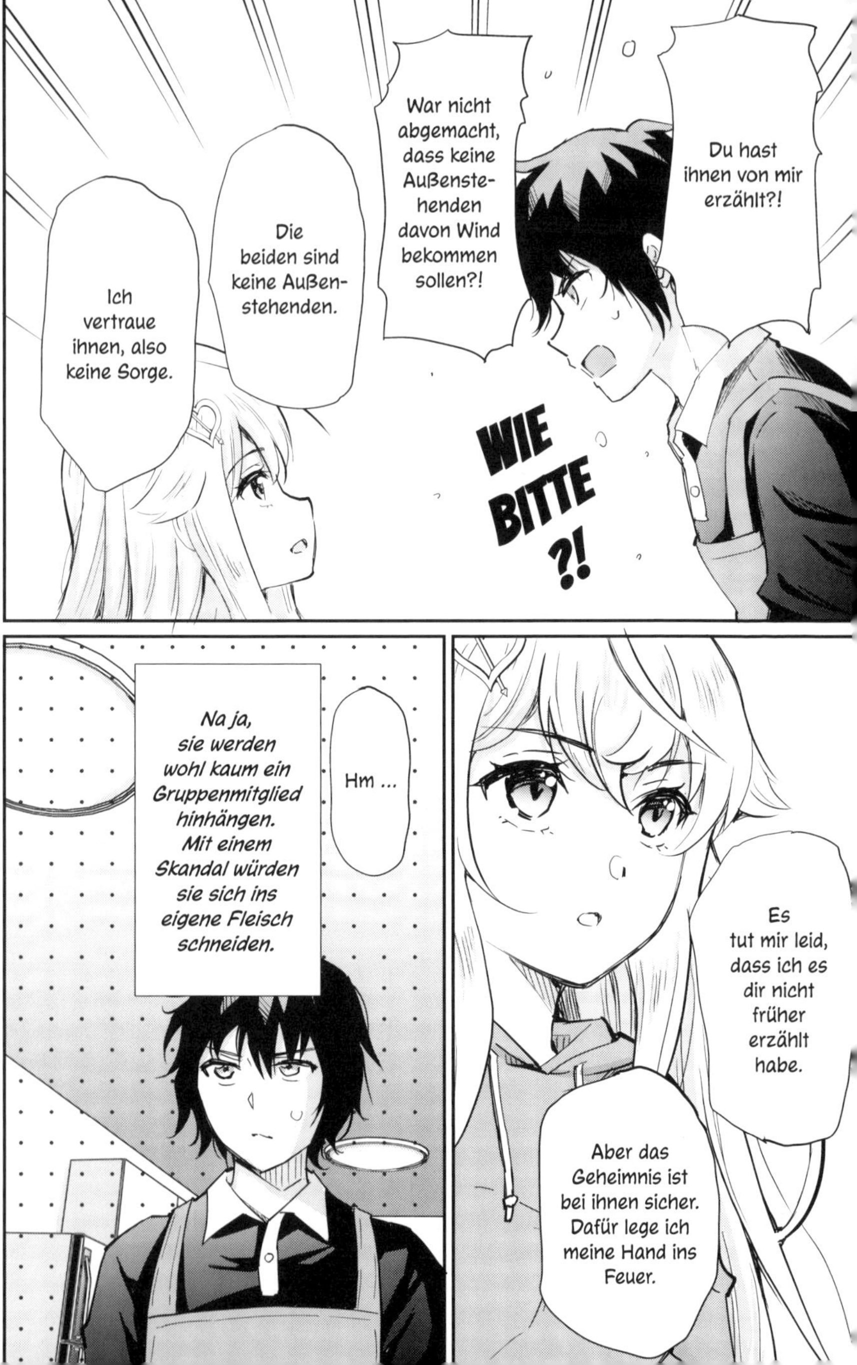

Du hast ihnen von mir erzählt?!

War nicht abgemacht, dass keine Außenstehenden davon Wind bekommen sollen?!

WIE BITTE ?!

Die beiden sind keine Außenstehenden.

Ich vertraue ihnen, also keine Sorge.

Es tut mir leid, dass ich es dir nicht früher erzählt habe.

Aber das Geheimnis ist bei ihnen sicher. Dafür lege ich meine Hand ins Feuer.

Hm ...

Na ja, sie werden wohl kaum ein Gruppenmitglied hinhängen. Mit einem Skandal würden sie sich ins eigene Fleisch schneiden.

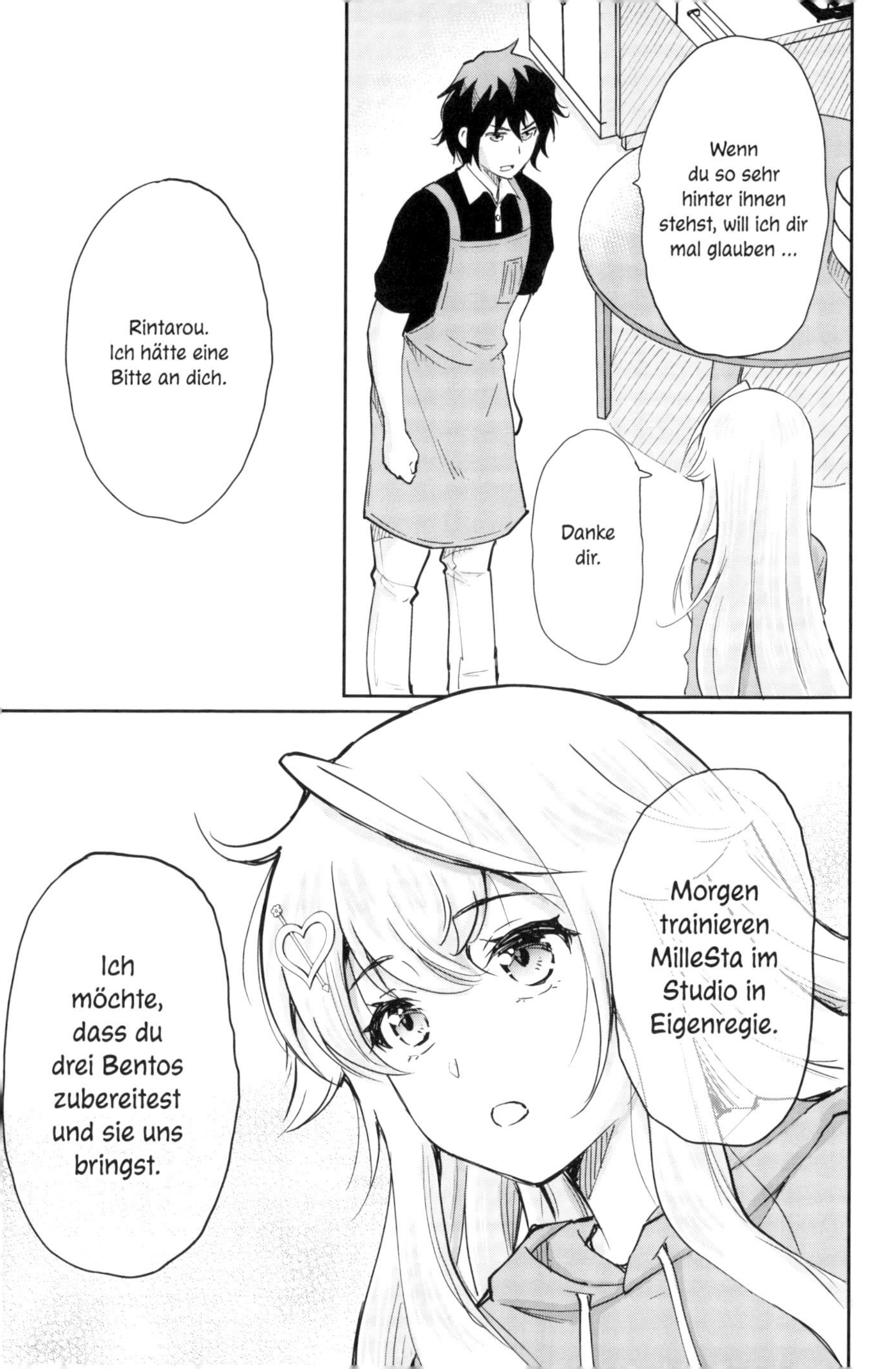
Wenn du so sehr hinter ihnen stehst, will ich dir mal glauben ...
Danke dir.
Rintarou. Ich hätte eine Bitte an dich.
Morgen trainieren MilleSta im Studio in Eigenregie.
Ich möchte, dass du drei Bentos zubereitest und sie uns bringst.

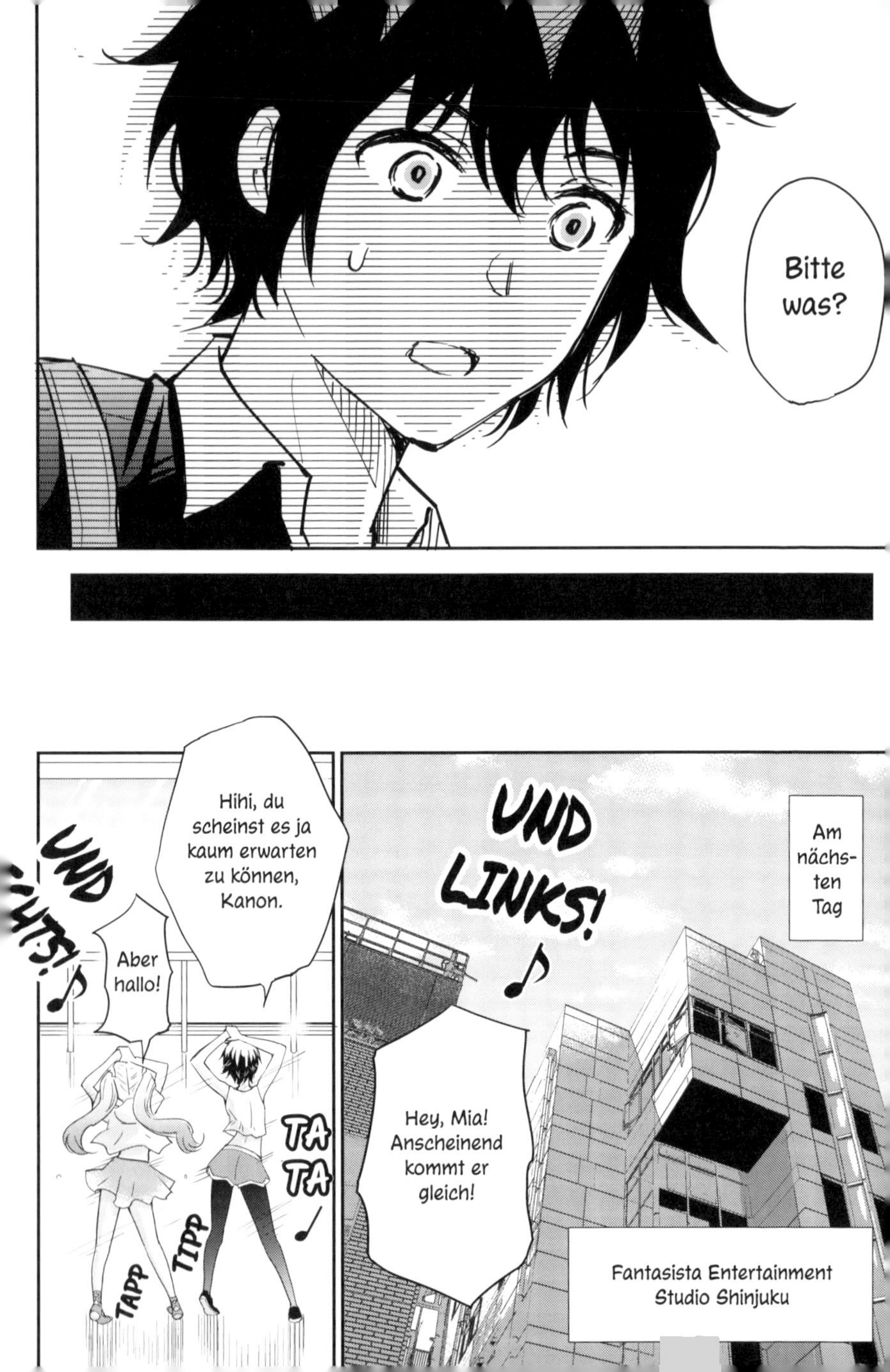

Bitte was?

Am nächsten Tag

UND LINKS!

Hey, Mia! Anscheinend kommt er gleich!

Fantasista Entertainment Studio Shinjuku

Hihi, du scheinst es ja kaum erwarten zu können, Kanon.

Aber hallo!

UND

TA TA

TIPP

TAPP

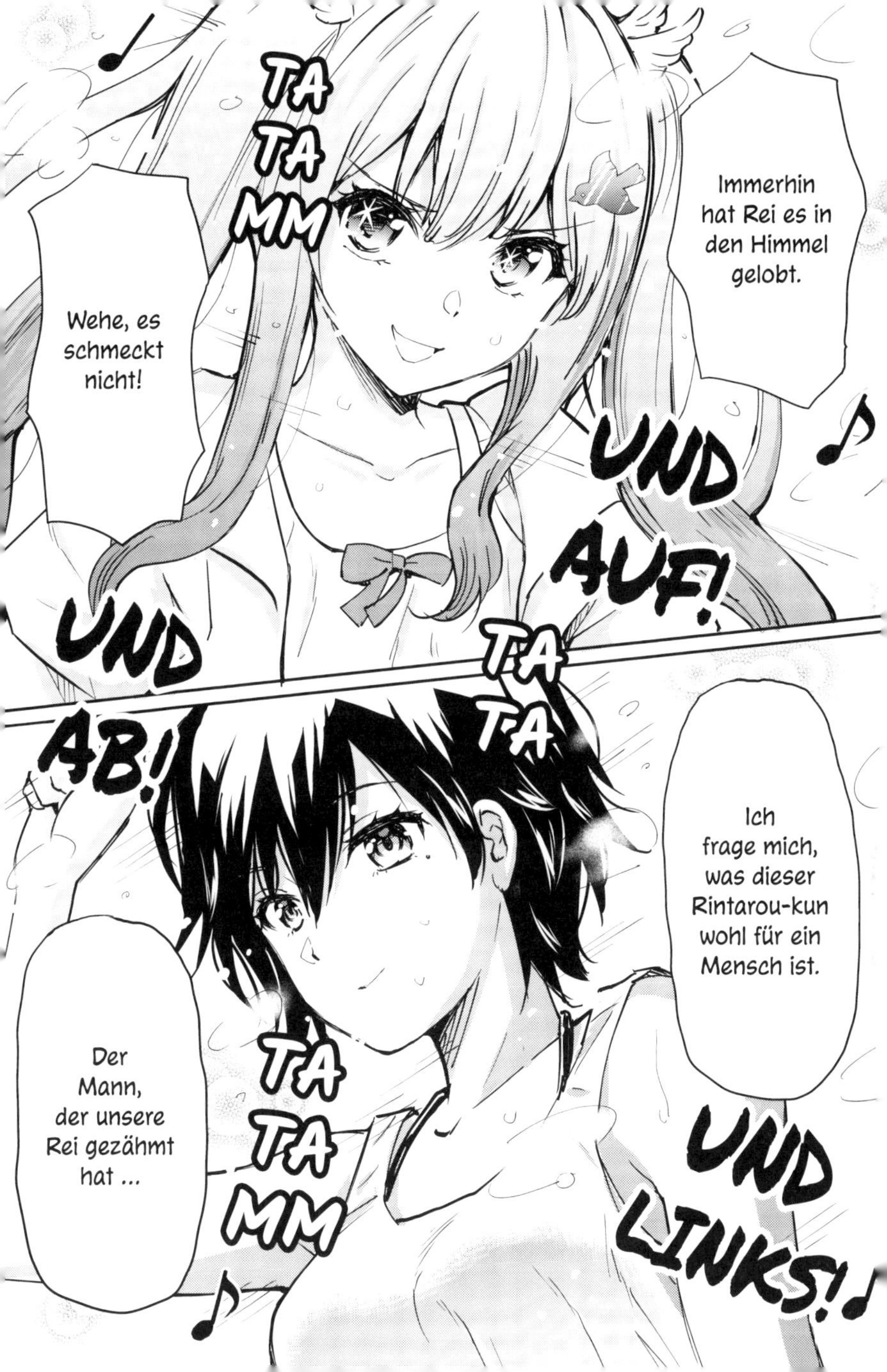
Immerhin hat Rei es in den Himmel gelobt.
UND AUF!
TA TA MM
Wehe, es schmeckt nicht!
UND AB!
TA TA
Ich frage mich, was dieser Rintarou-kun wohl für ein Mensch ist.
UND LINKS!
TA TA MM
Der Mann, der unsere Rei gezähmt hat ...

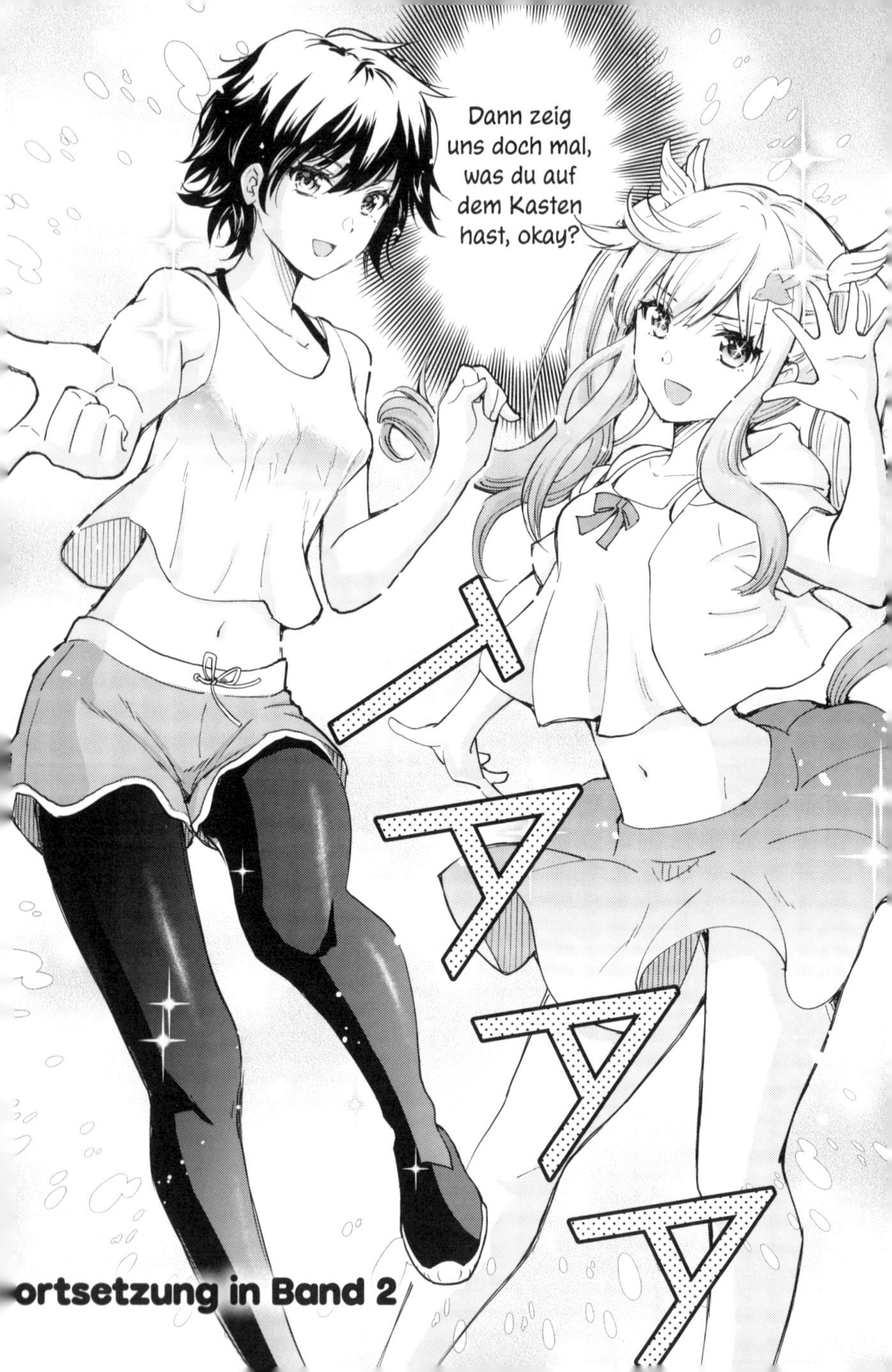
Dann zeig
uns doch mal,
was du auf
dem Kasten
hast, okay?
TAAA
ortsetzung in Band 2

Neugeschriebener Kurzroman ⋆*⋆ Reis Schwachpunkt

Autor: Kazuha Kishimoto

„Wah!"

Eine entzückende Stimme hallte aus meinem – ein Oberschüler, der eigentlich alleine leben sollte – Zimmer wider.

Es war die von Rei Otosaki aus der superbeliebten Idol-Gruppe Millefeuille Stars.

Was die Frau der Stunde in meinem Zimmer zu suchen hatte? Nun, die Erklärung würde ziemlich lange dauern, also verzichte ich diesmal besser darauf.

„Was hast du denn, Rei?"

„Rintarou ...! Dort drüben ..."

„Hm?"

Worauf Rei gerade zeigte, war ein Lebewesen, das mit einem „K" begann, auf ein „E" endete und dessen schwarzer Glanz ein ekelerregendes Gefühl in einem hervorrief. Die mit einem Rascheln an der Wand umherziehende Kreatur war wirklich nichts, das ich länger ansehen wollen würde.

„Ah ... Dieses Gebäude ist nicht gerade neu, da kriechen die ab und zu aus ihren Löchern."

„Verstehe ..."

„Oha? Kann es sein, dass du dich vor Insekten ekelst?"

„..."

Als ich Rei ansah, die schweigend nickte, lächelte ich bitter.

Sieh an, sie kann manchmal ja doch wie ein ganz normales Mädchen sein.

Ihr unbändiger Appetit und ihr mangelndes Distanzgefühl, das sie in meiner Wohnung an den Tag legte, versetzten mich ein wenig in Schockstarre. Daher beruhigte es mich etwas, ihre niedliche Seite zu sehen. (Nichtsdestotrotz bin ich nun ja auch kein Unmensch.)

Der ungewohnte Anblick der ängstlichen Rei hatte zwar einen gewissen Reiz, aber dieses Ungetüm konnte ich nicht einfach ignorieren.

Ich holte mir aus der Küche Haushaltshandschuhe und zog sie an. Obwohl ich im Umgang mit Insekten keine Schwierigkeiten hatte, widerstrebte es mir, sie mit bloßen Händen anzufassen. In solchen Momenten waren Handschuhe ein wahrer Segen. So konnte man das Insekt greifen, ohne es direkt zu berühren. Anders als wenn man es in ein Taschentuch einwickelt, fühlt es sich fast so an, als würde man es direkt berühren.

„Ha!" Ich streckte der K., die immer noch an der Wand klebte, meine Hand entgegen.

Jedoch entpuppte sich diese K. als zähes Kerlchen. Sie machte den Abflug, bevor ich sie mit meiner Hand packen konnte.

„Uwah?!"

Instinktiv wich ich der K. aus und sie wandte sich Rei zu. Rei, die das bemerkte, schloss ihre Augen und ging in die Hocke.

„Ieeek ..."

Die K. passierte Reis Kopf und landete auf dem Fußboden. Jedoch schien Rei immer noch zu glauben, dass sie sich in ihrer unmittelbaren Nähe befand.

„Rintarou ...!"

„Uwah?!"

Plötzlich sprang mir Rei an die Brust. Reflexartig fing ich sie auf und spürte ungewollt, wie weich sie sich anfühlte. Dieses liebliche Gefühl raubte mir völlig den Verstand.

„H… Hey …"

„Das Insekt …! Wo ist es?!"

„Keine Panik. Schau, dort."

Ich zeigte mit dem Finger auf das Insekt, das sich immer noch auf dem Boden befand, und Rei atmete erleichtert auf.

„Entschuldige, Rintarou. Ich habe die Fassung verloren."

„Schon in Ordnung …"

Rei trat von mir zurück und machte dabei einen peinlich berührten Eindruck. Zuerst hatte ich keine Ahnung, was in ihrem Kopf vorging, aber nach und nach konnte ich von ihrem Gesichtsausdruck ablesen, was sie dachte. War es denn möglich, dass Rei und ich uns nähergekommen waren, oder hatte ich mich geirrt?

„Jedenfalls werde ich mir das Vieh nun schnell schnappen, also halte ein bisschen Abstand."

„Ja, alles klar."

Ich bat Rei, einen Schritt zurückzutreten, und widmete mich der K. erneut. Ich mag zuvor ein wenig unachtsam gewesen sein, aber das würde mir kein zweites Mal passieren. Behutsam näherte ich mich der K. und bekam sie endlich in die Finger.

„Jawoll … Rei, würdest du bitte das Fenster öffnen?"

„Ja."

Ich bat Rei, zum Fenster zu gehen und es zu öffnen. Anschließend warf ich die K. in hohem Bogen hinaus.

„Und komm bloß nicht wieder!“, richtete ich mich an die K., die in der großen Weite verschwand, und schloss das Fenster wieder.

„So, das war’s.“

„Danke, du hast mich gerettet!“

„Nein, kein Grund, mir zu danken. Es tut mir leid, dass du in meiner Wohnung so etwas mitansehen musstest.“

Für einen Gastgeber war ein solcher Vorfall eine absolute Katastrophe.

Um so etwas zukünftig zu vermeiden, wäre es eventuell allmählich an der Zeit, ein Insektizid zu verwenden, das Insekten mittels Rauch eliminiert.

„Ah …“

„Hm?“ In diesem Moment hörte ich plötzlich Reis Magen knurren.

„Tut mir leid, von der ganzen Aufregung habe ich Hunger bekommen.“

„Deinen Magen soll mal jemand verstehen. Aber was soll’s, ich mach dir einen Mitternachtssnack oder so.“

„Ja, ich bitte darum.“

„Wird erledigt.“

Dann mal an die Arbeit. Auch heute werde ich auf mein Ziel hinarbeiten, ein Hausmann zu werden.

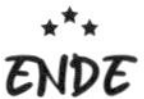

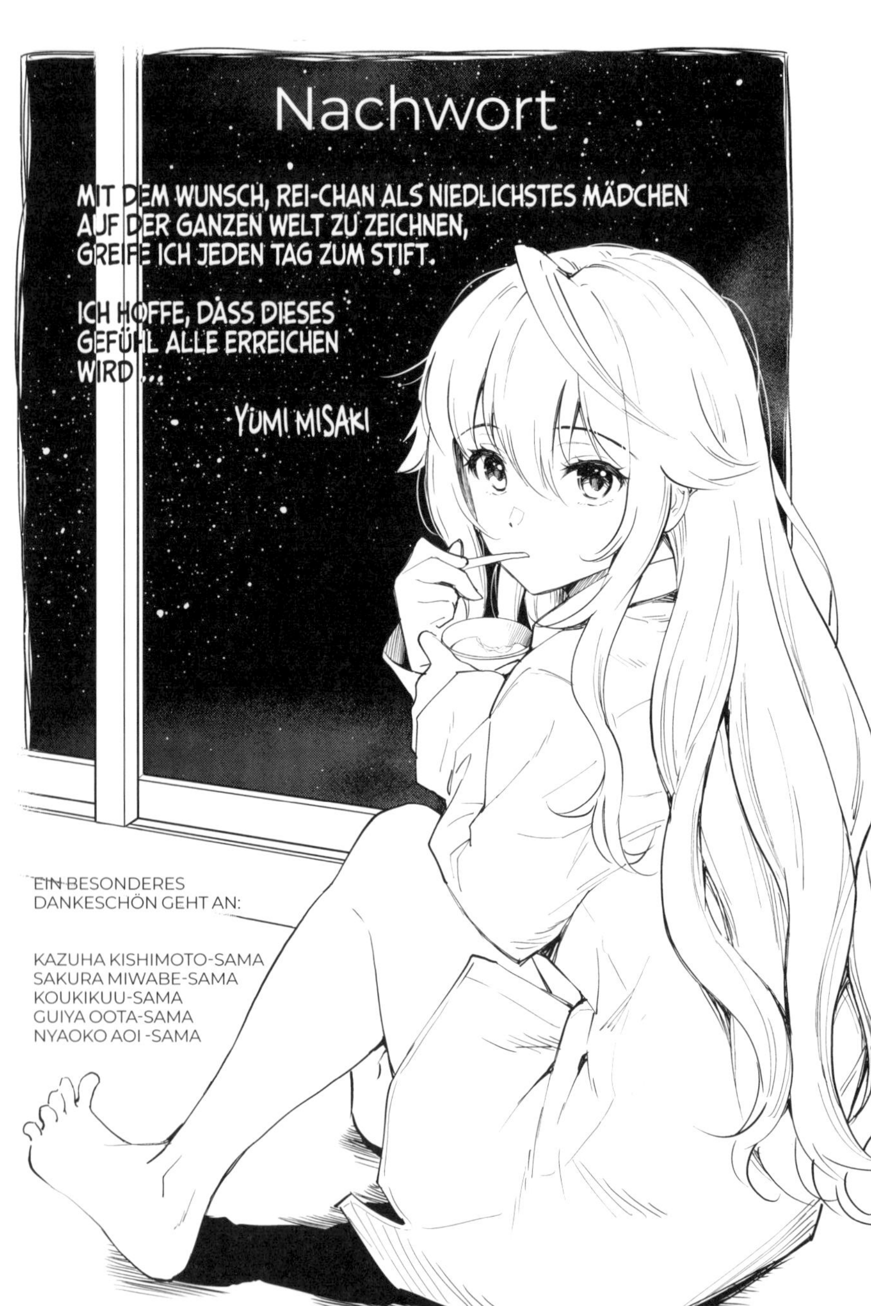
Nachwort
MIT DEM WUNSCH, REI-CHAN ALS NIEDLICHSTES MÄDCHEN
AUF DER GANZEN WELT ZU ZEICHNEN,
GREIFE ICH JEDEN TAG ZUM STIFT.
ICH HOFFE, DASS DIESES
GEFÜHL ALLE ERREICHEN
WIRD ...
YUMI MISAKI
EIN BESONDERES
DANKESCHÖN GEHT AN:
KAZUHA KISHIMOTO-SAMA
SAKURA MIWABE-SAMA
KOUKIKUU-SAMA
GUIYA OOTA-SAMA
NYAOKO AOI -SAMA

Originalwerk: Kazuha Kishimoto

Vielen herzlichen Dank, dass ihr euch für den Manga zu „Verhätschel mich, Idol! – Werde zu meinem Groupie" entschieden habt.
Als Verfasser des Originalwerks freue ich mich, Rei und Rintarou in Manga-Form sehen zu dürfen.
Bitte unterstützt „Verhätschel mich, Idol! – Werde zu meinem Groupie", das dank Misaki-senseis atemberaubenden Illustrationen eine neue Form angenommen hat, auch weiterhin.
Vom Originalwerk wurden in Japan bisher vier Bände veröffentlicht, werft also gerne auch in diese einen Blick.

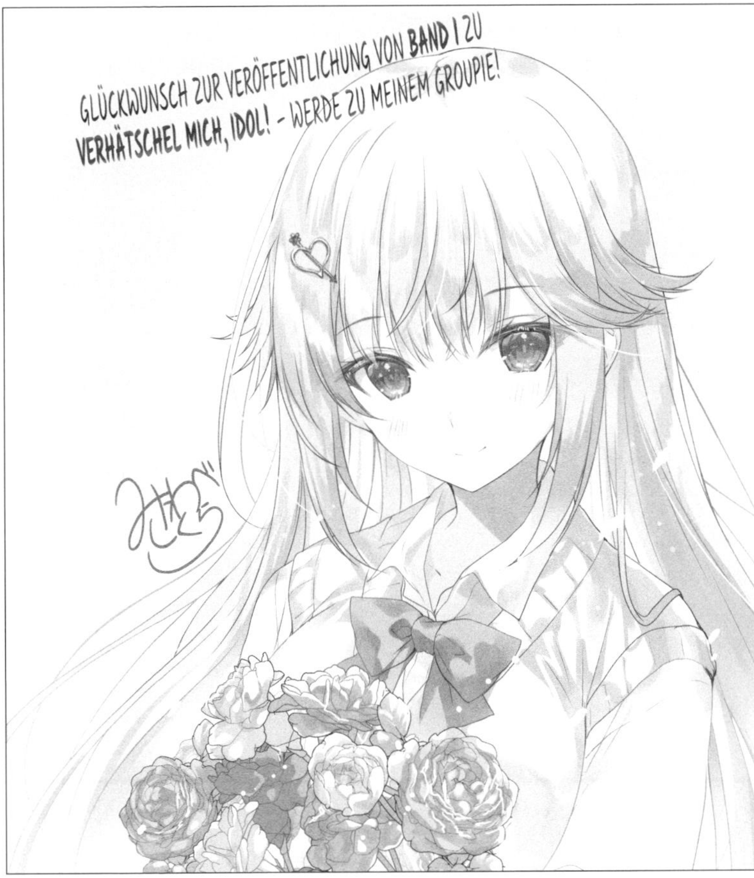

GLÜCKWUNSCH ZUR VERÖFFENTLICHUNG VON **BAND 1** ZU
VERHÄTSCHEL MICH, IDOL! – WERDE ZU MEINEM GROUPIE!

IMPRESSUM

Verhätschel mich, Idol!
– Werde zu meinem Groupie, Band 01

von
Zeichnungen: Yumi Misaki
Story: Kazuha Kishimoto
Charakterdesign: Sakura Miwabe

Übersetzung: Christina Gohl
Redaktion: Maximilian Gottselig
Lektorat: Simon Münch
Deutsches Serienlogo: Laura Biela
Lettering: Christina Gohl
Soundword-Lettering: Fran C.

1. Auflage, August 2024 – 1500 Exemplare
ISBN: 978-3-98745-059-4

Dokico
Maximilian Gottselig
Blattenäckerstraße 16
76709 Kronau, Deutschland

www.dokico.de

gedruckt von “Standart impressa” www.standart.lt, Vilnius, Litauen